D1720381

Michel Dierickx S.J.
Freimaurerei

Michel Dierickx S.J.

FREIMAUREREI
DIE GROSSE
UNBEKANNTE

Ein Versuch zu Einsicht und Würdigung

Edition zum rauhen Stein

Die *Edition zum rauhen Stein* hat sich die Aufgabe gestellt, wertvolle Schriften zur Freimaurerei neu aufzulegen und neue, noch nicht veröffentlichte Texte einem interessierten Personenkreis zugänglich zu machen.

Die Neuauflage des 1967 erschienenen Werkes von Michel Dierickx ist für alle Freimaurer ein unentbehrliches ideengeschichtliches Nachschlagewerk.
Der Diskurs und der Dialog mit der katholischen Kirche ist hier ausführlich dokumentiert und bietet für beide Seiten die Möglichkeit, auf einer humanistischen Ebene miteinander zu diskutieren.

Michael Kernstock, Herausgeber

Die Deutsche Bibliothek - CIP-Einheitsaufnahme
Dierickx, Michel:
Freimaurerei, die große Unbekannte : ein Versuch zu Einsicht und Würdigung / Michel Dierickx. [Dt. Übers. von H. W. Lorenz]. - Innsbruck ; Wien : Studien-Verl., 1999
(Edition zum rauhen Stein ; Bd. 1)
Einheitssacht.: De vrijmetselarij <dt.>
ISBN 3-7065-1402-8

© 1999 by Edition zum rauhen Stein / Studien Verlag Ges.m.b.H., Amraser Straße 118, A-6020 Innsbruck
e-mail: order@studienverlag.at
Internet: http://www.studienverlag.at

Lizenzausgabe mit Genehmigung des Uitgeverij de Nederlandsche Boekhandel
Originalausgabe: De Vrijmetselarij – De grote Onbekende 1717-1967 (Een poging tot inzicht en Waardering)
© 1967 Uitgeverij Pelckmans De Nederlandsche Boekhandel, Antwerpen
Deutsche Übersetzung von H. W. Loren z, Bayreuth

VORWORT

Michel Dierickx S. J., der angesehene Verfasser dieses Buches, legt hier eine so gründliche Arbeit vor, daß sie einer eigenen Empfehlung nicht mehr bedarf. Es gibt in der katholischen Literatur kein vergleichbares Werk über Geschichte, Lehre, Symbolik und Aufbau des Freimaurertums. Darüber hinaus hat das Werk den ganzen Problemkreis bereits im Licht des II. Vatikanischen Konzils erörtern können. Als Vertreter einer objektiven Wissenschaft, der Historik, spricht der Verfasser den Wunsch und die Hoffnung aus, die katholische Kirche möge ihren Standpunkt gegenüber dem Freimaurertum, wie er vor allem in der kirchlichen Gesetzgebung zum Ausdruck kommt, revidieren. Er steht damit heute nicht allein da. Die hochstehende katholische Kulturzeitschrift „La revue nouvelle" (Brüssel) zum Beispiel hat sich im April und Oktober 1968 ebenso geäußert. Ich möchte mich diesen Initiativen von katholischer Seite, denen viele Freimaurer mit ausgestreckter Hand zuvorkamen, aus ganzem Herzen anschließen. Aber es sei erlaubt, darauf hinzuweisen, daß etwas anderes noch dringlicher ist als die Aufhebung des Kirchenausschlusses bei Katholiken, die sich gegen den Willen ihrer Kirche dem Freimaurertum angeschlossen haben. Mit der Hochschätzung der Gewissensfreiheit, mit der Respektierung der Überzeugung eines jeden Menschen, auch des Atheisten, wie sie feierlich vom letzten Konzil proklamiert wurden, hat die römisch-katholische Kirche auf einen Weg zurückgefunden, der für sie lange im Dunkeln lag und auf dem die Freimaurer ihr vorangegangen sind. In dem am 28. August 1968 von F. Kardinal König unterzeichneten Dokument „De dialogo cum non credentibus" akzeptiert diese Kirche das selbstverständliche Prinzip des Dialogs, daß beide Partner voneinander lernen können und müssen. Das bedeutet: Die Kirche läßt sich nicht in herablassender Geste herbei, mit dem Andersdenkenden zu sprechen und ihm Anteil an ihrer Weisheit zu gewähren, sondern sie weiß, daß er in Theorie und Praxis Einsichten hat, über die sie nicht oder nicht deutlich genug verfügt, die aber auch für sie wesentlich sind. Zu lange hat die katholische Kirche ignoriert, was ihr das Freimaurertum werbend oder in herber Kritik zu sagen hatte. Heute steht sie am Anfang eines langen dialogischen Weges, bei dem dieses Buch eine wesentliche und notwendige Hilfe ist.

Herbert Vorgrimler
Professor für katholische Dogmatik an der
Theologischen Fakultät in Luzern
Consultor Secretariatus pro non credentibus

ZUM GELEIT

Als mir vor einigen Jahren auf Vorschlag meines verehrten und später betrauerten Freundes, des Herrn N. E. van der Laaken, die Gelegenheit zu einem Vortrag vor den versammelten Logen in Amsterdam geboten wurde, war für mich die Freimaurerei in vieler Hinsicht noch „die große Unbekannte". Natürlich hatte ich schon das eine oder andere von dieser mit einem Hauch des Geheimnisvollen umgebenen Organisation gehört und gelesen, aber alles in allem war mein Wissen doch sehr beschränkt und unvollkommen geblieben. Wohl hatte ich stets eine natürliche und fast gefühlsmäßige Abneigung gegenüber den törichten und kindischen Erzählungen empfunden, die über diese Gesellschaft umgingen, aber eine gründliche Kenntnis ihrer Geschichte, ihrer Ziele und des Geistes, der sie beseelt, war mir doch vorenthalten geblieben.

Meine Begegnung mit verschiedenen führenden Mitgliedern der Freimaurerei in Holland ist dann für mich der Ausgangspunkt für eine eingehendere Beschäftigung mit ihr und für eine umfassendere Studie gewesen. Einige Umstände kamen mir dabei zu Hilfe, nicht zuletzt die Gespräche, die ich mit dem Pariser Anwalt Alec Mellor führen durfte, der nicht nur als ein ausgezeichneter Kenner der Freimaurerei gilt, sondern sich überdies in seinen zahlreichen Werken darum bemüht, in katholischen Kreisen eine zutreffendere Ansicht über diese Gemeinschaft durchzusetzen. In dem Maße, wie diese und gleichartige Kontakte zunahmen, wurde es mir von Tag zu Tag deutlicher, wie sehr eine gründlichere und objektivere Aufklärung not tat, und sei es auch nur, um den Berg von Vorurteilen und Mißverständnissen abzutragen, der auf beiden Seiten einem besseren Verstehen im Wege stand.

Aus diesem Grund war es mir eine große Freude zu erfahren, daß Professor Dr. M. Dierickx S. J. sich entschlossen hatte, diesem Thema ein ausführliches Buch zu widmen. Wer Professor Dierickx kennt, durfte dessen gewiß sein, daß ein derartiges Werk sich nicht nur durch geschichtliche Gründlichkeit und Objektivität auszeichnen, sondern auch von rückhaltloser Offenheit und vom Verständnis für die Ansichten Andersdenkender zeugen würde. Daß diese Erwartungen vollauf erfüllt werden, dürfte sich aus der Lektüre dieses Werkes ergeben.

Dieses Buch will aber nicht nur eine historisch vertretbare Darstellung davon geben, was die Freimaurerei im Laufe ihrer Geschichte gewesen ist und welche Gestalt sie in unseren Tagen angenommen hat. So wesentlich das an sich auch gewesen sein dürfte, so will es mir doch scheinen, daß die Bedeutung dieses Buches weiter reicht und uns vor ein Problem stellt, an dem wir nicht länger achtlos vorbeigehen dürfen. Die Frage, mit der uns das Buch konfrontiert, ist die, ob wir unter den heutigen Verhältnissen unseren Standpunkt gegenüber der Freimaurerei nicht gründlich revidieren müssen. Sie einfach abzulehnen, als sei die Freimaurerei weiter nichts als eine Gemeinschaft von Menschen, die sich gegen „Kirche und Staat" verschwören wollen, wie es noch im kirchlichen Gesetzbuch heißt, ist nicht nur lächerlich, sondern auch grundverkehrt. Was auch immer bei einigen irregulären Logen vorgekommen sein mag, in der regulären und von der Vereinigten Großloge von England anerkannten Freimaurerei ist davon bestimmt keine Spur zu entdecken. Infolge mangelnder Kenntnis, die zum Teil auf ungenügende objektive Unterrichtung zurückzuführen ist, werden häufig Urteile gefällt, die sich bei genauerer Prüfung als ungerecht herausstellen müssen. Während des Zweiten Vatikanischen Konzils sind bereits Stimmen laut geworden, die für eine Überprüfung der früheren Auffassungen plädiert haben. Wir meinen, der Sache der Wahrheit und der Gerechtigkeit zu dienen, wenn wir die Hoffnung ausdrücken, daß dem so bald wie möglich Rechnung getragen werden sollte.

In zweierlei Hinsicht kann sich das Buch von Professor Dierickx nach meinem Empfinden als sehr bedeutsam erweisen. Es läßt neue Töne anklingen und lehrt uns mehr Sachlichkeit und Verständnis beim Studium der Freimaurerei aufbringen. Es fordert uns zu einer verantwortungsbewußteren Stellungnahme heraus, deren Bedeutung und Absichten oft so sehr verkannt und so gründlich entstellt werden. Wenn es darüber hinaus noch zu einem offenen Gespräch, zur Beseitigung von Vorurteilen auf beiden Seiten und letztlich zum besseren gegenseitigen Verständnis beitragen sollte, dann wäre dem Ideal von „Weisheit, Stärke und Schönheit", dem wir doch alle nachstreben müßten, ein großer Dienst erwiesen.

N. M. Wildiers

VORWORT

Mit besonderer Freude schreibe ich einige Worte zur Einleitung des Buches „Die Freimaurerei" von Prof. Dr. M. Dierickx S. J.

Zweifellos ist es das beste Werk, das ein Nichtfreimaurer über dieses umfassende Thema geschrieben hat. Der erste Teil gibt einen Überblick über die Geschichte der Freimaurerei, aber auch im zweiten Teil tritt ihre historische Rolle immer wieder hervor, und mit Recht, denn eine geistige Bewegung wie die Freimaurerei, deren erste Spuren bis zum Ende des 14. Jahrhunderts zurückgehen, kann nicht verstanden werden, wenn man ihre geschichtliche Entwicklung nicht kennt.

Im zweiten Teil kommen das Wirken und die Einstellung der Freimaurer zur Sprache. In diesem Teil läßt der Verfasser nicht nur den Verstand, sondern auch das Herz mitsprechen, zweifellos die natürliche Folge eines sich über Monate erstreckenden täglichen Umgangs mit Freimaurern im Haus der Großloge in Den Haag.

Prof. Dierickx hat sein Buch in erster Linie geschrieben, um den Römisch-Katholischen unter seinen Lesern ein besseres Verständnis für die Freimaurerei zu vermitteln, als es gemeinhin der Fall ist.

Auch ich würde das Buch gern in den Händen der belgischen und holländischen Freimaurer sehen, die daraus in jeder Beziehung viel lernen können, sogar noch aus den Ausführungen, in denen sie glauben, mit dem Autor nicht übereinstimmen zu können.

Abschließend noch dies: Die Freimaurer trachten danach, das zu überwinden, was die Geister und Seelen trennt, und das zu suchen, was die Menschen verbindet. Dieser Grundsatz zieht sich ebenfalls wie ein roter Faden durch das ganze Werk von Prof. Dierickx. Deshalb allein schon muß der Herausgabe seines Werkes von Herzen zugestimmt werden.

P. J. van Loo
Großsekretär des Großostens der Niederlande

EINLEITUNG

Wenn man sich daranmacht, Bücher und Studien über Freimaurerei zu lesen und durchzuarbeiten, so ist der erste Eindruck der, daß sie in zwei völlig voneinander verschiedene Gruppen zerfallen: in Werke, die von Freimaurern, und in solche, die von Nichtfreimaurern geschrieben wurden. Viele Schriftsteller, die Gegner der Freimaurerei sind, stellen sie als eine gottlose Gemeinschaft dar, antikirchlich und antichristlich, aufrührerisch und revolutionär, wobei dann gelegentlich noch der Satanismus als pikantes Gewürz hinzugefügt wird. Folgt man freimaurerischen Autoren, dann ist die Freimaurerei im Gegenteil eine hochstehende ethische und tolerante Bruderschaft mit religiösem Einschlag und mit einem ausgeprägt humanitären und freiheitsliebenden Ideal.

Weiter hat es uns beeindruckt, daß das so bedeutende Zweite Vatikanische Konzil verständnisvoll über die anderen christlichen Kirchen und die Juden, und selbst über den Islam und den Buddhismus diskutiert hat und sich eindeutig für den Vorrang des Gewissens und die Freiheit der Religionsausübung ausgesprochen hat. Aber nur ein Konzilsvater beantragte dazu, auch die Haltung der Kirche gegenüber der Freimaurerei zu überprüfen. Seine Stimme fand in der Weite der Basilika von St. Peter keinen Widerhall. Wußten die Konzilsväter denn wirklich nicht, was diese Bruderschaft tatsächlich bedeutet oder ist eine verständnisvolle Haltung der Katholischen Kirche gegenüber der Freimaurerei von vornherein ausgeschlossen? Das sind doch wirklich sehr beunruhigende Fragen.

Wohl haben es in den letzten Jahrzehnten einige mutige Katholiken gewagt, eine Annäherung zwischen Kirche und Freimaurerei anzustreben, so die Jesuiten Hermann Gruber, Joseph Berteloot und Michel Riquet, der Dominikaner Gorce, der Laie Alec Mellor und ein paar andere. Zwar wurden ihre Bücher und Stellungnahmen überall aufmerksam vermerkt, doch wurde damit das große Geheimnis um diese „geheime Sekte" nicht gelüftet, und die Freimaurerei blieb die Große Unbekannte.

Vorher hatten wir uns schon zweimal an ein Buch über die Jesuiten gewagt — die oft mit Freimaurern und Juden in einem Atemzug genannt werden! — und hatten immer feststellen können, daß man über diesen Orden die törichtsten und unglaubwürdigsten Dinge erzählen und doch immer leichtgläubige Zuhörer oder Leser finden kann. Vielleicht ist es mit den Freimaurern ebenso bestellt? Das Verlangen, nun einmal die Wahrheit über diese „geschlossene Gemeinschaft" aufzudecken, und auch der Wunsch, eine vom Konzil vernachlässigte oder vielmehr nicht zur Kenntnis genommene weltumspannende ethische Organisation vielleicht der Kirche näher zu bringen und die Kirche näher zu ihr, haben uns zu dieser Studie veranlaßt.

Es ist wahrlich keine leichte Aufgabe über die Freimaurerei zu schreiben. Unter Katholiken und vielen anderen Menschen herrschen noch häufig unsinnige Anschauungen: die Freimaurer sollen ein Bund von Atheisten sein, die aus Prinzip Kirche und Religion bekämpfen, sich mit moralisch verwerflichem Treiben hervortun und sogar einen Bund mit dem Satan geschlossen haben. Vor allem in Belgien und Frankreich, aber auch in einigen anderen Ländern, ist man geneigt, alles das, was gegen die Kirche und den christlichen Glauben gerichtet ist, blindlings auf das Konto der Logen zu schreiben. Andererseits haben die Freimaurer über das Christentum und insbesondere über die Katholische Kirche und einige religiöse Orden Auffassungen, die nicht der Wirklichkeit entsprechen. Wie kann man nun diesen Abgrund von Vorurteilen überbrücken und sinnvoll über die Freimaurerei und die Kirche schreiben, so daß Christen und Freimaurer das Buch nach dem Lesen befriedigt zur Seite legen und jeder den anderen besser kennt und anerkennt?

Eine zweite Schwierigkeit beim Schreiben eines Buches dieser Art ergibt sich aus der enormen Literatur von über hunderttausend Büchern, die zumeist unterschiedliche Meinungen wiedergeben. Hat man einige Dutzend Werke katholischer Autoren durchgearbeitet, dann kann man sich erst ein konkretes Bild von den unvorstellbaren Vorurteilen katholischer Kreise machen und ist, offen gesagt, als Katholik auf diese Schmähschriften nicht sehr stolz. Nimmt man dagegen Freimaurer-Autoren zur Hand, dann ist man betroffen von der ungeheuren Vielfalt oder besser gesagt, den unüberbrückbaren Gegensätzen. Englische Autoren halten sich peinlich genau an die reinen Fakten, vermitteln dabei aber zu wenig von dem Geist, der die Freimaurerei beseelt; deutsche Schriftsteller verlieren sich gern in tiefsinnigen Betrachtungen und in mythischen Hintergründen, was dann wieder Zweifel an ihrem Tatsachenmaterial aufkommen läßt; französische Autoren behandeln das Thema schwungvoll und elegant, aber sie berichten sowohl über die Tatsachen als auch über den Geist der Freimaurerei zu wenig, um damit auch die Abweichungen in der Freimaurerei zu erklären. Wo finden wir die richtigen Auffassungen über die Freimaurerei? Der freimaurerische Schriftsteller Henry Hallam nannte diese Schreiber glattweg: Lobredner und Lästerer, beide gleich verlogen.

Wenn man sich als Historiker mit der Geschichte der Freimaurerei näher befaßt, hat man zuerst den Eindruck, in ein unentwirrbares Knäuel sich widersprechender Auffassungen geraten zu sein ohne jede Hoffnung auf Klarheit. Da kann man mutlos werden. Es genügt nicht, geschichtliche Tatsachen zu ermitteln, um die Geschichte der Freimaurerei darstellen zu können, nein, in ihren Initiationsriten, in allen ihren Logenarbeiten sind soviel Legenden und alt-religiöse Elemente enthalten, daß man diese nicht unberücksichtigt lassen darf, will man nicht am innersten Wesen der Freimaurerei vorbeigehen. Ist man dabei noch ein Außenstehender, so kann man kaum ermitteln, welche von diesen oder jenen Mythen oder Legenden in den Ritualen und Symbolen nun wirklich von Bedeutung sind. Schließlich ergibt sich beim Schreiben eines Buches wie das vorliegende noch eine weitere Schwierigkeit. Nach bester Tradition echter Freimaurerei muß jeder Freimaurer auf seine persönliche Weise in der Loge arbeiten: Wenn er nur die allgemeinen Grundsätze achtet, mit denen wir uns noch befassen werden, steht es ihm frei, sich seine Überzeugung nach eigenem Gutdünken zu bilden. Er hat die Anschauungen der anderen anzuerkennen, wie wiederum die anderen seine religiösen Gefühle und seine maurerische Arbeitsweise zu achten haben. Freimaurer können mithin sehr verschiedener Ansicht sein. Da jeder echte Freimaurer an seinem eigenen Baustück arbeitet und zu seiner eigenen Überzeugung steht, kommt es oft dazu, daß freimaurerische Schriftsteller einander in ihren Schriften widersprechen. Wie kann sich da ein Außenstehender über eine derartige weltumspannende Bewegung eine Meinung bilden, die einigermaßen mit der Wahrheit übereinstimmt?

Ohne Rücksicht auf diese Schwierigkeiten und Belastungen meinen wir, daß es dringend notwendig ist, ein Buch wie dieses zu schreiben. Der Toleranzgedanke — eine der edelsten Bestrebungen der wahren Freimaurerei — hat nicht nur in letzter Zeit große Fortschritte gemacht, er wird auch immer unentbehrlicher in dieser nach Einheit strebenden und so zerrissenen Welt von heute. Wenn sich auf freimaurerischem Gebiet noch Mauern des Vorurteils erheben, dann wollen wir daran arbeiten, diese abzutragen, und auch wir wollen unsere Bausteine beisteuern, um den neuen Bau einer universellen Harmonie zu errichten.

Unsere Aufgabe wurde in hohem Maße dadurch erleichtert, daß sich das Zweite Vatikanische Konzil vorbehaltlos für die Freiheit der Religionsausübung, für Anerkennung aller Religionen und aller Weltanschauungen ausgesprochen hat. Andererseits ist bei den Freimaurern gerade jetzt — vornehmlich in Belgien und Frankreich, wo sie oft weit von der ursprünglichen Zielsetzung abgewichen waren, aber auch in den Niederlanden — ein Wandel im Gange. Auf beiden Seiten sind es Männer guten Willens, die eine Kluft von mehr als zwei Jahrhunderten überbrücken wollen und die einig sind im Streben nach einer humaneren, geistig vertieften und toleranten Welt, die Ehrfurcht bezeugt vor der Person und der Lebensanschauung eines jeden Menschen, gleich welcher Rasse, Hautfarbe, Kultur oder Religion er sein mag.

Unsere Aufgabe wurde auch wesentlich erleichtert oder, besser gesagt, erst möglich gemacht durch die loyale Unterstützung und das volle Vertrauen, die uns seitens der Ordensleitung des Großostens der Niederlande entgegengebracht wurden. Namentlich erwähnen wir Herrn B. Croiset van Uchelen, Bibliothekar und Archivar des Ordens der Freimaurer unter dem Großosten der Niederlande in Den Haag, Herrn H. J. Zeevalking, Administrator des Niederländischen Großostens, und Dr. P. J. van Loo, Großsekretär des Ordens der Freimaurer und einer der besten Kenner der Freimaurerei in den Benelux-Ländern, denen wir von Herzen für ihre ausdauernde und wertvolle Hilfe danken. Auch den hilfsbereiten Mitarbeitern der Bibliothek, den Herren W. F. H. van Nievelt und M. R. L. Brijl, Oberstleutnant a. D., ebenso wie den anderen leitenden Personen sagen wir unseren aufrichtigen Dank für die gute Atmosphäre, die sie während unserer Besuche, die sich oft über Monate erstreckten, zu schaffen verstanden. Auch andere niederländische, französische und belgische Freimaurer, sowie Pater Michel Riquet S. J. und Alec Mellor, Verfasser von drei bemerkenswerten Büchern über die Freimaurerei, gaben uns zahlreiche interessante Hinweise. Mehrere katholische Theologen und Fachleute des Kanonischen Rechts haben uns bei unserem Bemühen um eine klare und unmißverständliche Stellungnahme wertvollen Rat erteilt.

Unser besonderer Dank gilt den beiden Persönlichkeiten, die jeder ein Geleitwort für dieses Buch haben schreiben wollen: von katholischer Seite Herrn Dr. N. M. Wildiers vom Kapuzinerorden, der in den letzten Jahren u. a. durch seine Studien und Vorträge über Teilhard de Chardin und durch die Betreuung der Herausgabe seiner Werke bekannt wurde und der im Jahre 1962 vor Amsterdamer Logen einen Vortrag über diesen Gelehrten hielt, und von freimaurerischer Seite Herrn Dr. P. J. van Loo, Großsekretär des Ordens der Freimaurer unter dem Großosten der Niederlande, der auch an der Spitze des Erzkapitels der Hochgrade der Niederlande steht. Nicht zuletzt danken wir ehrerbietig S. E. L. J. Kardinal Suenens, Erzbischof von Mechelsen-Brüssel, und S. E. Dr. B. J. Kardinal Alfrink, Erzbischof von Utrecht, für die Unterstützung und Förderung, die sie uns angedeihen ließen.

Angesichts der Fragen, die an uns schon vor dem Erscheinen dieses Buches mehr als einmal gestellt wurden, halten wir es für notwendig, eindeutig zu erklären, daß wir von keiner Seite beauftragt wurden, dieses oder ein ähnliches Buch zu schreiben, und daß auch niemand, weder unsere kirchlichen Oberen noch Freimaurer, Forderungen in bezug auf den Text gestellt hat; wohl haben wir natürlich dankbar von gut gemeinten und oft wertvollen Hinweisen Gebrauch gemacht. Die volle Verantwortung für dieses Buch liegt daher allein bei uns.

Wir schließen mit dem Wunsch, daß vor allem unsere katholischen Glaubensbrüder, aber auch andere Christen, und „Profane", eine zutreffendere Einsicht in den Geist und das Wollen echter Freimaurerei gewinnen mögen. Und sollte es vermessen sein zu meinen, daß auch der eine oder andere Freimaurer aus diesem Buch etwas lernen könnte?

Erster Teil

ENTSTEHUNG UND ENTWICKLUNG DER FREIMAUREREI

1. Die Vorgeschichte der heutigen Freimaurerei

„Freimaurerei ist die aus innerem Drang geborene Geistesrichtung, welche sich im fortdauernden Streben nach einer Weiterentwicklung des Geistes und des Gemütes manifestiert, die den Menschen und die Menschheit auf eine höhere geistige und ethische Stufe führen kann. Sie arbeitet dafür in der ihr eigenen Art vermittels Symbolen und Ritualen als Sinnbilder von Idealen und Gedanken." So heißt es im Grundgesetz des Ordens der Freimaurer unter dem Großosten der Niederlande. Knoop und Jones, die das zuverlässigste Buch über die Entstehung der Freimaurerei geschrieben haben, und das britische Ritual zur Gesellenbeförderung kennzeichnen die Freimaurerei wie folgt: *„a peculiar system of morality, veiled in allegory and illustrated by symbols"* (ein besonderes ethisches System, in Allegorien gehüllt und in Symbolen dargestellt). Freimaurerei ist demnach wohl eine Gemeinschaft auf ethischer Grundlage, die sowohl die einzelne Persönlichkeit als auch die Allgemeinheit auf eine höhere geistige und sittliche Ebene zu heben sucht, die Bruderschaft zum Ziel hat und in ihrer ganzen Arbeit, entsprechend ihrem Namen, die Symbolik der Maurer und Steinmetzen verwendet. Es stellt sich nun unwillkürlich die Frage: Wie kam es dazu?

Die westeuropäischen Gilden und insbesondere die Maurer- und Steinmetz-Zünfte

In Westeuropa und nicht zuletzt in Flandern haben sich im Mittelalter die Gilden oder Zünfte, zuweilen auch Bruderschaften genannt, entwickelt. Die Angehörigen des gleichen Fachs oder Berufs wie Bäcker, Metzger, Schneider und Weber bildeten eigene Gruppen, um sich in ihrem Fach zu vervollkommnen und gegen Eindringlinge zu schützen. Die Anwärter auf einen Beruf mußten erst mehrere Jahre als *Lehrling* das Handwerk erlernen, ehe sie als *Geselle* anerkannt und als vollgültiges Mitglied angesehen wurden und somit den vollen Lohn erhalten konnten. Meist mußte ein Geselle dann auch ein „Meisterstück" fertigen, um zum Grad des Meisters aufzusteigen: nur *Meister* durften ihren Beruf selbständig ausüben sowie Gesellen und Lehrlinge annehmen. Die Gilde oder die Zunft übten eine Aufsicht über die gewissenhafte Erfüllung aller Verpflichtungen aus, was das verwendete Material, die Verarbeitung und die aufgewandte Arbeitszeit betraf. Die Gilde hatte auch einen Schutzpatron, einen bestimmten Festtag und einen eigenen Altar in der Kirche. Die Mitglieder der Gilde bezahlten eine feste Summe, um kranke oder invalide Gesellen zu unterstützen, Witwen und Waisen beizustehen und weiteren caritativen Zwecken zu genügen. Sie hatten sogar eine eigene Fahne und eine Bürgerwehr, die als eine selbständige Einheit auftrat, wenn die Gemeinde verteidigt werden mußte. Dies alles lag in den Statuten fest, und die Privilegien und Freiheiten wurden sorgsam gehütet.

Auffallend ist, daß die Maurer-Gilden und -Zünfte viel später entstanden sind als viele andere Gilden. Der Grund dafür ist ziemlich einfach. Fleisch, Brot und Kleidung braucht jede Gemeinschaft, und Metzger, Bäcker sowie Schneider sind an ihren Wohnsitz gebunden. Das Bauen aber geschah im frühen und auch noch im hohen Mittelalter zumeist in Holz oder in Lehm, selten in Stein. Nur Kathedralen, Abteien sowie Burgen und, viel später, Rathäuser wurden in Stein errichtet. Als ein Bürger in Antwerpen ein Haus in Stein baute, war das etwas so Einzigartiges, daß sein Haus „das Steinhaus" (*het Steen*) genannt wurde; auch in Gent kennen wir immer noch *het Geraard Duivelsteen* und in Leiden *het Gravesteen*. Die Maurergilden entstanden daher auch sehr viel später als andere Zünfte.

Dann müssen wir noch eine weitere Tatsache erwähnen. Wenn eine Kirche gebaut war, gab es zugleich auch keinen Bauplatz mehr an diesem Ort, und die Maurer und Steinmetzen mußten anderswo ihre Dienste anbieten. Ihr Beruf veranlaßte sie somit, von einem Ort zum anderen zu ziehen. Daraus ergibt sich von selbst, daß ihre Zünfte und Gilden Merkmale aufweisen, die in anderen Gilden nicht zu finden sind. Im hohen und späten Mittelalter haben die Baumeister in ganz West-Europa Kathedralen und Bauwerke von unübertroffener Schönheit errichtet. Das setzte großes Fachwissen der Architekten und großes Können der Steinmetzen und Maurer voraus. Ferner wird berichtet, daß diese umherziehenden „Maurer" durch eine päpstliche Bulle geschützt waren und auch in Kriegszeiten die Grenzen ungehindert überschreiten und im ganzen christlichen Europa von ihren Vorrechten Gebrauch machen konnten. Bedeutende Historiker betrachten dies aber als Legende, und nirgends hat man eine päpstliche Bulle mit diesen Bestimmungen gefunden.

Man sagt wohl manchmal, daß diese Kathedralen-Bauer sich dessen bewußt waren, für die Ewigkeit zu bauen, aber sicher ist, daß sie begriffen, für den König der Ewigkeit zu bauen. Neben dem kirchlichen Bauherrn sahen diese Arbeiter in dieser Königlichen Kunst stets den Oberbaumeister des Weltalls als ihren wirklichen Bauherrn an.

In den Niederlanden und in Frankreich kennen wir Baugilden, die sich in einer bestimmten Stadt entwickelten. So die Baugilde der Heiligen Vier Gekrönten, die *Quatuor Coronati* in Antwerpen, die in städtischen Rechnungen vom Jahre 1423 auftaucht und deren Satzungen aus dem Jahre 1458 erhalten geblieben sind: Sie umfassen alle Sparten des Baugewerbes, sowohl Fußbodenleger und Dachdecker als auch Steinmetzen und Maurer. In Paris genoß die Maurergilde von Saint-Blaise einen großen Ruf. In Florenz blüht im 13. Jahrhundert bereits die Gruppe der *maestri di pietra e legname*, „die Meister von Stein und Holz", Maurer und Zimmerleute.

Die *Steinmetzen* in den deutschsprachigen Ländern fanden sich zu einer Gemeinschaft von überörtlicher Bedeutung zusammen. Vielleicht wegen der nur losen Bindungen innerhalb des großen Deutschen Reiches, was für die umherziehenden Werkleute eine mindere Sicherheit bedeutete, kamen Meister aus Deutschland, Österreich und der Schweiz im Jahre 1459 in Regensburg zusammen; sie erneuerten ihre Satzungen einer allgemeinen Bruderschaft und erklärten den Meister der Haupthütte des Münsters zu Straßburg zu ihrem Oberhaupt oder Großmeister. Die Satzungen der *Steinmetzen* wurden in den Jahren 1458 und 1563 durch kaiserliches Dekret bestätigt.

Der Kanonikus Grandidier schrieb im Jahre 1872 in seinem Buch „Essais historiques et topographiques de L'Eglise-Cathédrale de Strasbourg", daß die Genossenschaft der Maurer und Steinmetzen, mit Sitz in Straßburg, zu welcher alle Gruppen in Deutschland gehörten, sich in der Loge *Maurer-Hof* traf, einem Gebäude, das sich an das Münster von Straßburg anlehnte. Die Mitglieder dieser Genossenschaft hatten keinerlei Umgang mit den anderen Maurern, die nur mit Kelle und Mörtel arbeiten konnten (Art. 2). Die Annahme von Bauaufträgen und das Bearbeiten der Steine war ihre Hauptaufgabe. Sie sahen darin eine bedeutendere Kunst als die der anderen Maurer. Das Winkelmaß, die Wasserwaage und der Zirkel wurden ihre Kennzeichen und ihre charakteristischen Abzeichen. Mit dem Beschluß, eine Gemeinschaft zu bilden, die sich von der Masse der Maurer unterscheidet, erfanden sie untereinander Paßworte und besondere Handgriffe, um einander zu erkennen. Sie nannten dies das Wortzeichen, den Gruß und das Handzeichen. Die Lehrlinge, Gesellen und Meister wurden in besonderem Zeremoniell aufgenommen, das sie geheimhielten. Die Lehrlinge, die in den Gesellengrad erhoben wurden, legten einen Eid ab, daß sie niemals, weder mündlich noch schriftlich, die geheimen Worte des Grußes bekanntgeben würden (Art. 55). Es war Meistern wie Gesellen verboten, Außenstehenden von den Grundgesetzen der Maurerei Kenntnis zu geben (Art. 13). Ferner verlangten die Statuten die Erfüllung der religiösen Gebote sowie der ethischen und sozialen Verpflichtungen.

Von ganz anderer Art waren die französischen *Compagnonnages*. Erst im 16. Jahrhundert werden sie historisch greifbar, aber ihr bester Historiker, Martin Saint-Léon, schreibt, daß sie bereits lange vor 1500 bestanden haben müssen. Eigenartig an dieser Bruderschaft ist, daß sie ausschließlich aus Gesellen bestand, die keine Aussicht hatten, Meister zu werden. Das hängt wohl mit der allgemeinen Tendenz des ausgehenden Mittelalters zusammen, nach der die Führer der Gilden regelmäßig aus bestimmten Familien gewählt wurden und einem gewöhnlichen Gesellen der Aufstieg zur selbständigen Meisterschaft verwehrt war. Die Bruderschaft schützte ihre Mitglieder auf ihren Reisen durch Frankreich, der sogenannten *tour de France*. Sie hatten eine eigene Organisation und Verwaltung, kümmerten sich um Begräbnisse wie um Festmähler, bestraften schlechte Zahler, Diebe und Meineidige. Im Jahre 1655 verurteilte die theologische Fakultät von Paris die gottlosen und blasphemischen Gewohnheiten der Gesellen und erklärte, daß „les compagnons font jurer sur les évangiles à ceux qu'ils reçoivent de ne révéler ni à père, ni à mére, femme ni enfants, ni confesseur ce qu'ils feront ou verront faire" (die Gesellen lassen die Neuaufgenommenen bei den Evangelien schwören, weder Vater, noch Mutter, Weib oder Kind, noch Beichtiger das zu verraten, was sie tun werden oder was sie getan sahen). Auch mit den englischen Gilden weisen sie verwandte Züge auf durch die Legenden, die bei ihnen umgingen: so die Legende von Hiram, dem Baumeister vom Tempel Salomos, wie auch die vom Maître Jacques, der zwei Säulen des Tempels gefertigt haben soll, und von Père Soubise, ebenfalls ein Meister-Maurer Salomos; die beiden letzteren sollen, nach ihrer Landung in Frankreich, in Streit geraten sein. Es kann sein, daß diese Legenden über die Normandie nach England gelangt sind.

In Frankreich hatte der Hundertjährige Krieg der Bautätigkeit einen schweren Schlag versetzt, und auch in den deutschen Gebieten brachte die protestantische Reformation den Kirchenbau und die Kunst der Steinplastik fast zum Stillstand. Das so unruhige 16. Jahrhundert mit seinen vielen Kriegen war dem Bauhandwerk sicher nicht förderlich. Da braucht es uns nicht zu wundern, daß die Bauzünfte auf dem Kontinent nur noch wenig in Erscheinung traten oder sogar verschwanden. In England und Schottland blieben sie bestehen, machten aber im weiteren Verlauf, vor allem im 17. Jahrhundert, eine gründliche Wandlung durch. Für uns bleibt die Hauptfrage, wie sich die Maurer und Steinmetzen, die mit Zirkel und Kelle, mit Hammer und Meißel arbeiteten, zu den heutigen Freimaurern wandeln konnten. Darum müssen wir nun die Entwicklung der englischen und schottischen Freimaurer verfolgen, weil diese, und nur diese allein, den eigentlichen Ursprung der heutigen Freimaurer bilden.

Die englischen und schottischen Freimaurer-Gilden

Stellen wir uns nun im einzelnen den Bau einer Kathedrale oder einer königlichen Burg vor. Der *Master of the Works*, der Leiter der Arbeit, ein königlicher Beamter oder Geistlicher, besorgte in diesem Falle die finanzielle Verwaltung, den Einkauf des Materials und die Auszahlung der Löhne. Der *Master Mason* hatte dagegen die technische Leitung des Baus. Er war mehr Architekt als Bauführer. Das Zeichnen der Pläne erfolgte in der Bauhütte (im Englischen *Lodge*); man kann sie auch als Zeichenbüro bezeichnen, wo die Architekten oder Baumeister mit Zirkel und Winkelmaß, mit Maßstab und Reißbrett arbeiteten. Wahrscheinlich wurden die Zeichnungen nicht auf Papier oder Pergament gemacht, denn beinahe nichts ist von den Bauzeichnungen der Kathedralen erhalten geblieben, sondern auf Schiefertafeln mit Kreide ausgeführt. So war also dieses Zeichenbüro, diese Loge, gleichsam eine Werkschule, in der Geselle und Meister sich in ihrem Handwerk übten.

Das Wort Loge hat allerdings in seiner Bedeutung eine besondere Entwicklung durchgemacht. Anfänglich galt die Bezeichnung *Lodge* für die Baracke, die Bauhütte, den Schuppen auf dem Baugelände, zu denen allein diejenigen Werkleute Zugang hatten, die ihre geometrischen und technischen Baugeheimnisse sorgfältig geheim hielten. Später bezeichnete das Wort auch die ganze Organisation der Maurer, die bei einem Bau beschäftigt war; so spricht man im Jahre 1429 beim Bau der Kathedrale von Canterbury von den „masons of the lodge". Schließlich wurde gegen Ende des 16. Jahrhunderts in Schottland das Wort Loge für eine Maurer-Organisation gebraucht, die eine Aufsicht über die Maurer-Angelegenheiten einer ganzen Stadt oder eines ganzen Bezirks ausübte. So berichten die Shaw-Statuten von 1598 und 1599, daß die Loge von Edinburgh in Zukunft die erste und Hauptloge von Schottland sein sollte und die von Kilwinning die zweite; diese „territorialen Logen" hatten die Aufsicht über die Ausbildung von Lehrlingen, über die Dauer der Lehrzeit, die Zulassung von Lehrlingen und Gesellen, die Einhaltung der Arbeitsbedingungen, die Beilegung von Streitigkeiten, das Einziehen von Beiträgen für gute Zwecke ebenso wie über das Lesen von Messen, die Erfüllung caritativer Aufgaben und die Unterstützung notleidender Maurer usw.

Es kam auch vor, daß der König die Maurer durch Gesetz zwang, sich bei bestimmten Bauvorhaben zu melden. Da durch die Pest Mitte des 14. Jahrhunderts ein großer Teil der englischen Bevölkerung dahingerafft worden war, hatte sich ein großer Mangel an erfahrenen Werkleuten ergeben. So erteilte der König im Jahre 1360 dreizehn Landvögten den Auftrag, 568 Maurer zum Bau des Windsor Castle zu schicken; im Jahr darauf mußten siebzehn Landvögte 1 360 Maurer entsenden. Bis zur Mitte des 17. Jahrhunderts blieb dieses königliche Zwangssystem bestehen. Das brachte dann mit sich, daß große Gruppen von Maurern — noch dazu weil die Erbauer von Kathedralen freigestellt waren! — gemeinsam an ein und demselben größeren Bauwerk beschäftigt waren; Steinmetzen arbeiteten in den Steinbrüchen, gewöhnliche Maurer bereiteten den Mörtel oder arbeiteten auf den Gerüsten, die Fähigsten an den Bögen und Gewölben, und nur die Besten hatten ihren Arbeitsplatz in der Loge oder im Zeichenbüro, der leitenden Stelle für das gesamte Bauvorhaben. Diese Konzentration so vieler Werkleute führte natürlich zu einer straffen Organisation. Die erste Maurergilde in England, die wir kennen, taucht im Jahre 1376 auf, sie ist aber wahrscheinlich noch älter.

Bevor wir fortfahren, müssen wir noch etwas bei dem Wort Freimaurer, *freemason*, verweilen. Ursprünglich scheint *freemason* eine Zusammenziehung des Wortes *freestone mason* gewesen zu sein; der *freestone* war eine Art feinerer Kalkstein, wie er in den Gebieten zwischen Dorset und Yorkshire gefunden oder aus der Normandie eingeführt wurde und zur Verarbeitung eine besondere Fertigkeit der *masons* oder „workers in stone" erforderte. Gewöhnliche Steinmetzen konnten wohl den *roughstone* bearbeiten, aber nur die besten Werkleute waren in der Lage, den *freestone* seinem Wert gemäß zu nützen. So wurden der *freestone mason* dem *roughstone mason*, dann der *freemason* dem *roughmason*, der Freimaurer dem Grobmaurer gegenübergestellt.

Nach anderen Berichten dagegen, aus einer späteren Zeit, scheint *freemason*, Freimaurer, auf gewisse *Freiheiten* hinzuweisen, aber Freiheit wovon? War es die Befreiung von einschränkenden Gesetzen oder Vorschriften oder die Freistellung von Gebühren oder Zöllen oder eine Freiheit, wie sie allein die ausgebildeten Werkleute besaßen? Mitglieder anderer Gilden genossen ebenfalls Vorrechte und Freiheiten, die aber nur in ihrer Gemeinschaft galten; die Freiheiten der umherziehenden Maurer, die gleichzeitig außerhalb der eigenen Gemeinschaft im ganzen Bezirk oder Land anerkannt waren, haben vielleicht auch etwas mit dem Begriff *freemason*, Freimaurer, zu tun. Und dabei haben wir noch nicht berücksichtigt, daß die „Alten Pflichten" der *masons* von ihren Mitgliedern forderten, daß sie frei, d. h. keine Sklaven oder Leibeigene waren, nicht an die Scholle ihres Herrn gebunden, wie das in den ländlichen Bezirken lange Zeit und in Osteuropa sogar noch bis ins 19. Jahrhundert hinein der Fall war.

Aus all diesen Überlegungen ersehen wir, daß der Ursprung des Wortes *Freimaurer* nicht unumstritten feststeht, daß er möglicherweise etwas zu tun hat mit anspruchsvollerem Handwerk oder auch mit besonderen Freiheiten, die diese Gilde der Freimaurer besaß.

Die Alten Pflichten oder Constitutionen der Freimaurer

In England hat man über hundert alte Handschriften mit Statuten, *Old Charges*, der Maurer entdeckt. Die Regius-Handschrift datiert etwa von 1390, während die Gruppe der Handschriften, die auf die Cooke-Handschrift zurückzuführen sind, aus der ersten Hälfte des 15. Jahrhunderts stammt; andere Handschriften gehen auf das 16., meist jedoch das 17. und beginnende 18. Jahrhundert zurück. Diese Handschriften unterscheiden sich zwar erheblich in den Einzelheiten, doch ist in ihnen eine allgemeine Grundlinie zu erkennen.

Sie beginnen alle mit den Pflichten gegenüber Gott, aus denen in den späteren Belegen die Anrufung der Heiligen Dreieinigkeit wird. So beginnt die Aberdeen-Handschrift von 1670 wie folgt: „Die Macht des Vaters im Himmel mit der Weisheit seines glorreichen Sohnes und der

Gnade und Güte des heiligen Geistes, der Dreieinige Gott, seien mit unserem Beginnen und verleihen uns die Gnade, uns selbst zu beherrschen, auf daß wir in dem Segen leben mögen, der nie enden soll. Amen."

Der zweite Teil der *Old Charges* oder *Alten Pflichten* enthält eine legendenhafte Geschichte der Maurerei. Die *masonry* wird mit der Entdeckung der Geometrie verknüpft. Schon vor der Sintflut soll Abel die Geometrie erfunden haben; die Unterlagen seien in zwei Säulen verborgen gewesen und nach der Sintflut entdeckt worden, die eine Säule durch Pythagoras, die andere durch Hermes, der mit dem ägyptischen Gott Thoth und dem römischen Gott Merkur gleichgestellt wird. Abraham soll den Ägyptern die Geometrie gelehrt haben, damit sie das regelmäßig ansteigende Wasser des Nils beherrschen lernen, und selbst Euklid (der fünfzehn Jahrhunderte später lebte!) soll von Abraham die Anfänge der Geometrie erlernt haben, die er später ausbaute. Auch der Bau der Arche Noah, des Tabernakels, der Tempel Salomos und Zerubabels nehmen in dieser Geschichte einen großen Raum ein. Dieser sogenannte geschichtliche, aber eigentlich mythische Teil war dazu bestimmt, den Lehrlingen eine hohe Meinung von ihrem Beruf zu vermitteln.

Der dritte Teil der *Alten Pflichten* besteht aus zahlreichen genauen Vorschriften, auf die alle Mitglieder der Gilde einen Eid ablegen mußten. Die Maurer mußten ihrem Herrn treu dienen, eine gute Arbeit leisten und keinen unangemessenen Lohn verlangen. Die Meister dürfen keinen Lehrling auf weniger als sieben Jahre verpflichten und keinen Leibeigenen oder Mißgestalteten zum Lehrling annehmen. Weitere Pflichten fordern von den Gesellen, daß sie Gott verehren und der Kirche treu dienen, ihre Meister und Kameraden unterstützen, die Frauen und Töchter ihrer Meister nicht begehren und die Geheimnisse ihrer Meister oder das, was sie in der Loge hören, nicht weitererzählen. Endlich folgen dann noch einige Vorschriften über die Organisation, caritative Hilfe, das Bestrafen von Diebstahl, die Treue zum König, den Meister und die Zunft und die Bestrafung treuloser Gesellen. In nahezu allen Handschriften ist hier die Verpflichtung zur Geheimhaltung aufgenommen, die alle Mitglieder durch einen feierlichen Eid auf das Heilige Buch, d. h. die Bibel, eingehen.

Das vierte und letzte Stück besteht aus einem kurzen Dankgebet. Hier ein Beispiel eines solchen Gebetes: „O glorreicher Gott, der Du der *Oberste Baumeister des Weltalls bist*, gib uns, Deinen Dienern (. . .), daß wir uns stets der heiligen Pflichten, die wir auf uns genommen haben, erinnern, und immer unser Streben darauf richten, einander in Verschwiegenheit zu unterweisen und zu unterrichten, auf daß nichts Unerlaubtes oder Ungesetzliches geschehe, und daß dieser Dein Diener, der sich jetzt anschickt, Maurer zu werden, ein würdiges Mitglied werde. Gib, o Gott, daß er und wir alle als Männer leben, die an das große Ziel denken, für welches wir geschaffen sind, und gib uns *Weisheit*, all unser Tun zu bedenken und zu vollbringen, *Stärke*, um standhaft in allen Anfechtungen zu bleiben, und *Schönheit*, um die himmlischen Wohnungen auszuschmücken, worin Du in Deiner Güte wohnst. Gib, o Herr, daß wir in brüderlicher Liebe und Freundschaft zueinander stehen und in all unserem Tun und Lassen zu allen Menschen gerecht sind, Barmherzigkeit üben und demütig wandeln mit Dir, unserem Gott, auf daß wir am Ende ins himmlische Jerusalem auffahren mögen. Amen."

Aus dieser kurzen Übersicht kann man schon erkennen, daß bereits damals ein Ansatz von Ritual vorhanden war; die Texte dieser handgeschriebenen Constitutionen haben einen bestimmenden Einfluß auf das Zustandekommen maurerischer Gebräuche, Überlieferungen und Rituale gehabt, so wie sie noch heute gebräuchlich sind.

Der schottische Beitrag zur heutigen Freimaurerei

In den englischen Handschriften über die Pflichten wird wiederholt über die Geheimhaltung beruflicher Erfahrungen gesprochen, wie dies natürlich auch in anderen Gilden und Zünften der Fall war und so wie unsere heutigen Erfinder durch Patente gegen Konkurrenten geschützt werden. Man findet dort auch keine geheimen Paßworte oder Erkennungszeichen. Dies traf nun aber in Schottland zu.

Das sogenannte *Mason Word*, Maurerwort, bestand in Worten, Zeichen, Körperhaltungen und einem bestimmten Handgriff in Verbindung mit den „fünf Punkten": Fuß gegen Fuß, Knie gegen Knie, Herz gegen Herz, Hand in Hand, Wange an Wange. Wir wollen jedoch an dieser Stelle die makabre Legende über Noahs Söhne oder über Hiram übergehen, in der einem Toten sein Geheimnis entrissen wird. Sie kann übrigens zu der biblischen Erzählung von Elias in Beziehung gebracht werden, der den Sohn der Witwe wiedererweckte. Wichtiger sind der Ursprung und die Berichte über das geheime Paßwort und die geheimen Zeichen, die später in die spekulative Freimaurerei übergingen.

In Schottland gab es wohl Steinbrüche, aber keiner wies den kostbaren und schwer zu bearbeitenden *freestone* auf, über den wir schon oben berichteten. Es war daher auch nicht so leicht, einen ausgebildeten von einem nicht ausgebildeten Steinmetzen zu unterscheiden. Ursprünglich nannte man einen Meister, der Steinmauern ohne Mörtel errichtete, *cowan*, und später einen Steinmetzen, der, ohne den Beruf erlernt zu haben, ihn ausübte, nur einen „Gelegenheitsarbeiter". Um nun diese *cowans* von den qualifizierten Maurern zu unterscheiden, gab man letzteren *das Maurerwort*, mit dem sie sich überall als gelernte Fachleute anmelden konnten und anerkannt wurden. Ein Protokoll der Mutterloge von Kilwinning schreibt noch im Jahr 1707 vor, „daß kein Maurer einen *cowan* annehmen darf, d. h. jemanden ohne Paßwort".

Noch ein zweiter Punkt ist in den schottischen Logen von Bedeutung. Hier kannte man auch den Grad des *entered apprentice*: des „angenommenen Lehrling". Die Gilden-Ordnungen von Shaw aus dem Jahre 1598 schrieben vor, daß der Lehrling eine Lehrzeit von sieben Jahren durchlaufen mußte, bevor er *entered apprentice* wird, aber es wurden dann noch weitere sieben Jahre Lehrzeit verlangt, bevor er zum *fellow of the craft*, kürzer: *fellow-craft* oder Gildengeselle, aufsteigt. Nun wäre ein derartiger „angenommener Lehrling", der den Beruf bereits vollständig beherrschte, in der Lage gewesen, den Platz eines Gesellen einzunehmen. Darum bekam der Geselle das Paßwort, das *Mason Word*, als Erkennungszeichen, so daß die Meister ohne Schwierigkeit Gesellen anwerben und angenommene Lehrlinge abweisen konnten.

Damit nun die Einrichtung eines *Mason Word* Nutzen bringen konnte, war natürlich eine Gilden-Organisation notwendig, die ihren Willen im ganzen Land durchsetzen konnte. Und wirklich, die örtliche Loge von Edinburgh konnte ihre Forderung bereits auf Grund der Shaw-Ordnungen von 1598 bei allen schottischen Logen durchsetzen.

Es bleibt also festzuhalten, daß die schottischen Logen zwar ein geheimes Paßwort aus Zweckmäßigkeitsgründen kannten, daß dieses aber keine eigentliche esoterische oder symbolische Bedeutung hatte. So wie die Geheimhaltung in den britischen Logen dazu diente, besondere Fachkenntnisse auf den Kreis der Meister zu beschränken, so war die einzige Bedeutung des Maurerwortes in Schottland die, nicht oder unvollkommen ausgebildete Werkleute auszuschließen und den Gesellen leichter Arbeit zu verschaffen.

Wiederholt kommt in mittelalterlichen und späteren Ordnungen das Wort *mystery*, Mysterium, vor. Viele Schriftsteller, die sich mit der

Freimaurerei beschäftigten, haben daraus sogleich auf ein Geheimnis geschlossen, aber dieses Wort hat einen ganz anderen Ursprung. *Mysterium*, oder im Mittelalter *mistere*, kommt einfach von *mestier* oder métier, Beruf. So bestätigen die *Guildhall Records* von London im Jahre 1376, daß die Maurer zu den 47 *sufficient mysteries*, den 47 Handwerksberufen zählen und vier Vertreter in den Gemeinderat wählen konnten. Gleichwohl ist es möglich, daß in manchen Texten die Bedeutung von geheim mitspricht. Jones sagt, das Wort *mystery* habe vielleicht in einem bestimmten Augenblick „zwei verschiedene Gedanken zusammengefaßt, den von der bestehenden Gilde oder Zunft und den von etwas, das allgemeinem Verständnis verborgen war".

Der Übergang von der operativen zur spekulativen Freimaurerei

Es bleibt nun darzustellen, wie die Gilden, die anfänglich nur Maurer und Steinmetzen umfaßten, zu Logen von nicht handwerklichen oder spekulativen Maurern geworden sind, die mit dem Beruf der Maurer oder Steinmetzen nichts mehr zu tun hatten, es sei denn in ihrer Symbolik.

Der bekannte Historiker der Freimaurerei, Gould, schrieb einmal: „The Reformation comes; no more churches built; the builders die out." (Die Reformation kommt und es werden keine Kirchen mehr gebaut, also sterben die Bauwerker aus.) Das wird heute allgemein bestritten. Es ist zwar richtig, daß nach der langen Blütezeit der Gotik nur noch wenige Kirchen gebaut und Figuren gemeißelt wurden. Auch erlaubten es die vielen Kriege den Königen nicht mehr, große Bauwerke in Angriff zu nehmen. Die Entdeckung der Neuen Welt jedoch, das Aufkommen eines wohlhabenden Bürgertums mit seinem Wunsch nach schönen Wohnungen, auch der Reichtum einiger Städte brachten es mit sich, daß sehr wohl große Wohnungen oder Paläste und neue Rathäuser gebaut wurden. Das Aufkommen eines neuen Stils, der Renaissance, und die Ablehnung der Gotik, des Stils der „dunklen Jahrhunderte", trugen das ihrige dazu bei. So konnten Knoop und Jones schreiben: „Wahrscheinlich war es die Renaissance mit ihrer Neigung zu Plänen und Entwürfen von Adligen und Gelehrten, die schließlich zum Übergang von der handwerklichen oder operativen zur spekulativen oder kontemplativen Maurerei führte." Seit dem Ende des Mittelalters wird der Stand des Meister-Maurers immer bedeutungsloser, während der des Architekten im Ansehen ständig steigt. Für viele Beispiele mag das eine genügen: Christopher Wren war Wissenschaftler und Astronom, bevor er sein erstes Bauwerk entwarf, und er wurde der bedeutendste Leiter des Wiederaufbaus von Groß-London nach dem verheerenden Brand von 1666.

Im Verlauf des 17. Jahrhunderts nahmen schottische Logen Nichtmaurer in ihren Maurer-Gilden auf. Meistens waren es Landedelleute oder bedeutende Männer auf kulturellem oder sozialem Gebiet. So wird John Boswell, Laird von Auchinleck, im Jahre 1600 Mitglied der Edinburgher Loge, und im Jahre 1640 trat Alexander Hamilton, „General der königlichen Artillerie", derselben Loge bei. Im Jahre 1670 zählte die Loge in Aberdeen unter 49 Mitgliedern nur zehn echte Maurer; alle anderen waren Adlige, Geistliche, Kaufleute, Ärzte, Professoren usw. Die Loge, die bis dahin einen ausgesprochen operativen Charakter gehabt hatte, ging nun dazu über, besondere Vorschriften für jene Mitglieder auszuarbeiten, die Nicht-Werkmaurer waren; offenbar brachten es finanzielle Nöte mit sich, daß man, um die Kasse zu füllen und die Gilde vor dem Untergang zu bewahren, Nichthandwerker in die Loge aufnahm. Aber auch in England war im gleichen 17. Jahrhundert ein vollständiger Umschwung im Gange, über den wir jedoch sehr unvollkommen unterrichtet sind. Die Londoner Gilde, die *London Company of Freemasons*, nahm in der ersten Hälfte des 17. Jahrhunderts Nichtmaurer als Mitglieder auf, wahrscheinlich ebenfalls aus finanziellen Gründen: Durch die „accepçon" wurden sie zu „masons" gemacht, um den in den Büchern der *Company* selber verwendeten Ausdruck zu gebrauchen. Ja, im Jahre 1655/56 änderte sie sogar ihren Namen in *The Company of the Masons* für die echten Maurer, während der Name *freemasons*, Freimaurer, jetzt für die „angenommenen Mitglieder" frei wurde.

Wir müssen noch einen weiteren wichtigen Umstand anführen. Im Jahre 1666 brannte das noch zum größten Teil aus Holz gebaute London fast vollständig nieder, *the Great Fire*. Nicht nur aus ganz England, sondern auch vom Festland kamen viele Maurer und Steinmetzen nach London herüber. Das Parlament gab allen zugereisten Maurern die gleichen Rechte wie den Mitgliedern der Maurer-Gilden, was die früher so starke Stellung der Londoner Maurer-Loge untergrub. Dadurch fühlte sich die letztere um so mehr genötigt, Nichtwerkleute in ihren Reihen aufzunehmen, was der Entwicklung der symbolischen Freimaurerei mehr Auftrieb gab. Wahrscheinlich entstanden in dieser Zeit verschiedene Logen in London, in denen möglicherweise schottische mit englischen Gebräuchen vermischt waren. Der große Wissenschaftler Ashmole schreibt in seinem Tagebuch, daß er im Jahre 1646 mit noch einem anderen Edelmann zu Warrington zum *free mason*, Freimaurer, gemacht wurde — der erste Beleg für dieses Wort in seiner symbolischen Bedeutung! — und berichtet ferner, daß im Jahre 1682 in seiner Gegenwart in der Masons Hall in London sechs Männer zu Gesellen der *free masons* gemacht wurden.

Der Leser wird sich fragen, was normale Bürger, die keine Maurer sind, dazu veranlaßt, Mitglied in einer Maurergilde oder Loge werden zu wollen. Die Gründe hierfür werden wohl bei jedem einzelnen andere gewesen sein.

Einige werden durch die vermeintlich alten Geheimnisse, die in den Logen bewahrt werden, angezogen worden sein (die Geheimnistuerei der Logen ist also nichts Neues!). Elias Ashmole, ein Astrologe, Alchimist, Rosenkreuzer, Historiker und Sammler, suchte überall, mithin auch in den Logen, Material für seine Studien über uralte Geheimnisse. John Owen, der berühmte Dichter aus Wales, bekennt, daß er der Loge in der Hoffnung beigetreten sei, um etwas über die legendären Geheimnisse der Druiden zu erfahren. Der bekannte Archäologe Dr. William Stukeley schreibt in seiner Autobiographie über sich selbst: „Seine Neugierde führte ihn dazu, sich in die Mysterien der Freimaurerei in der Vermutung einweihen zu lassen, daß sie die Geheimnisse der Alten bewahrten." Im Jahre 1638 dichtete Henry Adamson:

> „For we brethren of the Rosie Crosse
> We have the Mason's Word and second sight"

als ob die Rosenkreuzer-Freimaurer das geheime Paßwort und das zweite Gesicht hätten.

Im 17. Jahrhundert herrschte in England ein außerordentliches Interesse an der Baukunst, vor allem, da jetzt die Renaissance die Gotik der *Dark Ages* abgelöst hatte. Intellektuelle traten den Logen bei, um in Vorträgen über Architektur mehr über die neue große Baukunst zu erfahren. Freilich interessierten sich einige auch noch für ältere Baustile, so beispielsweise Chr. Wren, der übrigens selbst noch einige Gebäude im gotischen Stil errichtete. Und Elias Ashmole suchte in der Loge auch nach Unterlagen für ein Werk über das Windsor Castle.

Andere wieder wurden von den Logen angezogen, weil es hieß, sie pflegten Bruderschaft und Toleranz in hohem Maße. Viele waren der Glaubenskämpfe ganz einfach mehr als überdrüssig und suchten nach einer Oase des Friedens und der Brüderlichkeit, wo Freundschaft auch zwischen andersgläubigen Menschen erwachsen konnte.

Schließlich spielte damals (wie noch immer) der Geselligkeitsfaktor in der Freimaurerei eine nicht zu unterschätzende Rolle. Das Ende des 17. und der Beginn des 18. Jahrhunderts waren in England, wie auch in anderen Ländern, die Zeit der Clubs. Diese Logenzusammenkünfte, von denen die Frauen ausgeschlossen waren, übten eine nicht geringe Anziehungskraft auf die Männer aus, die so in geselligem Kreise miteinander Gedanken austauschen konnten, wobei tüchtig getrunken und geraucht wurde.

Es muß sich nun zwischen den schottischen und englischen Logengebräuchen eine Wechselwirkung ergeben haben, wie wir das aus einigen Dokumenten der Zeit des ausgehenden 17. Jahrhunderts und kurz danach schließen können. Diese Schriften berichten, daß zwei Grade mit einem besonderen Zeremoniell verliehen wurden: *entered apprentice* oder angenommener Lehrling, und *fellow-craft or Master*, Zunftgeselle oder Meister. Zudem las man, nach englischem Brauch, die *Old Charges* oder Alten Pflichten den neuen Logenmitgliedern vor, bevor diese den Eid ablegten und das Paßwort erhielten. Diese Einweihungsriten befanden sich noch im ersten Stadium der Entwicklung, als 1717 die erste Großloge der Freimaurer in London gegründet wurde; aber alle Voraussetzungen waren jetzt vorhanden, daß sich die spekulative oder symbolische oder philosophische oder kontemplative Freimaurerei vollständig entwickeln und innerhalb weniger Jahrzehnte über die ganze Welt verbreiten konnte. Es wird Zeit, daß wir diesem Hauptereignis der maurerischen Geschichte unsere volle Aufmerksamkeit zuwenden.

2. Die Errichtung der ersten Großloge zu London und ihre Statuten

Vier Logen gründen die erste Großloge

„Weil sie sich von Sir Christopher Wren vernachlässigt fühlten", der auch „Großmeister Wren" genannt wurde, so berichtet uns Anderson 1723 und 1738, schlossen sich vier Logen zusammen und bildeten die erste Großloge. Tatsache ist, daß Sir Christopher Wren (1632–1723) ein berühmter Baumeister war, der den Wiederaufbau von London nach dem großen Brand von 1666 geleitet hatte; wir wissen ferner, daß er erst 1691 von einer Londoner Loge als Mitglied angenommen wurde und daß er in der spekulativen Freimaurerei keine besondere Rolle gespielt hat.

Im Jahre 1717 also, am St. Johannis-Tag oder dem 24. Juni, kamen die vier Logen von London und Westminster, die in den Wirtshäusern Zur Gans und Zum Bratrost, Zur Krone, Zum Apfelbaum und Zum Römer und Zur Traube verkehrten, zusammen und gründeten die erste Großloge. Sie wählten Anthony Sayer zum ersten Großmeister und führten ihn in sein neues Amt ein. Obgleich die spekulativen Logen erst ab etwa 1730 in dieser Form als Großloge zusammenarbeiteten — was diesem Datum seine große Bedeutung gibt — müssen wir doch 1717 als das wichtigste Datum betrachten, weil es am Anfang einer die Welt umspannenden einflußreichen bruderschaftlichen Bewegung steht. Was bewog die Mitglieder dieser vier Logen dazu, eine Großloge zu gründen? Seit dem Ende des 17. Jahrhunderts war das Clubleben sehr in Mode gekommen, und es spricht manches dafür, daß das Gesellschaftliche, die „conviviality", eine Rolle beim Beschluß der Logenmitglieder gespielt hat. Ein anderer Grund war wahrscheinlich, die Wohltätigkeit, die immer als eine wichtige Aufgabe der Gilden und Zünfte gegolten hat, besser organisieren zu können. Dennoch scheint der Hauptgrund der gewesen zu sein, daß die Mitglieder der vier vorerwähnten Logen bei der ständig steigenden Zahl von Logen in London den Alten Pflichten und Anordnungen wieder größeres Gewicht geben wollten.

Von den vier Logen bestand die Loge Zum Römer und Zur Traube ausschließlich aus spekulativen oder kontemplativen Freimaurern, während die anderen drei noch hauptsächlich Maurer und Steinmetzen als Mitglieder hatten. Wahrscheinlich haben diese letzteren einen völlig neuen Weg gehen wollen, indem sie sich mit einer rein operativen Loge zusammenschlossen.

Nichts weist aber schon darauf hin, daß die Mitglieder der vier Logen, die eine „Große Loge" gründeten, etwa mehr als eine lokale Angelegenheit im Sinn hatten. Ebensowenig dachte Benedikt im 6. Jahrhundert, als er die Abtei Monte Cassino stiftete und seine Ordensregeln aufstellte, daran, einen Mönchsorden zu stiften. Schon im Jahre 1723 schrieb Anderson für die *Londoner* Logen Constitutionen. Und selbst in London erstreckte sich der Geltungsbereich der Großloge kaum über drei Quadratmeilen hinaus. Mehrere Londoner Logen verstanden es anfangs sehr gut, sich ihrem Einfluß zu entziehen, denn sie betrachteten argwöhnisch die „Große Loge", bis schließlich ein Weg gefunden wurde, sich der Großen Loge anzuschließen.

Vom ersten Großmeister Anthony Sayer wissen wir nur wenig. Ein Jahr später wurde George Payne Großmeister für das Jahr 1718—19 und nach einem Jahr Unterbrechung wieder von 1720—21. Er wirkte vierzig Jahre lang sehr verdienstvoll für die Freimaurerei. Der bedeutendste der ersten Großmeister war aber doch Théophile Désaguliers, dritter Großmeister für 1719—20. Er hatte, kaum zwei Jahre alt, mit seinem Vater im Jahre 1685 Frankreich verlassen, als Ludwig XIV. das Edikt von Nantes widerrief, wurde Hugenotten-Pfarrer, war Doktor der Rechte an der Universität Oxford und machte sich einen Namen als Wissenschaftler. Wir werden ihm später noch begegnen. Nach diesen drei waren alle folgenden Großmeister adligen oder sogar königlichen Blutes. John Duke of Montagu, Großmeister von 1721—22, und sein Nachfolger Philip, Duke of Wharton, Großmeister von 1722—23, sollten schon bald eine bedeutende Rolle spielen. Im Jahre 1730 wird der römisch-katholische Thomas Howard, achter Herzog von Norfolk, Großmeister.

Obschon es anfangs hieß, daß sich die Großloge alle drei Monate versammeln und jährlich ein Fest veranstalten sollte, dauerte es doch bis zum Ende des Jahres 1720, ehe die Großloge wieder zusammenkam. Der Großmeister George Payne unterbreitete am 24. Juni 1721 zunächst eine Zusammenfassung der alten Vorschriften, um wenigstens eine erste Übersicht zu haben.

Jetzt taucht auch der Name eines gewissen James Anderson (1679—1739) auf. Er studierte Literatur und Theologie und wurde 1710 presbyterianischer Geistlicher in London und später Kaplan des Herzogs von Buchan. Er gehörte nicht zu den Gründern der ersten Großloge, muß aber 1721 Mitglied einer schottischen Loge geworden sein. Er wurde damit beauftragt, einen neuen Text der Alten Pflichten auszuarbeiten. Schon nach einigen Monaten war er damit fertig und legte die neue

Fassung den Mitgliedern der Großloge vor. Sein Text wurde gutgeheißen, in Druck gegeben und erschien am 28. Februar 1723 unter dem Titel *The Constitutions of the Free-Masons.* Wenn auch an Anderson manches auszusetzen war, so hat er doch Anspruch auf die Dankbarkeit aller Freimaurer, war er es doch, der den ersten Pflichten-Codex aufstellte, der noch immer als das Gesetzbuch aller rechten Freimaurer gilt. Als die Auflage vergriffen war, gab Anderson 1738 einen etwas revidierten Text unter dem Titel *The Old Charges of the Free and Accepted Masonry* heraus. Da für unsere weitere Betrachtung der Inhalt dieser Alten Pflichten von entscheidender Bedeutung ist, wollen wir ihm nun unsere besondere Aufmerksamkeit zuwenden, wobei wir hauptsächlich der Ausgabe von 1723 folgen.

Die Pflichten des Freimaurers vor Gott und der Religion

Diese Pflichten formuliert Anderson in der Fassung von 1723 wie folgt: „Der Maurer ist als Maurer verpflichtet, dem Sittengesetz zu gehorchen; und wenn er die Kunst recht versteht, wird er weder ein engstirniger Gottesleugner, noch ein bindungsloser Freigeist sein. In alten Zeiten waren die Maurer in jedem Lande zwar verpflichtet, der Religion anzugehören, die in ihrem Lande oder Volke galt, heute jedoch hält man es für ratsamer, sie nur zu der Religion zu verpflichten, in der alle Menschen übereinstimmen, und jedem seine Überzeugungen selbst zu belassen. Sie sollen also gute und redliche Männer sein, von Ehre und Anstand, ohne Rücksicht auf ihr Bekenntnis oder darauf, welche Überzeugungen sie sonst vertreten mögen. So wird die Freimaurerei zu einer Stätte der Einigung und zu einem Mittel, wahre Freundschaft unter Menschen zu stiften, die einander sonst ständig fremd geblieben wären."

In seiner kritischen Ausgabe der „Alten Pflichten" führt van Loo im Hinblick auf die vorreformatorische Zeit sehr richtig aus: „Daß die Freimaurer verpflichtet gewesen sein sollen, sich zu der Religion desjenigen Landes zu bekennen, in dem sie wohnten, ist eine Erfindung von Anderson. Ganz im Gegenteil waren sie verpflichtet, sich zur Kirche von Rom zu bekennen." Die schwedischen Statuten aus der Zeit kurz nach 1735, die unlängst durch Frl. F. Weil entdeckt wurden, sagen wörtlich: „In den früheren Jahrhunderten waren die Freimaurer verpflichtet, sich zur katholischen Religion zu bekennen . . ."

Die Cooke-Handschrift aus der Zeit um 1410 sagt, daß der Freimaurer

„vor allem Gott und die Heilige Kirche und alle Heiligen zu lieben hat".
In der zweiten Hälfte des 16. Jahrhunderts lassen die Handschriften
infolge der reformatorischen Bewegungen den Hinweis auf die Heiligen
weg. So heißt es in der Großlogen-Handschrift No. 1 von 1583: „Ihr
sollt treue Männer vor Gott und der Heiligen Kirche sein, und ihr sollt
nicht in Irrtum verfallen, auch keine Ketzer sein weder in Wort noch
Tat, sondern ihr sollt in allem kluge und weise Männer sein." Unter der
Heiligen Kirche verstand man in England die *Church of England* und in
Schottland die *Kirk* oder Schottische Kirche. Dieselbe Handschrift be-
schwört auch den Glauben an die Heilige Dreieinigkeit und an die Unsterblichkeit der Seele in dem Gebet: „Die Allmacht des himmlischen
Vaters und die Weisheit seines verherrlichten Sohnes, durch die Gnade
und die Göttlichkeit des Heiligen Geistes — drei Personen und doch ein
Gott —, mögen mit uns sein bei unserem Beginnen und uns die Gnade
der Führung in unserem Leben hier schenken, damit wir zu Seiner Herr-
lichkeit kommen, die ohne Ende ist. Amen."
Die Constitutionen von Anderson aus dem Jahre 1723 aber kennen keinen Heiligen mehr und sprechen ebensowenig von der Kirche oder der
Dreieinigkeit. Liest man den Text so, wie er dasteht, so wollte Anderson
die Freimaurerei nicht mehr auf das Christentum, sondern auf den Deismus gründen. Knoop und Jones, denen wir in diesem Punkt in unserer
Betrachtung folgen, sagen: „Wir geben ohne Einschränkung zu, daß
diese Pflicht, im Jahre 1722 geschrieben, bis heute die älteste bekannte
Darlegung eines deistischen Standpunktes in einem maurerischen Dokument ist." Aber gleichzeitig fügen sie hinzu, daß es am allerwenigsten
Anderson's Absicht war, den Deismus zur Grundlage der Freimaurerei
zu machen.
Soweit bekannt, war Anderson jedoch ein gläubiger Calvinist der Pres-
byterianischen Kirche, in der er angenommen und in seinem Amt bestätigt wurde und schon deshalb am allerwenigsten ein Deist war, wenn er
auch wohl einen deistischen Mitbruder tolerierte. Anderson ist auch deshalb nicht für diese Formulierung verantwortlich, weil ein Ausschuß
von vierzehn Brüdern sie überprüft und gutgeheißen hatte. Man kann
ruhig annehmen, daß diese vierzehn Brüder jede Veränderung an den
Grundlagen der Freimaurerei abgelehnt hätten. Aber wie konnten sie
dann diesen Text, der so, wie er vorliegt, sehr deistisch klingt, gutheißen?
Nach den blutigen Verfolgungen des 16. und den heftigen Religionskrie-
gen des 17. Jahrhunderts wollten diese Männer, die „im Jahrhundert der

Vernunft" lebten, vor allem tolerant und verträglich sein und Streitgespräche über religiöse Fragen aus den Logen verbannen. Dies war aber nur möglich, wenn man den größten gemeinsamen Nenner allen Glaubens und aller Gesinnungen zur Grundlage der Freimaurerei machte, und dabei jedem seine eigene Überzeugung und seinen Glauben beließ.

Zwei Tatsachen sollte man nicht übersehen: Im konstitutionellen England faßte man auch Gott als einen konstitutionellen Fürsten auf, der nach einem ewigen unveränderlichen Gesetz handelt und nicht ständig in den Gang der Ereignisse eingreift. Andererseits meinten die Männer aus dem Jahrhundert der Vernunft, daß sich die Menschen vom Beginn der Welt an durch die Gabe ihrer Vernunft ein wenn auch unvollständiges Bild von Gott und den Pflichten, die Er den Menschen auferlegt, haben machen können. Ausgeschlossen wären allein „engstirnige Gottesleugner" und die „bindungslosen Freigeister", mit welchen Begriffen man wahrscheinlich die „Toren" umschreiben will, die „in ihrem Herzen sprechen: Es ist kein Gott" (Psalm 14, 1).

Anderson und der Ausschuß der Vierzehn, der seinen Text guthieß, beabsichtigten wohl sicher, die natürliche Religion zur Grundlage der Freimaurerei zu machen. Van Loo führt jedoch einige Beispiele aus Schriften dieser Jahre an, aus denen ersichtlich wird, daß „diese natürliche Religion christlich war, wie vor allem die Low-Church-men sie verstanden". So schreibt z. B. Matthew Tindal in seinem Buch *Christianity as old as the Creation* von 1731: Der Unterschied zwischen der natürlichen und der geoffenbarten Religion liegt nicht im Inhalt, sondern in der Art und Weise, wie der Mensch sie begreift.

Als Pennell im Jahre 1730 eine irische Ausgabe der Constitutionen herausgab, zitierte er auch ein Gebet aus den früheren Ordnungen: „Sehr Heiliger und Glorreicher Herr Gott, großer Baumeister des Himmels und der Erde, der Du uns mit allen Gaben und Gnaden beschenkst und verkündet hast, daß dort, wo zwei oder drei sich in Deinem Namen finden, Du in ihrer Mitte bist; in Deinem Namen vereinigen und versammeln wir uns, bitten wir Dich demütig, uns in all unserem Tun zu segnen, uns Deinen Heiligen Geist zu geben, unseren Geist mit Weisheit und Einsicht zu erleuchten, damit wir Dich erkennen und Dir treu dienen, auf daß unser Handeln gereiche zu Deinem Ruhme und zur Errettung der Seelen." Wenn ein Bruder aufgenommen wurde, ging das Gebet weiter: „Wir flehen Dich an, Herr Gott, unser heutiges Tun zu segnen und uns beizustehen, damit unser neuer Bruder sein Leben dem Dienst an Dir weihen und ein treuer und vertrauenswürdiger Bruder unter uns sein möge; schenke ihm göttliche Weisheit, damit er, mit dem Geheimnis der Freimaurerei, imstande sei, das Geheimnis der Göttlichkeit und des Christentums zu erkennen. Darum bitten wir demütig im Namen und um Jesu Christi willen, unserem Herrn und Erlöser. Amen."

Auf dem europäischen Festland sind wir, wenn wir von Deismus sprechen hören, allzuleicht geneigt, an den französischen Deismus zu denken. Die Begründer oder Befürworter der *Alten Pflichten* waren aber Briten. Die englischen Freimaurer bildeten keine Gemeinschaft von Philosophen oder doktrinären Leuten. Sie kamen zusammen, um das gesellschaftliche Leben in den Clubs zu genießen und christliche Wohltätigkeit gegenüber notleidenden Mitbrüdern zu üben, sie waren verträglich und tolerierten abweichende Meinungen, und darum schlossen sie grundsätzlich alle Streitgespräche über Religion (und über Politik) aus. Von deistischen Lehrsätzen wird man in der britischen Freimaurerei so gut wie nichts finden. Die praktischen Engländer sahen nichts Unlogisches darin, an ihren Logenabenden „deistischen" Grundsätzen als Mindestforderung zu huldigen, an Sonntagen aber sich zu ihrer Offenbarungsreligion mit Überzeugung zu bekennen.

In Frankreich lagen die Dinge völlig anders. Die Franzosen neigen von Natur aus mehr zur Vernunft und zur Philosophie. Im Frankreich des 18. Jahrhunderts betrachtete sich die Katholische Kirche als die einzig rechtmäßige christliche Religion, während der Staat die Hugenotten verbannt hatte und die Kirche unterstützte. Das erklärt die kritische Haltung der französischen Deisten à la Voltaire mit seinem „Ecrasez l'Infâme". Da in England die Kirche und der Staat tolerant waren, hatten die Freimaurer keinen Grund, antiklerikal zu sein, wogegen die französischen Logen immer mehr Mitglieder aufnahmen, die ausgesprochen antiklerikal waren, was schließlich im 19. Jahrhundert seinen Höhepunkt mit der Ablehnung des Obersten Baumeisters des Weltalls erreichte.

Die Pflichten des Freimaurers gegenüber der Obrigkeit

Im Jahre 1723 formulierte Anderson diese Pflicht wie folgt:

„Der Maurer ist ein friedliebender Bürger des Staates, wo er auch wohne oder arbeite. Er darf sich nie in einen Aufstand oder eine Verschwörung gegen den Frieden oder das Wohl seiner Nation verwickeln lassen und sich auch nicht pflichtwidrig gegenüber nachgeordneten Behörden verhalten. Denn da die Maurerei durch Kriege, Blutvergießen und Aufruhr schon immer Schaden erlitten hat, so hatten in alten Zeiten Könige und Fürsten die Bruderschaft stets wegen ihrer Friedensliebe und ihrer Treue zum Staat gefördert. Damit begegneten sie den Verleumdungen der Gegner und stellten sich schützend vor die Ehre der Bruderschaft, die sich gerade in Zeiten des Friedens besonders entfalten konnte. Sollte nun ein Bruder zum Rebellen gegen die Staatsgewalt werden, so darf man ihn in seiner aufrührerischen Haltung nicht bestärken, wie sehr man ihn auch als einen unglücklichen Mann bemitleiden mag. Obwohl die Bruderschaft in Treue zum Gesetz seine Empörung ablehnen soll und muß und der bestehenden Regierung keinen Anlaß und Grund zu politischer Verdächtigung geben darf, kann sie ihn, wenn er keines anderen Verbrechens überführt ist, nicht aus der Loge ausschließen; seine Bindung an sie bleibt unauflöslich."

Die Treue zum regierenden Fürsten ist eine alte Vorschrift. Wir weisen auf die beiden ältesten Handschriften hin: In der Regius-Hs. von 1390 heißt es: „And to hys lyge lord the kynge // To be trewe to hym ouer alle thynge" (Seinem Lehnsherrn, dem König, vor allen Dingen treu zu sein). In der Cooke-Hs. aus dem Anfang des 15. Jahrhunderts lesen wir: „and they shalle be trewe to the kynge of englond and to the reme" (Und sie sollen treu sein dem König von England und seinem Reich).

Es ist dann aber doch auffallend, daß diese zweite Pflicht in ihrem zweiten Teil die Verräter und Rebellen nicht aus der Loge ausschließt. Wieder müssen wir den Text aus der geschichtlichen Umwelt heraus verstehen. Im Jahre 1688 wurden die Stuarts durch den ruhmreichen Umsturz vom britischen Königsthron vertrieben, aber viele, vor allem in Schottland, blieben Stuart-Anhänger, obgleich die Stuarts katholisch waren. Nach dem Tode von Mary und Anne, Töchter des verbannten Jakob II., wurde das Haus Hannover im Jahre 1714 zur Regierung über England berufen. Das war kein unangefochtener Erfolg. Im Jahre 1715 erhoben sich unter Führung des Grafen von Mar die Jakobiter, um den Thronprätendenten Jakob Eduard Stuart auf den Thron zurückzubringen, allerdings ohne Erfolg. Doch blieb ihr Lied:

> „We'll have no Prince Hannover
> Let James, our King, come over"

Ein zweites Mal versuchten sie ihr Glück im Jahre 1745 unter Karl Eduard, mit ebensowenig Erfolg. Unter den Logenmitgliedern waren in dieser ersten Hälfte des 18. Jahrhunderts eine Anzahl Anhänger des *Prätendenten*. Kein Geringerer als Philip, Herzog von Wharton, der

Großmeister der Großloge in den Jahren 1722—23, d. h. gerade als Andersons Constitutionen genehmigt werden mußten, war Stuart-Anhänger. Man versteht, daß Anderson, der gerade Freimaurer geworden war, und überdies als Presbyterianer keine Sympathie für den römisch-katholischen Prätendenten hatte, seinen Großmeister nicht vor den Kopf stoßen wollte, dem er übrigens seine Constitutionen feierlich widmete. Daher erklärt sich die einigermaßen gesuchte Umschreibung, daß ein aufständischer Bruder wohl getadelt nicht aber ausgeschlossen werden sollte.

In den Niederlanden jedoch, augenscheinlich unter dem Eindruck der Verbotsverordnungen der Staaten von Holland und Westfriesland aus dem Jahre 1735, brachte die holländische Übersetzung der Andersonschen Constitutionen von J. Du Bois, die von der Niederländischen Großloge am 27. Juli 1760 genehmigt wurde, eine Änderung des Andersonschen Textes insofern, als ein gegen den Staat rebellierender Bruder aus der Loge verbannt wird. Wir zitieren: „ . . . Wenn sich ein Bruder gegen die Staatsgewalt erheben sollte, wird man ihn weder in seiner ruchlosen Tat unterstützen, noch Mitleid mit ihm als mit einem Unglücklichen haben. Vielmehr erklären die Große Loge und die ganze Bruderschaft, die jede Widersetzlichkeit verabscheuen, ihn aller Vorrechte verlustig, die mit der Freimaurer-Eigenschaft verbunden sind, und verbannen ihn aus allen regulären Logen dieser Länder; man kann keinen als Bruder anerkennen, der sich anmaßt, gegen die wichtigste Grundregel unserer Gesellschaft, nämlich den Obrigkeiten treu und untertan zu sein, verstoßen."

Einige besondere Bestimmungen aus den weiteren Pflichten

In der dritten Pflicht lesen wir:

„Die Loge ist der Ort, wo die Maurer zusammenkommen und arbeiten. Daher nennt man dann jene Versammlung oder gehörig eingerichtete Gesellschaft von Maurern eine Loge. Jeder Bruder muß einer solchen angehören; er ist an ihre Satzung und die allgemeinen Anordnungen gebunden (. . .). Die als Mitglieder einer Loge aufgenommenen Personen müssen gute und aufrichtige Männer sein, von freier Geburt, in reifem und gesetztem Alter, keine Leibeigenen, keine Frauen, keine sittenlosen und übelbeleumundeten Menschen, sondern nur solche von gutem Ruf."

Sowohl der Ursprung der Freimaurerei, als auch die Gewohnheiten des Club-Lebens im 18. Jahrhundert brachten es mit sich, daß Frauen von den Logen ausgeschlossen waren und es noch immer sind. Die amerikanische Freimaurerei schloß Sklaven und Sklavenkinder von den Logen aus; die Neger-Frage warf weitere Probleme auf, die von Land zu Land verschieden gelöst wurden.

In der vierten Pflicht, die in der Ausgabe von 1738 und in der von Pennell aus dem Jahre 1730 anders formuliert worden ist als in der Ausgabe von 1723, heißt es, daß es drei Grade gibt, und zwar Lehrling, Geselle und Meister, während die Loge von einem Aufseher und einem Vorsitzenden Meister, die Großloge von einem Großaufseher und einem Großmeister geleitet wird. Um der Großloge Ansehen zu verleihen, zieht man als Großmeister einen Altmeister adeligen Geblüts oder einen Standesherren oder einen bekannten Gelehrten oder Künstler vor.

Die fünfte Pflicht spricht ausschließlich von operativen Maurern sowie Steinmetzen und ist ein typischer Beweis dafür, wie treu die Briten zu den alten Constitutionen hielten. In seinem Kommentar wendet sich van Loo dagegen, diese Pflichten, die gewöhnliche Zunftbräuche aus dem Mittelalter übernehmen, geistig zu interpretieren und ihnen einen esoterischen Wert zuzuerkennen.

Die sechste Pflicht enthält eine Reihe von Vorschriften, die nicht in den alten Handschriften vorkommen, sondern von Anderson stammen und auf die Verbreitung der Freimaurerei einen wohltuenden Einfluß ausgeübt haben. „Kein persönlicher Groll oder Streit soll über die Schwelle der Loge getragen werden, noch weniger Streit über Religion, Nation oder Politik, weil wir als Freimaurer nur Anhänger der oben angegebenen allgemeinen Religion sind." In der zweiten Ausgabe von 1738 spricht Anderson dann von der „oldest Catholick Religion", wobei er vielleicht an den Titel des oben erwähnten Buches von Tindal, *Christianity as old as the Creation*, dachte. Etwas weiter sagt Anderson: „Diese Pflicht ist immer streng eingeschärft und respektiert worden, besonders aber seit der Reformation in Britannien, d. h. seit sich die Geister schieden und sich diese Völker von der römischen Kirche trennten." Das alles scheint darauf hinzudeuten, daß Anderson, ungeachtet seiner ersten Pflicht, die zur Grundlage die natürliche Religion hat, im Grunde an die christliche Religion dachte.

Es bleibt ferner festzuhalten, daß Anderson besonderes Gewicht auf die Geheimhaltung legt. „Mit Worten in eurem Auftreten sollt ihr vorsichtig sein, so daß auch der scharfsinnigste Fremde nicht ausfindig machen kann, was sich zur Weitergabe nicht eignet; manchmal müßt ihr auch einem Gespräch eine andere Richtung geben und es geschickt zum Besten der ehrwürdigen Bruderschaft führen." Darum verlangt diese sechste Pflicht in der Freimaurerei von jedem, daß er selbst seiner Familie, seinen Freunden oder Nachbarn nichts von den Angelegenheiten der Loge erzählen soll.

Wenn sich ein Fremder bei der Loge als Bruder meldet, muß man ihn sorgfältig prüfen, um nicht betrogen zu werden. Und wenn sich der Fremde als ein echter Bruder erweist, und er in Not ist, so muß man ihm helfen. „Ihr müßt ihm einige Tage Arbeit geben oder sonst dorthin empfehlen, wo man ihn beschäftigen kann." In der Urkirche nahm die Gemeinde einen durchreisenden Christen barmherzig auf, besorgte ihm Arbeit und unterstützte ihn eine gewisse Zeit. Die sechste Pflicht geht dann weiter: „Aber niemand verlangt, daß ihr mehr tut, als ihr könnt; nur sollt ihr einen armen Bruder, der ein guter und aufrechter Mann ist, jedem anderen armen Menschen, der in der gleichen Lage ist, vorziehen."

In der Schlußbetrachtung, so meinen wir, ist wieder so etwas wie ein Echo von dem zu hören, was für die Christen im ersten Jahrhundert des Christentums galt. „So pflegt ihr die brüderliche Liebe, die der Grundstein und der Schlußstein, das uns alle verbindende Band und der Ruhm unserer alten Bruderschaft ist, und vermeidet Zank und Streit, üble Nachrede und Verleumdung. Auch solltet ihr nicht dulden, daß andere Schlechtes über einen redlichen Bruder reden, sondern sollt ihn verteidigen..." Wenn Brüder untereinander in Streit geraten, sollen sie nicht ein Gericht anrufen, sondern die Sache den Brüdern und dem Meister zur Beurteilung vorlegen. Erst wenn die Vermittlung der Logenbrüder keinen Erfolg zeigt, sollten sich die Streitenden an ein Gericht wenden, und dann sollten sie „ihren Prozeß oder Rechtssache ohne Leidenschaft und Erbitterung führen und nichts sagen oder tun, das brüderlicher Liebe entgegensteht und es verhindert, daß gute Dienste erneut angeboten oder fortgesetzt werden". Unwillkürlich denken wir an das, was Paulus in seinem ersten Brief an die Korinther schrieb: „Wie darf jemand unter euch, so er einen Handel hat mit einem anderen, hadern vor den Ungerechten und nicht vor den Heiligen? (...). Euch zur Schande muß ich das sagen: Ist so gar kein Weiser unter euch, auch nicht einer, der da könnte richten zwischen Bruder und Bruder? (1. Kor. 6. Kapitel, 1 und 5)." Wie man weiß, war dieser Brauch in der Urkirche so eingebürgert, daß daraus die kirchliche Rechtssprache entstanden ist, die noch im Mittelalter so viele Gebiete umfaßte.

Das freimaurerische Wirken in den ersten Jahren der Großloge

Wie die Anfänge der meisten religiösen Orden und des Christentums selber, so liegt auch die Anfangszeit des Freimaurer-Ordens in ziemlich undurchdringliches Dunkel gehüllt. Gleichwohl können wir aus den freimaurerischen Schriften selber und den nicht minder zahlreichen Schmähschriften gegen die Freimaurerei, den sogenannten *Exposures* oder Verräterschriften, doch soviel Tatsachen zusammentragen, daß wir eine einigermaßen befriedigende Übersicht über den wahren Hergang der Sache gewinnen.

Eine Logenversammlung begann mit einem Eröffnungsgebet: Dem Gebet, das Pennell im Jahre 1730 anführt, können wir entnehmen, daß es auf der Dreieinigkeit aufgebaut war. Es geht übrigens auf alte Gebete zurück, die wir aus der Zeit vor 1717 kennen.

Bei Initiation neuer Mitglieder folgte sodann das Verlesen der legendären Vorgeschichte und, was noch wesentlicher war, der *Alten Pflichten*, die wir bereits erläutert haben. Erst wenn der neue Bruder die Geheimhaltung beschworen hatte, teilte man ihm das geheime Paßwort mit.

Die Edinburgh Register House-Handschrift aus dem Jahre 1696 berichtet, daß die Initiationen wohl auch mit Possen verbunden waren. Man ließ den Neuling „thousand ridiculous postures and grimaces" (tausend lächerliche Verrenkungen und Grimassen) machen; das stammte vielleicht aus mittelalterlichen Studentenbräuchen, die ja immer ein zähes Leben haben! Aber Désaguliers, der auch noch nach seiner Großmeisterschaft eine bedeutende Rolle in der Londoner Freimaurerei spielte, bestimmte im Mai 1724, „daß mit keiner Person bei der Initiation ein Schabernack getrieben werden dürfe". Und darum war die Großloge fortan eifrig bemüht. Gleichwohl blieben dergleichen lächerliche Prüfungen für Aufzunehmende in vielen Logen noch bis in das 20. Jahrhundert hinein erhalten.

In seinen Constitutionen sprach Anderson von den zwei Graden des *Lehrlings* und des *Meisters,* aber schon Prichards Verräterschrift *Masonry Dissected* von 1730 berichtete vom Bestehen dreier Grade. Dieses Pamphlet erreichte in elf Tagen drei Auflagen und blieb viele Jahre ein Bestseller. Bei der Aufnahme des Lehrlings, des Gesellen und des Meisters wurden zahlreiche Fragen gestellt, die der Kandidat sachkundig beantworten mußte. Darauf wollen wir nicht eingehen, schon weil ausreichende Angaben aus rein freimaurerischer Quelle fehlen, obgleich die Prichard'sche Verräterschrift die allgemeine Einführung der drei

Grade stark gefördert hat. Doch wollen wir hier die Übersetzung des Eides, den der Lehrling ablegen mußte, folgen lassen, weil später ein beinahe gleichlautender Eid in Gebrauch blieb:

„Ich gelobe und schwöre hiermit in Gegenwart des allmächtigen Gottes und dieser Ehrwürdigsten Versammlung, daß ich die Heimlichkeiten, oder das Geheimniß der Maurer oder Maurerey, so man mir offenbaren wird, hehlen und verbergen, und niemahls entdecken will, es sey denn einem treuen und rechtmäßigen Bruder nach gehoeriger Erforschung, cder in einer rechten und Ehrwürdigen Loge von Brüdern und Gesellen. Ich verspreche und gelobe ferner, daß ich selbige nicht schreiben, nicht drucken, nicht zeichnen, nicht stechen oder eingraben lassen will, es sey in Holz oder Stein, dergestalt, daß die sichtbaren Zeichen oder der Eindruck eines Buchstaben erscheinen, wodurch auch immermehr auf unrechtmäßige Art erlanget werde. Alles dieses unter keiner geringeren Straffe, als daß meine Gurgel abgeschnitten, meine Zunge aus dem Gaumen meines Mundes genommen, mein Herz unter meiner linken Brust herausgerissen, sodann in dem Sande des Meers, die Länge eines Cabel-Taues weit von dem Ufer, wo die Ebbe und Fluth in vier und zwanzig Stunden zweymal abwechselt, begraben, mein Cörper zu Asche verbrannt, meine Asche auf der Oberfläche des Erdbodens zerstreuet werde, damit also nicht das geringste Andencken von mir unter den Maurern übrig bleibe. So wahr mir Gott helffe."

Obwohl in den Logen des 17. Jahrhunderts, so zum Beispiel in denen zu Aberdeen, die Wohltätigkeit bereits organisiert war, widmete sich die Londoner Großloge dieser Aufgabe doch ganz besonders. Im Jahre 1724 schlug der Earl of Dalkeith vor, in den einzelnen Logen Umlagen zu machen und die Erträge bei der Großloge zu sammeln. Aber erst 1729 gingen die ersten Beiträge ein. Im Jahre 1730 wurde die Caritas auf eine feste Grundlage gestellt und ein Wohltätigkeitsausschuß eingesetzt. Anthony Sayer, der erste Großmeister, war der erste, der um Hilfe bat und 1730 eine Unterstützung von 15 Pfund erhielt.

Etwa so charakterisierte van Loo den in dieser Zeit in den Logen herrschenden Geist auf recht gelungene Weise: „Man erlebte in den Logen die Freude an der Bruderschaft in einem Kreis, der politischen und religiösen Streitigkeiten abgeneigt war, bei einer Pfeife Tabak, einem guten Tropfen und einem kräftigen Mahl. Man vertiefte sich in die überlieferte Geschichte der Königlichen Kunst und labte sich an den moralischen Werten, die im Katechismus in oft erhabener aber immer verschleierter Sprache enthalten waren. Man war auf den vorgeschriebenen Rahmen eingestellt und trachtete danach, die alten Bräuche möglichst zu erhalten. Die Wohltätigkeit sowohl innerhalb als auch außerhalb des Getande Rand[1]) (gezackte Borte) wurde mit Überzeugung geübt."

Da mehr und mehr Logen hinzutraten, setzte sich auch eine straffere Organisation der Großloge durch. Sie kam viermal im Jahr zusammen. Bei der alljährlichen Hauptzusammenkunft wurde ein neuer Großmeister für ein Jahr gewählt. An diesen Zusammenkünften nahmen der Meister und zwei Aufseher jeder Loge teil, ferner der Großmeister und die beiden Großaufseher, wobei später, als der Großmeister ein Adliger war, noch ein zugeordneter Großmeister hinzutrat. Nach einigen Jahren kamen auch noch die voraufgegangenen Großmeister und Großaufseher hinzu.

Als der Herzog von Norfolk am 29. Januar 1730 feierlich als Groß-meister installiert wurde, fand ein großer Umzug durch die Straßen Londons statt, eine richtige Parade „mit Kutschen und Wagen". Noch bis 1747 veranstaltete man alljährlich einen solchen Umzug; erst als nachgeäffte Umzüge die Sache lächerlich gemacht hatten, gab man sie auf.

---

1) Der *Getande Rand* ist eine gezackte Stickerei rund um den Mosaik-Fußboden der Loge. „Innerhalb und außerhalb des Getande Rand" bedeutet folglich: „innerhalb und außerhalb der Loge".

3. Die Entwicklung der Freimaurerei im 18. Jahrhundert

Die kontemplative Freimaurerei ist in England entstanden. England ist, mit der Schweiz, die älteste Demokratie der Welt, und doch besitzt es keine geschriebene Verfassung. Vom heutigen britischen Recht beruht viel auf Tradition, und kein Volk ist so wie das britische der Tradition verbunden. Das hat auch auf die Entwicklung der Freimaurerei zurückgewirkt, nicht zuletzt in England selbst. Andererseits arbeitet heute jede Freimaurerloge selbständig und ebenso ist jeder Großosten bzw. jede Großloge völlig unabhängig. Das bringt mit sich, daß die Freimaurerei in jedem Land ihr eigenes Gepräge hat. Die sozialen, religiösen und politischen Zustände eines jeden Landes drücken den Freimaurern eines jeden Staates ihre Stempel auf. Ebenso wie die freie Forschung im Protestantismus zahlreiche Glaubensrichtungen hervorbrachte und noch weiter neue Richtungen hervorbringt, so treffen wir in der maurerischen Geschichte und in der heutigen Freimaurerei sehr verschiedene Formen an.

Entwicklung der Freimaurerei in Großbritannien

Nach einigen Jahren des Zauderns traten schließlich zahlreiche Logen der 1717 gegründeten Londoner Großloge bei. Im Jahre 1721 waren erst 12 Logen angeschlossen, im Jahre 1728 bereits 57, und im Jahre 1735 nicht weniger als 138 Logen. In den 30er Jahren des 18. Jahrhunderts bestand ein überaus großes Interesse an der Freimaurerei, das durch die Veröffentlichung zahlreicher freimaurerischer und vor allem antifreimaurerischer Schriften noch gesteigert wurde. Die *Exposures* oder Verräterschriften enthüllten die gebräuchlichen Rituale der drei Grade, und nun schossen Logen wie Pilze aus der Erde: die Qualität wog jedoch die Quantität nicht auf.

Um dieses ungeordnete Anwachsen in rechte Bahnen zu lenken, faßte die Londoner Großloge einen Beschluß, der zwar begreiflich war, aber doch viel Ärger und Streit hervorrufen sollte. Sie veranlaßte kurz nach 1730 bestimmte Änderungen im Aufnahmeritual und verweigerte die Anerkennung denen, die nicht nach diesen neuen Regeln aufgenommen waren.

Unterdessen war 1725 die Großloge von Irland gegründet worden, und diese war für ihre konservative Gesinnung bekannt: Sie duldete nicht, daß man an den alten Bräuchen rüttelte. Daher rührt auch ihr gespanntes Verhältnis zur Londoner Großloge. Auch die vielen in Schottland bestehenden Logen gründeten 1736 eine Großloge von Schottland. Derweil entwickelte sich die Großloge von England nur schleppend weiter, was noch bis etwa 1760 dauern sollte.

Die schlaffe Autorität der Großloge von London und auch gewisse Unterschiede im Aufnahmeritual erregten bei einigen britischen Logen Mißfallen. Die unzufriedenen Logen gründeten schon um 1739 eine Art Ausschuß und strebten eine eigene Organisation an. Auch die Großlogen von Irland und von Schottland waren mit der Großloge von England unzufrieden und fühlten sich durch das hochmütige Verhalten der Großloge ihnen gegenüber etwas gekränkt. Das führte schließlich dazu, daß sechs unzufriedene englische Logen mit Hilfe der irischen und der schottischen Großloge 1751 eine rivalisierende *Grand Lodge of Free and Accepted Masons of the old Institution* gründeten. Das war kein Schisma, aber der unabhängige Ursprung einer neuen englischen Großloge. Ins Großmeisteramt wählten sie hervorragende Persönlichkeiten und sogar Altgroßmeister der irischen und der schottischen Großloge. Laurence Dermott, 1720 in Irland geboren, 1740 in Dublin Freimaurer geworden und 1746 in den Grad des *Royal Arch* oder *Königliches Gewölbe* erhoben, „wahrscheinlich die bedeutendste Persönlichkeit in der Freimaurerei des 18. Jahrhunderts", kam 1747 nach England und wurde 1752 Mitglied dieser neuen Vereinigung. Gegenüber der Großloge von London, die sie wegen der eingeführten Ritualänderungen *Moderns* nannte, erhob sie ihrerseits Anspruch auf den Namen *Antients*. Dermott gab 1756 Constitutionen heraus, wie dies Anderson 1723 getan hatte, und diese Regeln, eigenartigerweise *Ahiman Rezon* (geheimer Ratgeber der Brüder) genannt, wurden mehrfach nachgedruckt; sie waren christlicher inspiriert als die von Anderson. 1762 und 1773 schlossen sich die Großlogen von Irland und von Schottland den *Antients* an. Im Jahre 1767 wird Thomas Matthew, ein römisch-katholischer Großmeister, gefolgt vom dritten und danach vom vierten Herzog von Atholl, die insgesamt 40 Jahre lang die dissidente Großloge leiteten. 1771 zählte sie schon 74 Logen in London, 83 außerhalb Londons und 43 in Übersee.

Neben diesen zwei Großlogen war aber 1725 noch eine lokale York'sche Großloge entstanden, die sich *The Grand Lodge of All England* nannte und in Yorkshire, Cheshire und Lancashire 14 Logen hatte. Ihr schloß sich noch eine vierte Großloge an, *The Lodge of England south of the River Trent*, die jedoch nur von 1779 bis 1789 bestand. Übrigens ging

die York'sche Großloge, die wenig Erfolg hatte, 1792 in aller Stille ein.
Unterdes tobte zwischen den *Moderns* und *Antients* ein heftiger Streit.
Um ihre Gegner in die Knie zu zwingen, versuchten die *Moderns,* durch
das Parlament eine *Royal Charter of Incorporation* zu erreichen, mit der
alle Logen gezwungen werden sollten, sich der Londoner Großloge von
1717 anzuschließen. Als das mißlang, brach bei den *Antients* großer
Jubel aus. Wenn der eine oder andere Freimaurer von einer Loge der
Antients zu einer der *Moderns* wechselte oder umgekehrt, dann wurde
seine Initiation erneuert, er wurde gewissermaßen wieder getauft. Dazu
berichtet noch Bernard Jones: „Die Neuaufnahme war häufig ein Pro-
testakt, eher wegen der Regularität, als wegen der Irregularität der
Grade", die andere Logen erteilt hatten.

Im Jahre 1776 konnte die Londoner Großloge von 1717 die *Freemasons'
Hall* einweihen und verfügte nun über eine repräsentative Versamm-
lungsstätte, ein Verwaltungszentrum. Von 1772 bis 1777 war ihr Großmeister Robert Eduard, neunter Lord Petre, der als das Haupt der britischen Katholiken galt, der einzige katholische Großmeister, den die
Großloge nach den päpstlichen Enzykliken von 1738 und 1751 jemals
gehabt hat. Später wurden verschiedene Angehörige des Königshauses
Mitglieder und sogar Großmeister der Großloge.

Gegen Ende dieses Jahrhunderts begannen mehr und mehr britische
Freimaurer für den Zusammenschluß der zwei rivalisierenden Großlogen einzutreten. Es bedeutete einen großen Schritt vorwärts, als die
Moderns bereit waren, gewisse Neuerungen in den Ritualen aufzugeben,
so daß die *Antients* grundsätzlich Bedenken nicht mehr geltend machen
konnten. Der Prinz von Wales, der spätere Georg IV., war Großmeister
der Großloge der *Moderns* von 1790 bis 1813. In diesem Jahr wurde er
durch seinen Bruder August Friedrich, Herzog von Sussex, abgelöst,
während sein anderer Bruder, Eduard, Herzog von Kent, im gleichen
Jahre Großmeister der *Antients* wurde; 387 Logen waren bei den
Moderns und 260 bei den *Antients* angeschlossen. Ein Ausschuß arbeitete
seit langem an der Versöhnung und so kam denn am St.-Johannis-Tag
(des Evangelisten), den 27. Dezember 1813, der Zusammenschluß zustande. Der Großkaplan las das Vereinigungsdekret vor: „Hiermit wird
allen Menschen kundgetan, daß die Vereinigung der beiden Großlogen
der Freien und Angenommenen Maurer von England feierlich unterzeichnet, gesiegelt, bekräftigt und genehmigt worden ist, und daß die
beiden Bruderschaften eins sind, so daß sie fortan unter dem Namen und
Titel *The United Grand Lodge of Ancient Freemasons of England* ge-

kannt und erkannt werden. Und möge der Große Baumeister des Weltalls ihre Vereinigung ewig dauern lassen!" Erster Großmeister wurde der Herzog von Sussex, Sohn Georg III. 1814 erkannten die Großlogen von England, Irland und Schottland einander an und entschlossen sich zur „vollen brüderlichen Gleichberechtigung der Großlogen".

Die französische Freimaurerei im 18. Jahrhundert

Über das Aufkommen der Freimaurerei in Frankreich sind die Meinungen der französischen Historiker durchaus geteilt und stehen überdies auch noch in absolutem Gegensatz zur englischen und deutschen Auffassung. Naudon, einer der fruchtbarsten Schriftsteller über die französische Freimaurerei, sagt: „Es ist bewiesen, daß die erste Freimaurerei moderner Art, die in Frankreich entstand, die schottische, Stuart-freundliche Freimaurerei war, und ihre Einführung ist viel älter als die Gründung der Großloge von London im Jahre 1717." Berteloot, ein anderer Franzose, behauptet, daß englische Stuart-Anhänger oder Jakobiten nach der Enthauptung des britischen Königs Karl I. im Jahre 1649 in Frankreich unter dem Deckmantel der Logenarbeit gegen Cromwell konspiriert hätten. Nach dem ruhmreichen Umsturz von 1688 wichen viele Stuart-Anhänger wieder nach Frankreich aus, und so bildete das Regiment der Irischen Wachen, das in Saint-Germain lag, eine eigene Loge. Der französische Großorient führte 1777 seine erste Constitution auf das Jahr 1688 zurück. Die Jakobiten müssen in Frankreich noch weitere Logen gehabt haben, aber da sie im Verborgenen wirkten, ist über sie wenig oder nichts überliefert. Soweit die französische Version.

Pick und Knight, beide Mitglieder des angesehensten wissenschaftlichen Instituts zum Studium der Freimauerei, der *Lodge Quatuor Coronati* in London, schreiben darüber im Gegenteil: „Die Legende, daß die Freimaurerei durch die Jakobiten nach Frankreich gebracht worden sei, ist nicht totzukriegen."

Wiewohl manche von einer ersten Loge in Dünkirchen im Jahre 1721 wissen wollen — wofür es keine Beweise gibt —, treten wir erst mit dem Jahre 1725 in das volle Licht der Geschichte. In diesem Jahr errichtete Charles Radclyffe, der spätere Graf Derwentwater, ein katholischer Jakobit, „Au Louis d'Argent" in der Rue des Boucheries im Faubourg Saint-Germain zu Paris die Loge *Saint-Thomas*, nach Thomas Beckett benannt: „Sie war vor allem eine katholische Loge und bestand aus britischen Edelleuten im Dienste der Stuarts und des Königs von Frankreich" (Chevalier). In Bordeaux entstand, höchstwahrscheinlich im Jahre 1732, eine zweite Loge, *L'Anglaise* genannt, und im Jahre 1733 wurde in Valenciennes die Loge *La Parfaite Union* errichtet. Die bedeutendste scheint jedoch die Loge gewesen zu sein, die 1735 auf Schloß Aubigny durch den Herzog von Richmond gegründet wurde und ebenfalls in jakobitischem Geist wirkte. Es scheint festzustehen, daß Wharton, Macleane und danach Derwentwater von 1725 bis 1738 eine Großmeisterschaft über diese katholischen jakobitischen Logen ausgeübt haben.

Über Michael Ramsay müssen wir etwas ausführlicher berichten. Dieser schottische Edelmann, geboren im Jahre 1685, kam recht früh nach Frankreich und war von Fénelon so begeistert, daß er katholisch wurde. Nach dessen Tod 1715 wurde er Sekretär der Madame Guyon, danach Erzieher des Prinzen von Turenne und später der Kinder des Thronprätendenten Jakob Stuart. Ramsay war ein überzeugter Katholik, der gleichwohl in England zu Anderson und Désaguliers Kontakte herzustellen verstand. Im Jahre 1737 verfaßte er für die französischen Freimaurer eine merkwürdige Rede, dazu bestimmt, eine katholische Freimaurerei zu begründen, die aber allen Menschen guten Willens zugänglich sein sollte. „Wir wollen alle Menschen von aufgeklärtem Geist, feinen Sitten und angenehmer Gemütsart (...) durch die bedeutenden Grundsätze der Tugend, Wissenschaft und Religion vereinen." Im zweiten Teil seiner Rede knüpfte er ein Band zwischen der Freimaurerei und den alten Idealen der Ritterschaft, der Kreuzritter und der Tempelherren. Man schreibt Ramsay die Einführung dreier neuer Grade — Schotte, Novize und Tempelritter — zu, was nicht richtig ist. Allerdings soll seine Rede zur Einrichtung der sogenannten Schotten-Grade, die bald fast nicht mehr zu zählen waren, angeregt haben. Woher der Name *Schottische Grade* kommt, ist auch noch eine Frage, denn sie sind eine typisch französische Schöpfung: Einige gingen bis zu 33 Graden (wie sie heute noch bestehen), andere dagegen bis zu 96 Graden! Von Frankreich breiteten sie sich später hauptsächlich in den Vereinigten Staaten aus, wo die Rittertitel und die farbenfrohe Kleidung, da ein echter alter Adel fehlte, eine unwiderstehliche Anziehungskraft ausübten.

Inzwischen waren schon ziemlich viele englische Logen in Frankreich gegründet worden. Sie arbeiteten für eine englisch-französische Verständigung und unterstützten das Haus Hannover in England. 1738 sind sie stark genug, um den katholischen Jakobiten, Graf Derwentwater, im Großmeisteramt durch den Herzog d'Antin zu ersetzen; damit haben die Jakobiten in Frankreich ihre Sache verloren.

Kardinal Fleury, damals Premierminister in Frankreich, war jedoch sehr gegen diese geheime Gesellschaft eingenommen; bereits 1737 ließ er die Polizei bei dem Weinhändler Chapelot eine Freimaurer-Versammlung kontrollieren, doch es waren so viele bedeutende Edelleute anwesend, daß die Polizei keine Namen notieren durfte. Chapelot jedoch erhielt eine Geldstrafe von 1000 Livres und seine Haustür wurde für sechs Monate vermauert. Von 1737 bis 1745 soll die Polizei hin und wieder gegen Schankwirte, die in ihren Häusern Freimaurer-Versammlungen zuließen, eingeschritten sein, danach aber war es mit der Verfolgung durch die Regierung für immer vorbei.

Es wird behauptet, daß die *Grand Lodge Provinciale* von Paris bereits 1735 bei der Großloge von London, allerdings vergeblich, um Anerkennung nachgesucht habe. Nachdem sie 1738 den Herzog d'Antin zum Großmeister gewählt hatte, bestimmte sie, nach dessen Tod im Jahre 1743, den Grafen von Clermont zum Großmeister. Alles das ist jedoch nicht so ganz sicher, so daß Lantoine, der bedeutende Historiker der französischen Freimaurerei, schrieb: „Die Wahrheit ist, daß in der Freimaurerei ein vollständiges Durcheinander herrschte." Wir wollen uns deshalb auch in diese verwickelte Geschichte nicht vertiefen. Es genügt zu wissen, daß die Pariser Logen nach 1743, als der Großmeister Graf von Clermont, eine noch unanständigere und noch skandalösere Persönlichkeit als sein Vorgänger d'Antin, den Genfer Bankier Bauré zu seinem Stellvertreter bestimmte, damit begannen, aus eigener Autorität neue Logen zu gründen. 1758 erklärte sich die *Grande Loge de France* für selbständig gegenüber der Londoner Großloge. Um die Ordnung in den Logen wieder herzustellen, nahm Großmeister de Clermont nun einen anderen Stellvertreter an, den Tanzmeister Lacorne.

Zahlreiche Adlige in der Freimaurerei konnten das selbstherrliche Auftreten von Lacorne nicht ertragen, doch kümmerte er sich nicht darum. 1765 wurde Lacorne abgesetzt und seine Anhänger, die Lacornards, wurden ausgeschlossen. Dafür drangen die Lacornards auf der allgemeinen St.-Johannis-Versammlung am 27. Dezember 1766 in das Versammlungslokal ein und veranstalteten einen derartigen Krawall, daß die Polizei eingreifen mußte. Ein noch größerer Wirrwarr folgte. 1772 wählte die *Grande Loge de France* den Herzog von Chartres, den späteren Philippe-Egalité, zum Großmeister. Der Streit ging weiter, genau so, wie zu gleicher Zeit zwischen den beiden Großlogen in England. Im Jahre 1793, mitten in der Revolution, verleugnete der Großmeister Philippe-Egalité die Freimaurerei, was ihn sechs Monate später nicht vor der Hinrichtung rettete. Nach blutiger Unterdrückung zu Beginn der Französischen Revolution schlossen sich 1799 die Großloge und der Großorient zusammen. Wenigstens vorläufig!

Bedeutender, als es diese internen Schwierigkeiten und Streitereien sind, ist die Tatsache, daß sich zahlreiche angesehene und aufgeklärte Männer als Mitglieder der französischen Freimaurerei anschlossen. Auffallend ist, daß, ungeachtet der Verurteilung durch die Päpste 1738 und 1751, so viele Geistliche, Diözesane und Mönche, Äbte und Kanoniker, Logenmitglieder waren. Kardinal Fleury hatte 1738 verboten, die Papstbulle Clemens XII., *In eminenti*, die Freimaurer exkommunizierte, durch das Pariser Parlament registrieren zu lassen, und da eine *lex non promulgata non obligat* (ein nicht verkündetes Gesetz keine Rechtskraft besitzt) stießen sich die Geistlichen nicht an dem päpstlichen Verbot. Im nächsten Kapitel kommen wir darauf zurück.

Vor allem gehörten Philosophen zur Freimaurerei. Sieyès, Danton, Condorcet, Camille Desmoulins, der Mathematiker Lalande u. a. m. wurden Freimaurer. Am 7. April 1778 wurde Voltaire, der Deist, der Mann des „Ecrasez l'Infâme", in der Pariser Loge *Neuf Soeurs* aufgenommen. Zwar gehörten Antiklerikale in beachtlicher Zahl zur französischen Freimaurerei, doch wurde noch ein gewisser Gottesglaube, der einseitig verstandene Deismus Andersons, zur Bedingung gemacht. Das erklärt dann auch, warum von den 150 Enzyklopädisten nur knapp ein Zehntel den Logen angehörten: Offenbar fühlten sich die Atheisten in den Logen nicht auf dem rechten Platz.

Eine andere, häufig erörterte Frage ist die, ob und wieweit die Freimaurerei der Französischen Revolution den Weg gebahnt hat. Von einer freimaurerischen Verschwörung, die schließlich durch die Französische Revolution gekrönt wurde, ist wahrscheinlich keine Rede gewesen. Wohl haben die großen Ideen der Freiheit, Gleichheit und Brüderlichkeit, die in der Freimaurerei nachdrücklich unterstützt wurden, eine allgemeine Strömung erzeugt, die schließlich in die Französische Revolution einmündete. Man kann sagen, daß bestimmte Freimaurer zum Ausbruch der Französischen Revolution beigetragen haben, aber daß die Freimaurerei die Französische Revolution hervorbrachte, findet in den bekannten geschichtlichen Fakten keine Stütze.

Die Freimaurerei in den deutschsprechenden Ländern

Die englische symbolische Freimaurerei kam zur vollen Blüte, als Großbritannien nach langen Auseinandersetzungen und Revolutionen endlich zur Ruhe gekommen war. Auch strebten die britischen Freimaurer in ihren Zusammenkünften nach Geselligkeit, Gemeinschaftsleben, Toleranz und Ruhe. Die französische Freimaurerei dagegen entstand im gärenden Frankreich des 18. Jahrhunderts, als die Grundlagen der Monarchie bereits zu schwinden begannen. Die französischen Logen standen inmitten dieser Unruhe, verstiegen sich in Ritterromantik und Mystizismus und wurden von philosophischen und revolutionären Ideen beeinflußt. Die Freimaurerei in den deutschen Ländern hatte mit beider Geist einiges gemeinsam, wurde aber gleichwohl der Anlaß zu echt deutschem tiefsinnigen Forschen und *Grübeln.* „Während die französischen Freimaurer nur Verkünder ihrer Philosophen waren, entwickelten deutsche Denker eine eigene freimaurerische Philosophie" (Lennhoff).

Die erste deutsche Loge war eben erst in Hamburg 1737 gegründet worden, da wollte ihr der beunruhigte Senat bereits die Arbeit untersagen. Im Juli 1738 wurde die Loge aufgefordert, zur Aufnahme einer vornehmen Person eine Abordnung nach Braunschweig zu senden. Und tatsächlich, in der Nacht vom 14. zum 15. August 1738 überlistete Kronprinz Friedrich von Preußen die Wachsamkeit seines Vaters und wurde feierlich in die Freimaurerei aufgenommen. 1740 wurde er selber König von Preußen, der berühmte Friedrich II., und er verleugnete seine Mitgliedschaft nicht. Wie weit ihn die Freimaurerei beeinflußt hat, ist unsicher, aber sicher ist dagegen, daß er von den freimaurerischen Ideen der Toleranz und Religionsfreiheit durchdrungen war. Zahlreiche Logen entstanden auf deutschem Boden.

In Österreich ist die erste Loge vielleicht schon 1726 gegründet worden. Franz von Lothringen, der spätere Gemahl Maria Theresias, wurde in Den Haag im Jahre 1731 in die Freimaurerei aufgenommen und wurde Mitglied der Wiener Loge *Aux Trois Canons.* Als Maria Theresia 1740 Kaiserin geworden war und mit Friedrich II. von Preußen im Krieg lag, traute sie dem Wirken der Logen nicht und ließ am 7. März 1743 hundert Grenadiere und Kürassiere in die Wiener Loge einrücken und jeden verhaften. Ob sie das auf Anraten des päpstlichen Nuntius tat? Die Gefangenen wurden jedoch bald freigelassen, und die Sache wurde vertuscht. In den folgenden Jahren entstanden in Österreich viele Logen. Herrschten auch Uneinigkeit, Feindschaft und Zersplitterung bei den

Logen und Großlogen von England und Frankreich, so gebührt Deutschland die Krone hinsichtlich des Aufkommens mystischer Freimaurerbewegungen und des Auftauchens geschickter Betrüger. Hierüber nur ein paar Worte. Der Freiherr von Hund war das Haupt eines freimaurerischen Templer-Bundes in Deutschland: Brüder wurden zu Rittern geschlagen und mußten unbedingten Gehorsam einem „unbekannten Oberen" geloben, von dem das Gerücht ging, er sei Prinz Karl Eduard Stuart, der schottische Kronprätendent. Die Ritter kamen nicht in Logen zusammen, sondern in Kapiteln und trugen über ihrem purpurfarbenen Ritterkleid einen weißen Mantel mit rotem Kreuz. Der Ritterspielerei machte der Tod von Hund und vor allem der Konvent von Wilhelmsbad im Jahre 1782 ein Ende. Verschiedene mystizistische Bewegungen fanden übrigens Anhänger in ganz Europa. So brachten die Brüder des „Ordens vom Gold und Rosenkreuz" die Alchemie in die Logen: Man suchte eifrig nach dem Geheimnis, Gold zu machen, man hoffte auf Offenbarungen, und man erzählte Fabeln über unbekannte Obere. Aber auch das ging zu Ende. Dann stiftete Professor Adam Weishaupt den Illuminaten-Orden, eine Art Gelehrtengemeinschaft, ein geheimer Weisheitsbund, der, über alle Meinungen und Religionen hinweg, alle Menschen vereinigen wollte. Alles war sehr mysteriös, und es begann bereits bei den Namen, denn jedes Mitglied erhielt einen griechischen oder lateinischen Namen. Auch diese Bewegung lief sich tot, aber selbst Goethe und vielleicht auch Schiller waren zu gewissen Zeiten Illuminaten.

Als ob alle diese Mystifikationen noch nicht ausgereicht hätten, um die Freimaurerei verdächtig zu machen, tauchten auch noch einige Betrüger auf. So behauptete der faszinierende von Johnson, daß er „Ritter vom großen Löwen des hohen Ordens der Tempelherren zu Jerusalem" sei; gegen hohes Entgelt schlug er viele zum Ritter, täuschte vorübergehend sogar von Hund, wurde dann aber schließlich verhaftet und im Luther-Zimmer auf der Wartburg gefangen gesetzt. Rosa, ein protestantischer Theologe, behauptete, Gold aus Sonnenstrahlen machen zu können, versprach „theologische, astrologische, kosmologische, kosmosophische, physiognomische, alchimistische, kabbalistische und theosophische Kenntnisse" (excusez du peu!) mitzuteilen, wurde aber entlarvt. Später war es der hohe Herr Freiherr von Gugomos, der dank einer Urkunde des „Heiligen Stuhl von Cyprus" viele, sogar Prinzen, täuschte und erst nach langer Zeit als Betrüger entlarvt wurde. Über andere, etwa Schrepfer, die in Freimaurerkreisen Unheil anrichteten, soll geschwiegen werden, lediglich auf den „geistvollsten Betrüger" des 18. Jahrhunderts, auf

„Cagliostro", sei noch hingewiesen, der in ganz Europa Opfer fand. Er behauptete, Freimaurer zu sein und die Geheimnisse der ägyptischen Freimaurerei zu besitzen. Er stiftete in Paris und Lyon „Adoptions-Mutterlogen der hohen Ägyptischen Freimaurerei", deren „Groß-Kophta" er selber war, er versprach eine Wiedergeburt nach vierzig Tagen und wurde erst in der berüchtigten Halsband-Affäre entlarvt, die Königin Marie-Antoinette von Frankreich kompromittierte.

Das Merkwürdige daran ist wohl, daß die Freimaurerei, unbeschadet all dieser Mystifikationen und Schwindelaffären, mit ihren humanen Idealen zahlreiche große deutsche Geister und Künstler anzog. Lessing und Johann Gottfried Herder wurden Freimaurer, und auch der große Philosoph Fichte wurde in die Loge aufgenommen und schrieb eine *Philosophie der Freimaurerei*. Goethe, der größte deutsche Geist jener Zeit, wurde 1780 Freimaurer und blieb es sein Leben lang: In Werken wie *Faust* und *Wilhelm Meister* finden wir typische Freimaurer dargestellt. Auch Wieland wurde Mitglied der Loge. Dazu gehörten bedeutende Generale wie Blücher, der Marschall „Vorwärts" und Besieger Napoleons, ferner Staatsmänner wie der Freiherr vom Stein, Scharnhorst und Hardenberg.

Am österreichischen Hof zu Wien waren zahlreiche führende Persönlichkeiten Mitglieder der Freimaurerlogen. Das lag hauptsächlich daran, daß damals die hehren Ideen der Toleranz und Humanität aufkamen. Kaiser Joseph II. hielt seine schützende Hand über sie, obwohl er gegen Ende seiner Regierungszeit die Zahl der Logen beschränkte. Die großen Wiener Komponisten Haydn und Mozart wurden in die Logen aufgenommen. Typisch für die Freimaurermusik sind von Mozart die *Zauberflöte* und *Die kleine Freimaurerkantate*, in denen die Aufnahme eines Lehrlings und die Einweihung eines Tempels vertont wurden.

Während der Französischen Revolution hatte die Freimaurerei in Deutschland einen schweren Stand, denn kein Fürst in deutschen Landen wollte in so gefährlicher Zeit eine geheime Gesellschaft dulden. Eist im 19. Jahrhundert sollten die Logen wieder einen Aufschwung erleben, doch hatten sie dann mit anderen großen Feinden zu rechnen.

Die Freimaurerei in den südlichen Niederlanden

Daß bereits 1721 in Mons eine Loge gegründet worden sein soll, ist absolut nicht sicher, ebenso ist die Errichtung von Logen in Gent und Tournai im Jahre 1730 wenig wahrscheinlich. Erst unter Maria Theresia

(1740–1780) sollte sich die Freimaurerei in den Österreichischen Niederlanden entwickeln. Es heißt, daß zwischen 1740 und 1770 nicht weniger als 20 Logen gegründet worden sein sollen. Auf festem historischen Grund stehen wir erst mit der Gründung einer Loge in Aalst 1764 durch eine Genter Loge. 1765 wurde die Aalster Loge von der Großloge von England anerkannt, eine nicht geringe Ehre, die kurz darauf auch der Genter Loge zuteil wurde. Wir können hier die Episode mit Vignoles übergehen, der sich 1768 als „Grand-Maître Provincial des Loges Etrangères" ausgab und 1776 ruhmlos verschwand.

Im Jahre 1770 beginnt die Zeit wirklichen organisatorischen Aufbaus. Zu Beginn des Jahres wurde der Marquis de Gages durch die Großloge von London zum „Provincial Grand Master for the Austrian-Netherlands" bestellt. Dieser Marquis, ein Mann von lauterem und einnehmendem Wesen, ein wenig eitel, der jedoch nichts von Streit und Schwierigkeiten hielt, wurde auch von der Grande Loge von Frankreich als „Grand-Maître des Loges de Flandre, de Brabant et du Hainaut autrichiens" anerkannt. Nun wurden viele Logen gegründet. Neben denen in Gent und in Aalst entstanden Logen ferner in Brügge, in Tournai, in Mons, in Bergen, in Mechelen, vier in Brüssel, von denen drei anerkannt wurden, ebenso in Antwerpen, in Luxemburg und in Namur. 1786 wurden — darüber gleich mehr — 20 Logen registriert. Eigentlich wurden bis 1786 nicht weniger als 30 Logen, darunter vier Militärlogen, gegründet, von denen aber ein Teil nach kurzer Zeit wieder verschwand; eine übliche Erscheinung.

Neben diesen regulären Logen entstanden auch einige irreguläre und geheime Logen. Für Frauen wurden sogar Adoptionslogen gegründet, denen Damen des hohen Adels angehörten, doch konnte von echter Logenarbeit in diesen Frauenlogen keine Rede sein.

In den echten Logen wurde, in diesem Jahrhundert der Bruderschaften mit philantropischen Neigungen, sehr viel Wohltätigkeit geübt. Und von Banketten sowie kulinarischen Genüssen bekommen wir auch nicht wenig zu hören.

Wir sagten bereits, daß die österreichischen Fürsten in Wien recht unterschiedlich mit der Freimaurerei sympathisierten; wir können dasselbe in den Österreichischen Niederlanden erwarten. Maria Theresia, die sehr verehrte Kaiserin, war von zahlreichen Freimaurern umgeben und stand der Bruderschaft nicht feindselig gegenüber, ergriff aber doch zwischen 1771 und 1774 mehrere Maßnahmen. Das traf besonders für die Loge zu, die Löwener Studenten gegründet hatten. Als sie randalierten, griff der Rektor der Universität ein, und die Loge wurde auf Befehl des Gouverneurs aufgehoben.

Der aufgeklärte Joseph II. stand zur Freimaurerei, da sie gewissen Grundsätzen huldigte, die auch ihm am Herzen lagen. Aber er vertrat nun einmal den Grundsatz: „Alles für das Volk, aber nichts durch das Volk". In seiner bekannten Vorliebe fürs Reglementieren fertigte er am 9. Januar 1786 einen Erlaß aus, in dem er zwar die Nützlichkeit der Freimaurer unterstrich, vor allem ihre Wohltätigkeit gegenüber den Nächsten und Armen, sowie ihre Sorge um das Schulwesen, unterwarf sie dann aber doch einer strengen Ordnung. Fortan durfte nur noch in der Hauptstadt eine Loge bestehen, gegebenenfalls mit ein oder zwei Nebenstellen in der Hauptstadt. Diese Loge durfte so oft zusammenkommen, wie sie wollte, mußte aber der Polizei Tag und Stunde der Zusammenkünfte melden. Ferner mußten die Vorsteher der Logen die Namen aller Mitglieder aufgeben. Wer gegen diese Vorschrift verstieß, sollte schwer bestraft werden.

Der Privé-Rat, in dem eine Anzahl Freimaurer saßen, interpretierte diesen kaiserlichen Erlaß recht großzügig und ließ Logen in Bergen, in Brüssel, in Gent, in Mechelen, in Tournai, in Namur und in Luxemburg, also gewissermaßen in den Hauptstädten der verschiedenen Provinzen, zu. Die Listen über alle Logen und Logenmitglieder wurden ausgehändigt. Doch Joseph II. war damit nicht zufrieden und befahl, alle Logen, bis auf höchstens drei in der Hauptstadt Brüssel, zu schließen. Das war ein Todesurteil, das der Großmeister de Gages kaum ein Jahr überlebte. Bei Ausbruch der Französischen Revolution ließ Joseph II. auch die Brüsseler Logen schließen. Dennoch starb das freimaurerische Leben in den Österreichischen Niederlanden nicht aus. Freimaurer nahmen sogar am Brabanter Aufstand teil, aber als er anfangs erfolgreich war, schlossen sich, was eigenartig ist, die meisten dem Konservativen Vander Noot und nur wenige dem fortschrittlichen Vonck an.

Halten wir noch fest, daß in den Österreichischen Niederlanden viele katholische Laien, Diözesane und Mönche Freimaurer waren, ein Phänomen, auf das wir später noch zurückkommen müssen.

Das fürstbistümliche Lüttich war damals ein besonderes, zum Kaiserreich Deutscher Nation gehörendes Fürstentum. Seine Fürstbischöfe waren teilweise deutsche Prinzen, denen das geistliche Fürstentum nicht ihrer geistlichen oder kirchlichen Verdienste wegen, sondern als eine Art Apanage auf Grund ihrer adligen Geburt zugewiesen wurde.

Die erste Loge in diesem Fürstbistum wurde vielleicht schon 1749 in

Chaudfontaine gegründet. In späteren Jahren tauchten auch in Verviers und Spa Logen auf, aber die Hinweise darauf sind sehr unbestimmt. Auf jeden Fall arbeitete 1776 in Lüttich die Loge *La Parfaite Intelligence*, die wahrscheinlich schon seit 1770 und vielleicht schon seit der Mitte des Jahrhunderts bestand. Durch Teilung entstand 1777 die Loge *La Parfaite Egalité*, während man von noch zwei weiteren Logen in Lüttich berichtet.

Wir wollen uns bei diesen Logen nicht länger aufhalten, um dafür etwas mehr über den Fürstbischof der 70er Jahre zu sagen.

Franz Karl von Velbruck, 1719 bei Düsseldorf geboren, studierte an deutschen Universitäten, erhielt 1735 eine Pfründe als Kanonikus an der St.-Lambertus-Kathedrale in Lüttich und ließ sich 1745 in Lüttich nieder. Er erhielt mehrere ehrenvolle Aufträge, wurde Erzdiakon von Haspengau, obgleich er bisher nur die Tonsur, aber noch keine einzige Weihe empfangen hatte. Von einer Berufung in den Kirchenstaat war bei ihm keine Rede. Das hinderte jedoch nicht, daß er 1772 einstimmig zum Bischof gewählt wurde. Er nahm an Exerzitien teil, wurde zum Priester geweiht und zwei Wochen später, am 3. Mai 1772, auch zum Bischof. Von Velbruck war in gewissem Sinne Deist, der wenig für die Offenbarung übrig hatte und dem die Priester und Mönche seiner Zeit wenig Sympathie entgegenbrachten. Im Jahre 1779 stiftete er in Löwen die *Emulation*, eine Art Akademie für Literatur und schöne Künste, um die intellektuelle Entwicklung zu fördern. War er auch Freimaurer? Im gleichen Jahr predigten im Dom zu Aachen der Dominikaner Greinemann und der Kapuziner Schuff aufhetzend gegen die Freimaurer, und zwar mit dem Erfolg, daß der städtische Magistrat strenge Maßnahmen gegen die Freimaurer ergriff. Es wurde eine echte Intrige, von Velbruck aber, zu dessen Bistum Aachen gehörte, wußte es so einzurichten, daß die Ruhe wieder einkehrte und daß er aus Rom ebensoviele Glückwünsche wie von den Logen erhielt. Aus dem erhaltenen Briefwechsel kann man mit nahezu absoluter Sicherheit ableiten, daß von Velbruck selber Freimaurer war. Er starb 1784. Sein Nachfolger sollte dann durch den Lütticher Aufstand vertrieben werden.

Die Freimaurerei in der Republik der Vereinigten Niederlande

Im Jahre 1731 kamen der bekannte britische Altgroßmeister Désaguliers und einige weitere Freimaurer aus England nach Den Haag, um in einer eigens hierfür angesetzten Loge Franz von Lothringen, den späteren

Gemahl Maria Theresias, in den Orden aufzunehmen. 1734 wird eine erste und 1735 eine zweite Loge in Den Haag gegründet. Die Staaten von Holland und Westfriesland beschlossen am 30. November 1735, „die oben bezeichneten Bruderschaften, die sich den Namen Freie Maurer gegeben haben, aufzuheben". Die Ursache dieses Verbotes war höchstwahrscheinlich, daß J. C. Radermacher, Generalschatzmeister des letzten Statthalters Wilhelm IV. von Oranien, der erste Großmeister war und daß mehrere Angehörige von Wilhelms Hof Mitglieder der Loge waren. In ihrer Verordnung geben die Staaten selber zwei Gründe an: daß „Menschen von allerhand Gesinnungen und Gefühlen hinsichtlich der Religion zu der vorgenannten Bruderschaft zugelassen sind" und daß „ein Bruder, der des Aufruhrs überführt ist, nicht aus der Bruderschaft ausgestoßen werden kann, obgleich sie gehalten ist, seine Rebellion zu verurteilen". Es ist eine Tatsache, daß die Freimaurerei niederländischen Katholiken und Juden eine Möglichkeit zur Emanzipation bot. Andererseits sollte die niederländische Übersetzung der Andersonschen Constitutionen durch Du Bois, die 1760 von der niederländischen Großloge gebilligt wurde, bestimmen, daß rebellierende Bürger aus der Loge ausgeschlossen werden müssen.

Gleichwohl waren die Logen seit 1744 wieder zusammengekommen und nahmen an Zahl so zu, daß 1756 die zehn bestehenden Logen „Die Große Loge der Sieben Vereinigten Niederlande" bildeten. Am 26. Dezember desselben Jahres wählte die Versammlung Baron van Aerssen Beijeren zum Großmeister, der 1758 zugunsten des Grafen Ch. F. A. Bentinck abtrat. Im Jahre 1759 wurde jedoch der bekannte Feldherr Baron C. van Boetzelaer Großmeister und blieb es bis 1798. Unter seiner Leitung wurden etwa 90 Logen in den Niederlanden und in den niederländischen Übersee-Gebieten gegründet und die Zahl der Freimaurer verzehnfacht.

Anfänglich sah die Großloge von London die Niederländische Großloge als eine Unterabteilung der englischen an. 1770 kam jedoch ein Konkordat zustande, mit dem der englische Großmeister die vollständige Unabhängigkeit der Niederländischen Großloge anerkannte.

Der Ausgang des 18. Jahrhunderts war für die Freimaurerei in der Republik eine schwere Zeit. Obgleich die Alten Pflichten vorschrieben, alle Streitgespräche über Politik aus den Logen zu verbannen, war die politische Anteilnahme der Gemüter so groß, daß an gewissen Plätzen wirkliche Logenarbeit unmöglich war. Nach dem Einfall der Franzosen und der Errichtung der Batavischen Republik wurde hier und dort die

Tätigkeit eingestellt. Vier Jahre lang kam die Großloge nicht zusammen und erst 1797 konnte man wieder an eine Versammlung denken.

Eine Kommission erhielt den Auftrag, die Lage gründlich zu prüfen und 1798 kam ein „demokratisches" Gesetzbuch im Geist der Zeit zustande. Aus Anlaß der veränderten Constitutionen änderte man auch den Namen der Großloge in *Broederschap van Vrije Metselaren der Bataafsche Republiek*. Es versteht sich, daß die Arbeiten unter der Batavischen Republik, unter dem Königreich Holland und später unter der französischen Verwaltung den Stempel dieser unruhigen Zeit trugen. In den Niederlanden wurden auch mehrere Logen vom Großorient von Frankreich gegründet, und der Großosten der Niederlande mußte alles Erdenkliche anstellen, um eine vollständige Übernahme durch den französischen Großorient zu vermeiden. Die Befreiung von französischer Herrschaft im Jahre 1813 sollte bald die Gründung eines Großostens für die gesamten Niederlande möglich machen.

Die Anfänge der Freimaurerei in den Vereinigten Staaten von Amerika

In allen westeuropäischen Ländern wurden Logen gegründet. Auf der von Leidenschaften bewegten Iberischen Halbinsel, wo die Inquisition noch uneingeschränkt bestand, haben mehrere Freimaurer ihre Treue zu ihrem Ideal mit dem Tod bezahlt; vor allem der Prozeß gegen Johann Coustos, einen schweizerischen Diamantenschleifer, ist berühmt geworden. Es würde jedoch zu weit führen, die Geschichte der Freimaurerei auf dem europäischen Kontinent weiter zu verfolgen.

Richten wir vielmehr unsere Aufmerksamkeit noch auf das Land, in dem die Zahl der Logen mit den Jahren derartig zugenommen hat, daß gegenwärtig mehr als zwei Drittel aller Freimaurer in den Vereinigten Staaten leben.

Im Jahre 1730 bestellte der englische Großmeister, der Herzog von Norfolk, einen gewissen Daniel Coxe zum Provinzial-Großmeister für die amerikanischen Kolonien. Die Einwohner Philadelphias erfuhren jedoch zum erstenmal vom Bestehen der Freimaurerei durch einen Artikel, den Benjamin Franklin in seiner *Gazette* vom 8. Dezember 1730 veröffentlichte, um die Freimaurerei lächerlich zu machen. Wahrscheinlich zwei Monate später wurde er jedoch selber in die Loge aufgenommen und stieg in eineinhalb Jahren bis zum Vorsitzenden Meister seiner eigenen Loge auf. Er gab 1734 die Andersonschen Constitutionen von

1723 in Druck und erwies damit den Logen, die in dem riesigen Land entstanden, einen großen Dienst.

Der entscheidende Mann in dieser Zeit ist jedoch Henry Price, in England geboren und von der englischen Großloge als Provinzial-Groß-meister der Freimaurerei in New-England zugeteilt. Er stiftete, so wird berichtet, eine Loge in Boston, und später war er stolz darauf, daß aus ihr 40 weitere Logen hervorgegangen sind. Nach ihm wurden andere Großmeister berufen, aber nach ihrem Ableben wurde er immer wieder Großmeister, das letzte Mal 1767.

Die amerikanischen Logen spalteten sich, ebenso wie in England, in *Antients* und *Moderns* auf. Als in den siebziger Jahren der Kampf Amerikas gegen England begann, bestanden die Logen der *Moderns* hauptsächlich aus Tories, die keinen Bruch mit England wünschten, während die Logen der *Antients* meistens aus Whigs bestanden, die auf die Unabhängigkeit zusteuerten. In den Logen der *Antients* nahm die Idee von den Vereinigten Staaten langsam feste Formen an. Die große Mehrheit der Freimaurer stand den Verteidigern der Unabhängigkeit zur Seite. Von den 56 Unterzeichnern der Unabhängigkeitserklärung waren nach den einen 53 Freimaurer, nach anderen 31, während ein amerikanischer Freimaurer, der die Quellen überprüft hat, nur sechs als sicher nachweisen konnte. Beim berühmten Tee-Sturm in Boston, der das Seine zum Unabhängigkeitskrieg beitrug, spielten die Freimaurer eine maßgebliche Rolle.

Der berühmteste Freimaurer der ganzen nordamerikanischen Geschichte, neben und noch vor Benjamin Franklin, ist George Washington: sein Porträt hängt in der Londoner *Freemason's Hall.* Im Jahre 1732 im Staate Virginia geboren, wird er 1752 Freimaurer; 1777 bot ihm der Konvent in Virginia das Großmeisteramt an, doch er lehnte ab. Er sagte: „Die Tugenden, die den Menschen veredeln, werden in den Freimaurer-logen gelehrt, gehegt und gepflegt; sie fördern das Familienleben und sind Richtschnur für die höchsten Pflichten des Staates." Als er Ober-befehlshaber der Armee geworden war, förderte er das Wirken von Feldlogen.

Da es auch auf britischer Seite viele Militärlogen gab, geschah es mehr-fach, daß alle Gerätschaften einer englischen Loge in die Hände der Amerikaner fiel. So passierte es, daß die englische Feldloge Nr. 227 beim Rückzug ihre ganze Ausrüstung und ihre Constitutionen zurücklassen mußte; Washington ließ sie mit militärischen Ehren in das englische Feldlager zurückbringen. Man erzählt auch die Geschichte von dem Irokesen Brant, der, als Häuptling seines Stammes auf Seiten der Engländer kämpfend, bemerkte, wie der amerikanische Gefangene Kapitän McKisty, der gerade am Pfahl verbrannt werden sollte, das freimaurerische Hilfszeichen machte; sofort ließ er ihn vom Pfahl losbinden und zu den amerikanischen Linien zurückbringen. Mehrere derartige Fälle werden von den Freimaurern mit berechtigtem Stolz in ihren Chroniken mitgeteilt.

Nachdem Washington zum ersten Präsidenten der Vereinigten Staaten von Amerika gewählt worden war, legte er vor dem Großmeister der Großloge von New York den Treueid auf die Bibel der Saint-Johns-Lodge ab. Und als in der nach Washington umbenannten Hauptstadt der USA am 18. September 1793 der Grundstein zum Kapitol gelegt wurde, erschien der Präsident gekleidet als Ehrenmeister seiner Loge. In den unabhängig gewordenen Vereinigten Staaten entstanden viele Logen, bis die Affäre Morgan von Gegnern der Freimaurerei schamlos ausgebeutet wurde und zahllose Logen geschlossen werden mußten. Das geschah jedoch 1826, und wir werden darauf noch zurückkommen.

4. Die Katholische Kirche und die Freimaurerei im 18. Jahrhundert

Mehrere freimaurerische Schriftsteller stellen die Verurteilung der Freimaurerei durch die Päpste Clemens XII. und Benedikt XIV. in einem falschen Licht dar, weil sie sich nicht in deren Zeit zurückversetzen und auch nicht ausreichend zwischen der kirchlichen und der staatlichen Obrigkeit unterscheiden. Warum traten denn zahlreiche Regierungen und Stadtverwaltungen in der ersten Hälfte des 18. Jahrhunderts gegen die Freimaurer auf?

Bürgerliche und kirchliche Obrigkeiten verbieten die Freimaurerei

Das erste Verbot der Freimaurerei erfolgte 1735 durch die Staaten von Holland und Friesland. Sie hegten Argwohn gegen eine geheime Gesellschaft, deren Großmeister der General-Schatzmeister des Prinzen von Oranien war, und sie befürchteten in der zweiten statthalterlosen Zeit ein politisches Eingreifen zugunsten der Oranier und gegen die Republik.

Im Jahre 1736 stifteten Engländer in Genf — dem calvinistischen Rom — die Loge *Le Parfait Contentement*. Als sich die Pastoren beschwerten und die Frage vor den Großen Rat der Zweihundert brachten, ordnete dieser eine Untersuchung an. Schließlich verbot er dem Vorsitzenden Meister der Loge, „Einwohner der Stadt in die Gesellschaft aufzunehmen, weil sie eine Hochschule des Unglaubens ist".

Am 10. September 1737 unternahm die Pariser Polizei, wie oben bereits vermerkt, überraschend eine Razzia bei dem Weinhändler Chapelot, wo in Anwesenheit des Herzogs von d'Antin und vieler Adliger gerade Loge gehalten wurde. Nur Chapelot wurde vom Gericht bestraft. Aber Kardinal Fleury, als Premierminister Ludwig XV., fertigte ein königliches Dekret aus, in dem das „Geheimnis" der Freimaurer als „strafwürdiges Unternehmen" bezeichnet, allen treuen Untertanen der Umgang mit Freimaurern verboten und den Adligen, die Logenmitglieder sind, der Zutritt zum Hofe untersagt wird.

Zu Beginn des Jahres 1737, kurz vor seinem Tode, erließ der letzte Großherzog von Toskana aus dem Hause der Medici, Gian Gastone, eine Verfügung gegen die Freimaurerei und rief den päpstlichen Inquisitor in die Toskana, der mehrere Logenbrüder in Livorno verhaften ließ; der Vorsitzende Meister und einige Logenbeamte konnten aber noch mit den Urkunden und Gerätschaften der Loge in das Ausland entkommen.

In Mannheim ordnete der Kurfürst Karl Philipp von der Pfalz Ende 1737 öffentlich an, daß keiner „von denen in dero Civil- und Militärdiensten stehenden Personen ohne Unterschied der Geburt und des Ranges in die sogenannte Brüderschaft der francs-mayons eintreten, mithin derjenige, welcher diesem ernsthaften Kurfürstl. Verbote entgegen handeln wird, seiner obhabenden Diensten ohne einiges Einsehen ohnfehlbar entsetzt werden solle".

Einige Monate später, am 7. März 1738, ließ der Hamburger Senat den Vorsitzenden Meister der Loge wissen, daß er die Gesellschaft der Freimaurer auflösen solle, und falls man sich dem nicht füge, ein Verbot erlassen werde.

Am 21. Oktober 1738 erließ der protestantische König von Schweden, Friedrich I., ein Edikt, mit dem er alle Freimaurer-Zusammenkünfte bei Todesstrafe verbot.

In Zürich erreichten die Pfarrer, daß 1740 der Magistrat anordnete, alle Logen zu schließen.

Als sich die Logenbrüder in Genf an das Verbot des Großen Rates nicht hielten, das dieser erstmalig 1736 und dann wieder 1744 erlassen hatte, richteten die calvinistischen Pastoren erneut ein Ersuchen an den Rat. Daraufhin verbot der Kleine Rat am 15. August 1744 wiederum die Logenzusammenkünfte, und der Große Rat bestätigte am 8. September diesen Beschluß mit der Begründung, daß ein kleiner Staat zu seiner Sicherheit nicht das Geheimnis dulden könne, in das sich die Freimaurer hüllten.

Aus Bern erfahren wir sogar etwas Komisches. Die Frauen der Freimaurer machten bei der Regierung geltend, daß es ihnen zu ihrem allergrößten Bedauern „trotz ihrer Liebkosungen, Listen und Ränke nicht gelungen ist, das erwähnte Freimaurergeheimnis zu erkunden", und daraufhin verbot der Magistrat die Freimaurerei bei strengen Strafen. Nicht allein, daß die Regierung in der ganzen Republik alle Logenzusammenkünfte verbot, sie verpflichtete auch alle Bürger, die Freimaurer geworden waren, ihren Eid und ihr Gelöbnis zu brechen. Ungehorsam wurde mit 100 Talern und dem Verlust aller öffentlichen Ämter bestraft.

Wie oben bereits erwähnt, ließ Maria Theresia 1743 in Wien eine Loge von Soldaten ausheben und alle Teilnehmer verhaften.

In Hannover verbot am 17. Januar 1745 das königliche und kurfürstliche Konsistorium allen Geistlichen die Zugehörigkeit zur Freimaurerei. Einige Geistliche wandten sich scharf gegen die Bruderschaft.

Zur gleichen Zeit erwirkten eifrige Mohammedaner 1748 vom Sultan von Istanbul ein Verbot der neuen „Sekte". Schon vorher hatte der Staatsrat eine britische Loge schließen lassen und allen diplomatischen Missionen in Istanbul mitteilen lassen, daß die Hohe Pforte keine geheimen Gesellschaften dulden könne.

Das ist eine beachtliche Liste von Verboten, die sich gegen die Freimaurerei richten, ausgefertigt von staatlichen Instanzen, die oft nicht katholisch waren und ihre Entscheidungen in jedem Fall unabhängig von einer päpstlichen Verurteilung trafen. Sie erklärt die Atmosphäre des Mißtrauens, die in weiten Kreisen Europas gegen diese geheime Gesellschaft herrschte, als Papst Clemens XII. 1738 und sein Nachfolger Benedikt XIV. 1751 die Freimaurerei feierlich verurteilten.

Clemens XII. war 78 Jahre alt, als er 1730 zum Papst gewählt wurde; er erblindete zwei Jahre später, verlor sein Gedächtnis 1736 und litt so unter Altersschwäche, daß er ab 1738 das Bett nur noch selten verlassen konnte. Daß ein solches Pontifikat mehr in Moll gestimmt war, wird niemanden erstaunen. Ihm blieb es vorbehalten, zur überall aufkommenden Bruderschaft der Freimaurer offiziell Stellung zu nehmen.

Am 25. Juni (oder Juli) 1737 hielt das Heilige Offizium eine Beratung über die Freimaurerei ab, an der, wahrscheinlich unter Vorsitz von Papst Clemens XII., die Kardinäle Ottoboni, Spinola und Zondadari teilnahmen. Was entschieden wurde, das liegt immer noch in den Archiven des Heiligen Offiziums verborgen. Eines steht aber fest: Die päpstlichen Institutionen hatten damit begonnen, das Wirken der Freimaurerei gründlich zu untersuchen.

Das erste Ergebnis war vielleicht, daß die Stuart-freundliche Loge von Rom, die sich seit 1735 betätigte, auf Befehl der Inquisition am 20. August 1737 geschlossen wurde.

Am 28. April 1738 erließ Papst Clemens XII. dann seine berühmt gewordene Bulle: „In eminenti apostolatus specula" unter dem Titel „Verdammung der Gesellschaft oder der heimlichen Zusammenkünfte, gewöhnlich *Liberti Muratori* oder *Francs Massons* genannt, unter Strafe des mit der Tat sofort eintretenden Bannes, von dem die Lossprechung, auf dem Sterbebett ausgenommen, dem Papst vorbehalten bleibt."

Zu Beginn der Bulle erklärt der Papst, sein Amt erlege ihm auf, „Irrtümern und Lastern den Zugang zu verwehren, damit die Reinheit der Religion erhalten werde".

Zunächst erinnert Clemens XII. daran, daß die Freimaurer-Gemeinschaften „Menschen aller Religionen und Sekten vereinigen, die sich mit dem angemaßten Schein einer gewissen Art natürlicher Rechtschaffenheit begnügen"; daß sie sich durch ein enges und geheimnisvolles Bündnis nach eigenen Gesetzen und Gebräuchen, im geheimen wirkend, miteinander verbinden, indem sie sowohl durch einen auf die Heilige Schrift abgelegten Eid als durch Androhung schwerer Strafen zu einem unverbrüchlichen Stillschweigen gehalten sind. Das habe Argwohn bei vielen Gläubigen erregt und viele bürgerliche Obrigkeiten veranlaßt, diese Gemeinschaften zu verbieten.

Da derartige Gemeinschaften nicht nur die Ruhe des Staates stören, sondern auch dem Heil der Seelen schaden, und damit sie nicht die Einfältigen verderben und die Unschuldigen treffen sowie aus „anderen uns bekannten gerechten und billigen Ursachen" verurteilen und verbieten wir diese Gemeinschaften. Darum untersagen wir allen Gläubigen, Laien und Priestern, sich der Freimaurerei anzuschließen oder sie auf irgendwelche Art zu begünstigen, und dies bei Strafe der Exkommunizierung, so daß die Übertreter *ipso facto* und ohne weitere Erklärung dem Kirchenbann verfallen, der, ausgenommen bei Lebensgefahr, allein vom Papst in Rom erlassen werden kann.

Ferner beauftragen wir alle Bischöfe, kirchliche Oberen und Inquisitoren, gegen die Übertreter vorzugehen und die Schuldigen „als der Ketzerei höchst verdächtig" gebührlich zu bestrafen und hierzu notfalls den Beistand des weltlichen Arms anzurufen: Gegeben zu Rom am 28. April 1738 (und nicht am 4. Mai, wie mehrere Autoren berichten).

Wenn wir den Text Clemens XII. genau lesen, können wir in der Bulle fünf Gründe dafür erkennen, warum der Papst so streng gegen die Freimaurer auftritt.

Zuerst sagt er, daß Logen „Männer aller Religionen und Sekten vereinigen, die sich mit dem angemaßten Schein einer gewissen Art natürlicher Rechtschaffenheit begnügen". In Andersons Constitutionen von 1723 lesen wir tatsächlich, daß die Freimaurer nur verpflichtet sind „zu derjenigen Religion, in der alle Menschen übereinstimmen" und „gute und redliche Männer oder Männer von Ehre und Anstand" sein müssen. Der Papst hatte also die Bedeutung der „Pflichten" gut erfaßt. Wir sagten bereits, daß er zu Beginn der Bulle darauf hinweis, wie ihm sein

Amt auferlegt, über die Reinheit der katholischen Lehre zu wachen. Wer die Mentalität des 18. Jahrhunderts mit seiner Begeisterung für die Aufklärung und mit seinen zahlreichen Anhängern des Deismus, der einen persönlichen Gott ablehnt, kennt, der kann über die Stellungnahme des Papstes nicht übermäßig erstaunt sein. Er befürchtete einen ausgesprochenen Indifferentismus, der alle Religionen auf die gleiche Stufe stellt, und das konnte er, der er sich als Stellvertreter von Jesus Christus, Gottes eigenem Sohn, betrachtet, natürlich nicht zugestehen.

Ein zweites Motiv ist sehr deutlich die Geheimhaltung gewesen, welche die Freimaurerei von den Logenbrüdern fordert. Es kommt da nicht darauf an, daß sie z. B. nur die Aufnahmerituale geheimhalten mußten und gewisse Erkennungszeichen, dazu vielleicht noch die Namen der Mitglieder; viele Bürger und, wie oben bereits gesagt, auch mehrere Regierungen und Magistrate traten aus eben diesen Gründen gegen die Freimaurerei auf. Das 18. Jahrhundert ist noch vollauf das Jahrhundert des Absolutismus, und die absoluten Fürsten konnten keine geheimen Konventikel dulden; bezeichnend ist aber, daß auch in den Niederlanden und in der Schweiz, den beiden demokratischsten Ländern auf dem Festland, die Behörden gegen sie auftraten. Der Papst, als weltliches Haupt des Kirchenstaates und als geistliches Haupt der katholischen Kirche, konnte schwerlich anders handeln.

Das dritte Motiv erläutert in gewisser Weise das zweite: Derartige geheime Zusammenschlüsse stören die Ruhe des Gemeinwesens und schaden dem Heil der Seelen, weil sie die Einfältigen leicht irreführen können.

Dann kommt noch ein viertes, angebliches Motiv: „aliis de justis et rationabilibus causis nobis notis", d. h. „aus anderen uns bekannten gerechten und billigen Ursachen".

Bekanntlich hat Alec Mellor einen großen Teil seines Buches „Nos frères séparés, les francs-maçons" darauf verwendet, diesen geheimen päpstlichen Ursachen nachzugehen. Seine Ansicht läßt sich vielleicht so zusammenfassen: In England ging der Kampf noch weiter zwischen der protestantischen Dynastie des Hauses Hannover und dem katholischen Prätendenten der Stuarts, der sich in Rom aufhielt, denn überall, auch in England und vor allem in Schottland, gab es noch zahlreiche Anhänger der Stuarts. Anfang des 18. Jahrhunderts bestanden jedenfalls nach französischen Historikern auf dem Festland noch zahlreiche Stuartfreundliche katholische Logen, aber um 1737 waren sie nahezu ausgestorben, und die auf dem Festland bestehenden englischen Logen warben eifrig für die Hannoveraner. Der Papst, der nicht unempfänglich sein konnte für die Wiedereinsetzung eines katholischen Fürstenhauses in England, habe, um den Thronprätendenten der Stuarts zu unterstützen, mit seiner verurteilenden Bulle die auf dem Festland bestehenden Gruppen der Stuart-Gegner treffen wollen. Wir persönlich können diese Auffassung von Alec Mellor nicht teilen. Zwar ist die oben angeführte Formel für eine Bulle höchst ungewöhnlich, doch kann sie z. B. auch bedeuten, daß dem Papst die Mitgliedschaft vieler bedeutender Katholiken und sogar Priester in den Logen bekannt war und er dem ein Ende setzen wollte, ohne darüber zuviel Worte zu verlieren.

Zum Schluß werden die Freimaurer „als der Ketzerei höchst verdächtig" genannt, da der Papst die Inquisition beauftragt hatte, gegen sie aufzutreten. Dieses Motiv greift eigentlich das erste Motiv vom Indifferentismus wieder auf. Die Kirche ist stets gegen den Synkretismus aufgetreten, dem Vermengen von Elementen aus verschiedenen Religionen; der Zusammenschluß von Männern verschiedener Religionen schien ihr von dieser Art. Später werden wir ausführlich über die Bestimmungen des Zweiten Vatikanischen Konzils hinsichtlich anderer Religionen und der Religionsfreiheit sprechen, aber das sind Erörterungen aus dem Jahre 1965, die früher schlechthin undenkbar waren. Die päpstlichen Aussagen des 18. Jahrhunderts gelten für die Verhältnisse des 18. Jahrhunderts, und sie entsprechen auch der Mentalität des 18. Jahrhunderts. Daran wollen wir uns vorläufig halten.

Die Reaktion der Katholiken auf die päpstliche Bulle

Für uns Menschen des 20. Jahrhunderts ist es schon eigenartig, daß die Bulle *In Eminenti* kaum zur Kenntnis genommen wurde, und diejenigen, die etwas von ihr hörten, meinten, sie sei nach dem Tode Clemens XII. im Jahre 1740 hinfällig geworden. Wie kam das? Die absolutistischen Regierungen des 18. Jahrhunderts behielten sich, ungeachtet aller Proteste des Heiligen Stuhles, das Recht vor, päpstlichen Dokumenten nicht das *Exequatur* zu geben, d. h. ihnen keine Gesetzeskraft zu verleihen, häufig das Recht des *Placet* genannt.

In den südlichen Niederlanden z. B. wurde die Bulle *In Eminenti* nicht verkündet, und noch im Jahre 1818 konnte der belgische Freimaurer Drault behaupten, daß sie eine Fälschung sei! Kardinal Fleury, Premierminister in Frankreich, verbot, die Bulle zu verkünden. Nach dem

Adagium oder Rechtsgrundsatz: „Lex non promulgata non obligat" (ein nicht verkündetes Gesetz verpflichtet nicht), konnten viele Katholiken annehmen, daß sie die feierliche Verurteilung der Freimaurerei durch die höchste kirchliche Instanz nicht zu beachten brauchten. Das wird erst ganz verständlich, wenn man bedenkt, daß der Einfluß des Papstes im 18. Jahrhundert sehr gering eingeschätzt wurde. In den Jahren von 1759 bis 1773 sollten einige von despotischen Ministern regierte Staaten den Papst sogar zwingen, sich von seiner besten Hilfstruppe, dem Jesuiten-Orden, zu trennen. Als dann Pius VI. 1799 zu Valence in der Verbannung gestorben war, konnte der französische Geschäftsträger nach Paris berichten: „Le ci-devant pape vient de mourir, ce sera le dernier et la fin de la superstition" (der derzeitige Papst ist soeben gestorben, es wird der letzte und das Ende des Aberglaubens sein).

In den päpstlichen Gebieten selbst richtete Kardinal-Staatssekretär Firrao am 14. Januar 1739 ein Dekret an die Gesandtschaften in Bologna, Ferrara, Urbino und der Romagna sowie an das Herzogtum Benevent, die zu päpstlichen Besitzungen gehörten, in welchem er für solche, die als Freimaurer entlarvt wurden, schwere Strafen festlegte: Todesstrafe, Beschlagnahme ihres Vermögens und sogar Abbruch der Häuser, in denen sie sich versammelt hatten. Wer Freimaurern in den päpstlichen Staaten auf die Spur kam, war bei 1000 Kronen Buße und körperlichen Strafen, die Galeeren nicht ausgenommen, verpflichtet, sie der Polizei anzuzeigen. Obgleich derartig drakonische Maßnahmen ergriffen wurden, sind sie kein einziges Mal angewandt worden. Einziges Opfer der Bulle *In Eminenti* und der Strafandrohungen Firraos wurde ... ein Buch: Am 25. Februar 1739 wurde auf der großen Piazza Santa Maria Sopra Minerva feierlich durch Henkershand eine französische Schrift verbrannt „Relation apologique de la Société des Francs Maçons" von I. G. D. M. F. M. Man hat lange vergeblich nach dem Verfasser dieser Schrift gesucht. Ein Mitarbeiter der Forschungsloge *Quatuor Coronati* in London, W. E. Moss, hat mit großer Wahrscheinlichkeit nachgewiesen, daß Martin Folkes der Verfasser gewesen sein dürfte, und daß er beabsichtigte, der Inquisiton eins auszuwischen, was ihm durchaus gelungen ist.

In der Toskana geschah etwas Eigenartiges, über das wir noch folgendes berichten müssen: Kardinal Corsini konnte erreichen, daß man gegen den Baron von Stosch vorging, dessen Haus in Florenz ein Treffpunkt nicht nur von Freimaurern, sondern auch von „engstirnigen Gottesleugnern" und „bindungslosen Freigeistern" war. Im Zusammenhang damit schreibt Van der Schelden in seiner Studie *La franc-maçonnerie belge sous le régime autrichien (1721–1794):* „Das Verhalten der Freimaurer von Florenz war unbestreitbar eine der Ursachen, wenn nicht die wichtigste, die Clemens XII. zu der Verurteilung veranlaßten." Die Inquisition verurteilte auch einen florentinischen Freimaurer, den Dichter Tommaso Crudeli, der aber später an das Ausland ausgeliefert wurde. Der britische Freimaurer Lepper schreibt: „Als die (britischen) Brüder feststellten, daß die Pflanze, die sie auf italienischen Boden gebracht hatten, das Klima nicht vertrug, zogen sie es vor, sie lieber zu entwurzeln, als dort zur Upas (eine exotische stark giftige Pflanze) entarten zu lassen. Die Briten merkten also selbst, daß die Freimaurerei in Italien eine ganz andere Form annahm als in England und lösten ihre Loge auf. Die Bulle *In Eminenti* war damals im Herzogtum Toskana noch nicht verkündet.

Sie wurde jedoch in Spanien und Portugal verkündet. Der Inquisition, die auf der iberischen Halbinsel vielmehr eine staatliche als eine kirchliche Einrichtung war, blieb es vorbehalten, mehrere Freimaurer zum Tode verurteilt zu haben. Ein Prozeß ist uns ausführlich bekannt, der des Engländers John Coustos, einem naturalisierten Schweizer. Als er wieder auf freiem Fuß in England war, hat er einen eigenen Bericht über die von ihm erlittenen Verhöre, Folterungen und die Verurteilung veröffentlicht, die äußerst schrecklich dargestellt werden. Die Akten seines Prozesses sind jedoch wiedergefunden und 1953 von der Loge *Quatuor Coronati* veröffentlicht worden. Wie sah der Fall danach nun aus? Von einem Spion verraten, wurde John Coustos am 14. März 1743 verhaftet. Viermal wurde er vernommen, und der Inquisitor wollte nicht glauben, daß sich die Aufgenommenen mit einem so furchtbaren Eid zur Geheimhaltung verpflichten mußten, wenn es kein Geheimnis gab. Das ist verständlich! Darauf wurde er am 25. April über eine Viertelstunde gefoltert, so wie das bei bürgerlichen und kirchlichen Gerichten üblich war, und zu vier Jahren Galeeren-Strafe verurteilt. Der englische Gesandte sprach zu seinen Gunsten bei der portugiesischen Regierung vor, die den Briten nicht viel abschlagen konnte, und am 25. Oktober desselben Jahres, nach sieben Monaten Haft, verließ er das Gefängnis, um nach England ausgeliefert zu werden. Gottlob, sagt Alec Mellor, daß Leo Taxil seine „Enthüllungen" über Satanismus in den Logen noch nicht veröffentlicht hatte, sonst dürften die Inquisitoren den Mann so lange gefoltert haben, bis er gestanden hätte, daß Satan ihm in Person erschienen sei! Die Hexenprozesse, sowohl in protestantischen als auch in katholischen Ländern, sprechen dafür.

Außer in den päpstlichen Gebieten, Spanien, Portugal und Polen, wurde im 18. Jahrhundert die päpstliche Bulle *In Eminenti* nirgendwo veröffentlicht. Das hat nicht verhindert, wie wir oben gesehen haben, daß sowohl in protestantischen als auch in katholischen Ländern zahlreiche Regierungen und Stadtverwaltungen gegen die Freimaurerei vorgegangen sind.

Papst Benedikt XIV. erneuert die Verurteilung der Freimaurerei durch die Bulle *Providas* vom 18. Mai 1751.

Der Nachfolger des senilen Clemens XII., Benedikt XIV. (1740—1758), wird von Prof. Rogier zu Recht der bedeutendste Papst des 18. Jahrhunderts genannt, und er wird sogar als der größte Papst zwischen Sixtus V. und Leo XIII. bezeichnet — was dahingestellt sein mag. Macaulay nennt ihn sogar den besten und weisesten der 250 Nachfolger Petri. Er war ein vielseitiger Gelehrter sowie ein bekannter Historiker und Kanoniker, ein im Umgang geschmeidiger Mann, der die Kirche energisch den veränderten Verhältnissen anpassen wollte. Sowohl gegenüber den protestantischen als auch den katholischen Herrschern nahm er eine versöhnliche Haltung ein; er erkannte Friedrich II. als König von Preußen an und stand mit diesem aufgeklärten Herrscher sogar in Briefwechsel. Künstler und Wissenschaftler verehrten ihn. Ja, Voltaire widmete ihm seinen *Mahomet* mit den schmeichelnden Worten: „Je suis forcé de reconnaitre l'infaillibilité de Votre Sainteté dans ,es décisions littéraires comme dans les autres choses plus respectables." Er ging in seiner Anpassung an das Jahrhundert der Aufklärung sogar so weit, daß später katholische Geschichtsschreiber, so z. B. Hergenroether, die Ansicht vertraten, er sei dabei zu weit gegangen. Wie stand nun dieser so aufgeschlossene Papst zur Freimaurerei, einer für das 18. Jahrhundert typischen Erscheinung?

So eigenartig das auch vielen vorkommen mochte: Im Jahre 1751 erließ er die Bulle *Providas*, mit der er seinerseits die Freimaurerei verurteilte. Zu Anfang wiederholt er wörtlich die Bulle *In Eminenti* seines Vorgängers Clemens XII. und protestiert gegen die Gerüchte, daß diese Bulle außer Kraft getreten sei, weil er sie nicht bestätigt habe. Wohl eine Anspielung auf den geringen Widerhall, den die Bulle in den katholischen Ländern gefunden hatte! Danach erneuert er die Verurteilung der Freimaurerei in Worten, die sich wenig von denen seines Vorgängers unterscheiden, und gibt zum Schluß sechs Gründe für seine Verurteilung an.

Als ersten Grund nimmt er das erste und fünfte Motiv von Clemens XII., „weil in derartigen Gesellschaften und Zusammenschlüssen Menschen jeder Religion und jeder Sekte zusammenkommen, kann die Reinheit der katholischen Religion große Gefahr laufen".

So wie bei allen Päpsten vor und nach ihm, so überwog bei Benedikt XIV. das Bemühen, die katholische Lehre rein zu erhalten, und darum wurden z. B. kurzerhand alle gemeinsamen Gebete zusammen mit Protestanten verboten.

Der zweite Grund ist natürlich die Geheimhaltung; dieses „Geheimnis" hat alle Obrigkeiten des 18. Jahrhunderts verärgert, weil sie nicht aus persönlicher Teilnahme an einer Logenarbeit wissen konnten, daß die Arbeit in den Logen ungefährlich war.

Sein dritter Grund ist der Eid, der von den Aufgenommenen gefordert wird, so als ob die rechtmäßige Obrigkeit nicht das Recht habe, alle Untertanen auszuforschen, ob bei diesen Zusammenkünften etwas gegen die Gesetze der Religion oder des Staates geschieht.

Als erfahrener Jurist ergänzte Papst Benedikt XIV. den vierten Grund: Da zu den Versammlungen kein freier Zutritt besteht, so verstoßen die geheimen Zusammenkünfte von Gesellschaften gegen die bürgerlichen und kirchlichen Gesetze und er bezog sich dabei auf einen Text aus den Pandekten. Juristisch gesehen war das richtig.

Als fünften Grund stellte der Papst fest, daß mehrere Regierungen die Freimaurerei verboten und ausgerottet hätten.

Zum Schluß, wobei er vielleicht auf einige sittliche Ausschweifungen bei einigen Logenbrüdern in Florenz und Frankreich anspielt, fügt er noch hinzu, „daß die vorgenannten Gesellschaften und Zusammenkünfte bei vorsichtigen und tugendhaften Menschen Verdacht erregen, und, wie immer sie sich auch nennen mögen, nach deren Urteil das Merkmal der Verderbtheit und Untugend tragen".

Zur Bestätigung dafür sei auf die Rede verwiesen, die der Redner der „Loge du Père de Famille d'Angers" am 28. November 1785 in der Loge „Les Amis unis" in Laval gehalten hat. Nach einem kurzen Hinweis, daß die allerschönste der menschlichen Einrichtungen nun ihre Reihen für Menschen geöffnet habe, die um einen geringen Preis die Mitgliedschaft erwarben, fährt er fort: „Daher so viele unwissenden Logen so viele Werkplätze, die eher eine Schule des liederlichen Lebens als der Weisheit waren. Daher auch die schlechte Meinung, die das einfache Volk und der Staat vom Freimaurer haben. Welche Ansicht kann man sich bilden, wenn man sieht, wie die Freimaurer ihren Werkplatz verlassen, abgestumpft durch die Macht des Pulvers, das sie im Übermaß verbraucht hatten? (Pulver heißt der Wein, die Gläser heißen Kanonen). Sie begingen dann sonstige Ausschweifungen, deren Einzelheiten die Würde dieses Ortes verletzen würde. Brauchen wir uns da zu wundern, daß sich kirchliche und weltliche Macht vereint haben, um den Orden im allgemeinen zu verurteilen und zum anderen die freimaurerischen Zusammenkünfte zu verbieten?"

In seiner Bulle läßt der Papst die unklare Formulierung „aus anderen Uns bekannten gerechten und billigen Ursachen" fort, woraus Alec Mellor schließt, daß die Sache der Stuarts, nach der Niederlage von Culloden im Jahre 1745, endgültig verloren war. Wie schon gesagt, kann diese Formulierung auch etwas ganz anderes bedeuten.

Wie soll die katholische Welt auf diese zwei päpstlichen Erklärungen reagieren? Wir können schon vorweg sagen, mit derselben Gelassenheit und derselben Unwissenheit. Außer auf der iberischen Halbinsel, wo sich die weitgehend verstaatlichte Inquisition mit ihren Gerichten auf diese neue Art Verbrechen stürzte, sehen wir in der übrigen katholischen Welt nur wenig oder gar keine Reaktion.

Folgen der päpstlichen Verurteilungen

Die Freimaurer bezeichnen das Buch „Der Kampf Roms gegen die Freimaurerei" (1925) von Arthur Singer als eines der besten zu diesem Thema. Der Autor schreibt: „Die Herausgabe der zweiten päpstlichen Bulle gegen die Freimaurerei fand einen mächtigen Widerhall", und er berichtet über 27 Seiten über die Verfolgung und sogar Folterung von Freimaurern. Bei näherem Hinsehen merken wir jedoch, daß der Autor fortwährend die Daten durcheinander wirft, so z. B., wenn er den Prozeß gegen John Coustos von 1743 als eine Folge der Bulle „Providas" darstellt; wenn er königliche Dekrete und das Vorgehen der Inquisition auf der iberischen Halbinsel wiederholt durcheinander bringt; wenn er mehrfach, ohne je den geringsten Beweis zu liefern, die Jesuiten zu Sündenböcken macht, während sie z. B. in der Inquisition keinen Sitz hatten und ab 1759 aus Portugal und danach aus mehreren anderen Staaten verbannt wurden, um schließlich 1773 ihren Orden durch päpstliches Breve aufgehoben zu sehen; und dann zum Schluß bringt er das Eingreifen der protestantischen Regierungen oder Stadtverwaltungen wie der von Danzig, von Sachsen, der Schweiz, Schottlands und anderer in dem Hauptstück „Der päpstliche Bannstrahl und die Inquisition" unter.

Das weitverbreitete Werk „Roman Catholicism and Freemasonry" (1922) von Dudley Wright ist noch viel unzuverlässiger, gibt aber zahlreiche Originaldokumente ausführlich wieder, so z. B. den persönlichen Bericht von John Coustos über seinen Prozeß. Wenn man diese und andere Bücher von Freimaurern über das 18. Jahrhundert durcharbeitet, sollte man sich fürwahr wünschen, daß Knoop und Jones diesen Zeitabschnitt behandelt hätten, und zwar mit derselben Gründlichkeit, wie sie es für die Zeit vom Ursprung der Freimaurerei bis 1730 getan haben.

Das sachliche Urteil Alec Mellors erscheint uns gerechtfertigt: „Die Freimaurer des 18. Jahrhunderts reagierten nicht auf die beiden Exkommunikations-Bullen. In den päpstlichen Gebieten und in den Staaten, in denen die Bullen verkündet wurden (Polen, Spanien und Portugal), unterwarfen sie sich. In den anderen blieben die Bullen, zumindest juristisch, unbekannt."

Wir müssen allerdings festhalten, daß auf der iberischen Halbinsel die Gerichte und die verstaatlichte Inquisition scharf gegen einige Freimaurer vorgegangen sind. Dabei kam es zu dem empörenden Vorgang, daß sich der Franziskaner-Mönch José Torrubia, Zensor und Revisor der spanischen Inquisition, in eine Loge in Madrid aufnehmen ließ, nachdem er sich vom päpstlichen Poenitentiarius im voraus von dem abzulegenden Eid hatte entbinden lassen. Nach einigen Monaten übergab er dann der Inquisition eine Anklage, in der er die Freimaurer schlimmster Missetaten bezichtigte und ihnen Ketzerei, Sodomie, Zauberei, unmoralische Handlungen usw. zur Last legte, und er forderte, ihr Vermögen zugunsten der Kirche einzuziehen und sie selber zu verbrennen. Auf Grund dieser Anklage erging am 2. Juli 1751 ein königliches Dekret, mit dem die Freimaurerei streng verboten wurde. Auf der iberischen Halbinsel hatte die Freimaurerei mehrere Opfer zu beklagen, wieviele es aber waren, das läßt sich aus den sehr gefühlsbetonten Büchern der Freimaurer über diese Zeit nicht ermitteln.

Eine etwas merkwürdige Erscheinung ist es jedoch, daß im Verlauf des 18. Jahrhunderts hunderte, vielleicht tausende Priester und Mönche sich der Freimaurerei anschlossen.

In seinem Buch „Die katholische Geistlichkeit und die Freimaurerei" gibt K. Taute eine alphabetische Liste von 500 Priestern und Mönchen, die Freimaurer gewesen sein sollen. Aber wieder müssen wir den Mangel an Genauigkeit bedauern. Warum z. B. mußte man noch Benedikt XIV. und Pius IX. in diese Liste aufnehmen angesichts der Tatsache, daß kein einziger Historiker ihre Mitgliedschaft noch annimmt. Ferner steht in dieser Liste auch ein gewisser Bevière, Fürstbischof von Lüttich; das müßte der Fürstbischof Jean-Théodore de Bavière (1744–1763) gewesen sein, der jedoch kein Freimaurer war. Abgesehen von der Tatsache, daß hier zahlreiche Namen von Männern stehen, die nie Freimaurer gewesen sind, ist jedoch historisch nachgewiesen, daß viele Kanoniker, Äbte, Priester und Mönche in den Freimaurerorden aufgenommen wurden.

Die Loge „Zu den drei Diesteln" in Mainz bestand hauptsächlich aus Geistlichen. Unter den Gründern der Loge „Friedrich zu den drei Balken" in Münster waren mehrere Kanoniker und bischöfliche Beamte. Die Loge „Karl zu den drei Rädern" in Erfurt wurde im Jahre 1783 unter Mitwirkung des späteren berühmten Fürst-Primas Dalberg gestiftet. Die Wiener Loge „Zur Beständigkeit" zählte fünf Geistliche und die „Zur gekrönten Hoffnung" 13 Geistliche.

In Lüttich stiftete der Kanonikus de Gelves die Loge „La parfaite Intelligence", und der Vorsitzende Meister der Loge „La parfaite Egalité" war der Kanonikus Nicolas Devaux. Kanonikus Mahy war erster Vorsitzender Meister der Loge „La parfaite Union" zu Namur, und als er 1783 starb, war er Großredner der Großloge für die Österreichischen Niederlande.

In Frankreich zählten vor der Revolution so gut wie alle 629 Logen Geistliche zu ihren Mitgliedern, und in 27 Logen waren Geistliche sogar die Vorsitzenden Meister. Es heißt, daß 1776 die Loge „La parfaite Union" in Rennes und 1782 die Loge „L'Amitié à l'Epreuve" in Narbonne ausschließlich aus Geistlichen bestanden. Einige Logen waren sogar von Priestern gegründet. Die „Loge des neuf Soeurs" in Paris, im Jahre 1776 für Gelehrte und Künstler von Lalande gestiftet, zählte 13 Geistliche, und als zwei Jahre später Voltaire aufgenommen wurde, war der Kanonikus Cordier de Saint-Firmin sein Bürge. An freimaurerischen Festtagen gingen die Freimaurer in voller freimaurerischer Bekleidung zur Messe.

Auch Joseph de Maistre, der später berühmte katholische Schriftsteller, u. a. Verfasser des ultramontanen Buches „Du Pape", wurde in seiner Jugend Freimaurer in der Loge von Chambéry und schloß sich später der Loge „La Sincérité" von der Strikten Observanz an. Anläßlich des berühmten Konvents zu Wilhelmsbad sandte er an Ferdinand von Braunschweig, dem Großmeister der Strikten Observanz, eine Denkschrift, in der er erklärte, daß die freimaurerische Esoterik in vollständige Übereinstimmung mit der christlichen Lehre zu bringen ist.

Der Konvent von Wilhelmsbad im Jahre 1782 gab folgende Erklärung ab: „Wir haben beschlossen, so wie wir erklären und bezeugen (...), daß der einzige Zweck unserer Gemeinschaft, wie der ihrer Mitglieder ist, sich der Menschheit empfehlenswert und nützlich zu machen durch die aufrichtigste Zuneigung zu den Lehren, Pflichten und Übungen unserer Heiligen Christlichen Religion, durch unsere Unterwerfung und den Gehorsam gegenüber der Obrigkeit und den Gesetzen unseres jeweiligen Vaterlandes, durch eine aufgeklärte und allgemeine Wohltätigkeit im weitesten Sinne, durch eine fortdauernde Ausübung aller religiösen, moralischen, vaterländischen und sozialen Tugenden." Die freimaurerische Regel, die der Konvent bestätigte, zeugt von tiefem Glauben an Gott und Christus, an die Unsterblichkeit der Seele und die Notwendigkeit der Liebe.

5. Auf Irrwegen in den lateinischen Ländern aus Reaktion gegen die Katholische Kirche (1800—1940)

Es ist ein gewagtes Unternehmen, die Entwicklung der Freimaurerei in den romanischen Ländern von der Französischen Revolution bis zum Zweiten Weltkrieg zu beschreiben. Um dies zufriedenstellend zu tun, müßte man diesen Zeitabschnitt gründlich kennen und auch den Geist und die Haltung der Katholischen Kirche vollkommen verstehen; und als ob diese unmögliche Aufgabe noch nicht schwer genug wäre, müßte man obendrein Einblick in die Archive der Freimaurerei haben, die ihr politisches und antireligiöses Wirken ans Tageslicht bringen, also etwas, das angesichts der Heimlichkeit, die sie umgibt, von vornherein ausgeschlossen ist. An dieser Stelle möchten wir noch daran erinnern, daß das Geheime Vatikanische Archiv seine Pforten geöffnet hat — nur das Archiv des Heiligen Offiziums bleibt (vorerst?) noch unzugänglich; aber die Archive der Freimaurerei in den romanischen Ländern sind vorläufig fast hermetisch verschlossen und für Forscher, die keine Freimaurer sind, nicht zugänglich.

In dem einenviertel Jahrhundert vom Ende der Französischen Revolution bis 1940 hat es eine fortwährende Wechselwirkung gegeben zwischen dem antiklerikalen Wirken sowie der politischen Aktivität der Logen und andererseits heftiger Stellungnahmen der Päpste und Bischöfe gegen die Freimaurerei. Wir sollten die prozentualen Anteile der Verantwortlichkeit beider hier nicht gegeneinander aufwiegen — das wäre übrigens auch nicht tunlich — aber wir wollen nach besten Kräften danach trachten, ein möglichst objektives Bild dieser traurigen Geschichte zu geben. Die Päpste haben in ihren Enzykliken und Erklärungen zumeist auf Zustände in Frankreich, Italien und auch Belgien reagiert, und deshalb wollen wir uns, um die Sache nicht noch unübersichtlicher zu machen, hauptsächlich auf diese Länder beschränken.

Von der Französischen Revolution bis zur Enzyklika „Mirari Vos" (1832)

Die französischen Revolutionäre haben die Fahne der „Freiheit, Gleichheit und Brüderlichkeit" durch Europa getragen, und später hat der französische Großorient diese Dreiheit als Losung übernommen. In allen Ländern haben die Sansculotten den unterdrückten und zerrissenen Völkern eine große Hoffnung auf Einheit und Selbständigkeit gegeben, bei den unteren Schichten des Volkes das Verlangen nach gleichen Rechten geweckt, und dem Bürgertum den festen Willen zur Teilnahme an der Regierung eingehämmert. Aus der Französischen Revolution sind zwei Strömungen erwachsen, die das ganze 19. Jahrhundert beherrschen sollten: Der Liberalismus und der Nationalismus.

Der Liberalismus ging aus einem großen Vertrauen zum menschlichen Geist hervor und trat für die vollkommene Autonomie des Menschen ein. Auf kulturellem und religiösem Gebiet strebte der Liberalismus nach Freiheit der Religion und des Gewissens, der Presse und der Vereinigung, des Unterrichts, der Wissenschaft und der Kunst. Der politische Liberalismus wollte eine vollständige Trennung von Kirche und Staat, was die Verdrängung der Religion aus dem öffentlichen Leben mit sich brachte, und eine Landesregierung unter einem konstitutionellen Herrscher, dessen Macht durch eine Verfassung deutlich begrenzt ist und der mit Ministern regiert, die sich vor dem Parlament zu verantworten haben. Auch auf ökonomisch-sozialem Gebiet strebte der Liberalismus nach unbeschränkter Freiheit, was Handel und Industrie einen starken Auftrieb gab, gleichzeitig aber zur Ausbeutung der Arbeiterklasse während des ganzen 19. Jahrhunderts geführt hat.

Der Nationalismus seinerseits wollte, daß die Staaten den Zwecken der Nationen dienen. Unter Nation verstand man eine Volksgemeinschaft, die, sei es wegen der Einheit von Rasse, Sprache und Kultur (deutsche Auffassung), sei es aus dem Bewußtsein, gemeinsam große Taten vollbracht zu haben (franz. Auffassung), darauf angewiesen ist, eine politische Einheit zu bilden, die unentbehrlich ist, um sich als Volk voll entfalten zu können.

Die Katholische Kirche hatte nun unter den absoluten Herrschern und ihren dauernden Eingriffen in rein kirchliche Angelegenheiten im Laufe des 18. Jahrhunderts sehr zu leiden, und die Verfolgung unter der Französischen Republik und die Unterdrückung unter Kaiser Napoleon waren ihr noch frisch im Gedächtnis: Es war daher nicht ausgeschlossen, daß sie der Sirenengesang von der Religionsfreiheit verlocken und sie sich entschieden dafür aussprechen würde. Andererseits konnte sie gegen das Streben der unterdrückten Völker oder Minderheiten nach Selbständigkeit keine grundsätzlichen Bedenken vorbringen, so daß auch der Nationalismus keine kirchenfeindliche Macht zu werden versprach.

Der Wiener Kongreß im Jahre 1815 bestätigte die Herrscher überall wieder im Besitz ihrer Länder und verkannte die nationalen Bewegungen und die liberalen Strömungen, die das ganze 19. Jahrhundert hindurch in vielen Ländern aufkamen und Revolutionen entfesseln sollten. Alle kirchlichen Fürstentümer, seien es Fürstbistümer, seien es klösterliche und unabhängige Hoheitsgebiete, waren durch den Wiener Kongreß 1815 endgültig abgeschafft und größeren Staaten einverleibt worden, was die Kirche viel selbständiger machte. Nur der Kirchenstaat — wir dürfen jetzt wohl sagen: leider — blieb bestehen. Die Folge davon war, daß der Papst, nunmehr als Landesherr, gegen die nationalen und liberalen Strömungen im eigenen Land Stellung nehmen mußte, und daß er für den Schutz, den die katholischen Herrscher der Kirche gewährten, für die Restauration optierte, den liberalen Verfassungen zuwider. Das ist nun zwar etwas radikal ausgedrückt, doch aus Platzgründen können wir auf weitere Einzelheiten nicht eingehen.

Kardinal Consalvi, der sich auf dem Wiener Kongreß darum bemühte, den Kirchenstaat wieder herzustellen, strebte danach, eine modernere Verwaltung einzuführen, wurde daran aber von der klerikalen Gerontokratie stark behindert, die nicht die Führung von Verwaltung und Gericht aus der Hand geben wollte. Die Französische Revolution hatte jedoch bei zahllosen Italienern den Traum von einem geeinten, unabhängigen und liberalen Italien erweckt, und das *Risorgimento* wollte diesen Traum verwirklichen. Neben einer Gruppe, die dieses Ziel nach und nach zu erreichen suchte, stand eine viel zahlreichere Gruppe, die ihr Ziel mit Gewalt erreichen wollte: Die *Carbonari*. Sie sind vielleicht durch die Freimaurerei beeinflußt worden, die sich dennoch deutlich von ihnen unterscheidet, wenn auch viele ihrer Anhänger Freimaurer waren. Zu Recht, so meine ich, konnte Alec Mellor schreiben: „Das Abgleiten der italienischen Logen zum militanten Antiklerikalismus ging dem der französischen Logen um einige Jahrzehnte voraus." Die Carbonari bereiteten einen allgemeinen Aufstand vor und verübten zunächst aufsehenerregende Mordanschläge auf hohe Beamte des Kirchenstaates; sie gingen dabei so dreist zu Werke — man könnte zum Vergleich an die heutige Maffia auf Sizilien denken —, daß viele Richter gegen die Schuldigen nicht mehr aufzutreten wagten. Im Jahre 1820 gelang es ihnen, in Neapel eine liberale Regierung in den Sattel zu heben; aber die österreichischen Truppen konnten den Aufruhr unterdrücken.

Unter Papst Leo XII. (1823—29) ging Kardinal Rivarola mit aller Strenge vor: Er ließ in Ravenna 508 Mitglieder geheimer Verbindungen festnehmen, sieben von ihnen aufhängen und über hundert zu schweren Strafen verurteilen. Die Carbonari schlugen zurück mit der Ermordung des Kardinal-Sekretärs, worauf eine neue Unterdrückung folgte.

Im Jahre 1831 kam es zu einem Aufruhr in der Romagna, den Marken und Umbrien. Österreichische Truppen rückten heran, um den Aufstand niederzuschlagen, worauf auch französische Truppen in Ancona landeten, um Österreich zu behindern. Die typisch italienischen Verhältnisse erklären, warum Pius VII. im Jahre 1821 eine Bulle, Leo XII. im Jahre 1825 einen apostolischen Erlaß und Pius VIII. im Jahre 1829 eine Enzyklika gegen die Freimaurer ausfertigten.

Während der Französischen Revolution entstanden in Belgien ungefähr 40 Logen, die vom Großorient von Frankreich abhängig waren. „Nahezu alle belgischen Freimaurer dieser Zeit bekannten sich zur römisch-katholischen Religion" (Clement), und wurden auch kirchlich bestattet. Nach dem Sturz Napoleons bemühten sich die belgischen Logen um eine eigene, vom französischen Großorient unabhängige Großloge.

Der Wiener Kongreß hatte 1815 die seit dem 16. Jahrhundert geteilten Niederlande unter dem Oranier Wilhelm I. wieder vereinigt, der nun für das ganze Königreich der Niederlande eine einzige Organisation mit seinem Sohn Friedrich als Großmeister wünschte. Schließlich einigte man sich, daß es für die gesamten Niederlande nur einen Großosten geben sollte, der Norden und der Süden aber je eine Großloge bilden. Um 1818 tauchte plötzlich die berühmte oder besser vielleicht berüchtigte Kölner Urkunde auf, die auf das Jahr 1535 zurückgehen sollte. Wenn auch nicht alles geklärt ist, so scheint diese Fälschung doch dazu bestimmt gewesen zu sein, eine Waffe gegen die Hochgrade zu liefern, durch die der Großorient von Frankreich weiter Einfluß auf die belgischen Logen ausübte, mithin dazu bestimmt, das freimaurerische Band zwischen Nord und Süd unter Prinz Friedrich enger zu knüpfen. Festzuhalten wäre, daß sich die Freimaurer aus der Politik heraushielten und, ebenso wie in Frankreich, auf die politischen Schwierigkeiten im Königreich der Niederlande keinen nennenswerten Einfluß ausgeübt haben.

Obgleich Wilhelm I., König der Niederlande, eine erfolgreiche Wirtschaftspolitik betrieb und der liberalste Herrscher seiner Zeit war, wollte er die ganze Politik selber machen und als ein aufgeklärter Fürst auch die Kirche regieren. Daraufhin verlangten die belgischen Liberalen ministerielle Verantwortlichkeit und vollständige Pressefreiheit, um auf den König einen Druck ausüben zu können. Andererseits wollte sich der König bei den Bischöfen das Recht der Zustimmung zu päpstlichen Erlassen vorbehalten, er wies einige geistliche Kongregationen aus, er wirkte dem freien Unterricht entgegen und wollte sogar die geisteswissenschaftlichen Studien der Seminaristen an einer von ihm eingerichteten philosophischen Fakultät in Löwen zusammenfassen. Die Geistlichkeit, die anfänglich die Wiederherstellung der privilegierten Stellung der Kirche unter dem ancien régime angestrebt hatte, wünschte sich nun mehr und mehr eine Trennung von Kirche und Staat, zuletzt auch unter dem Einfluß des französischen Geistlichen Lamennais. Im Jahre 1828 schlossen sich die Liberalen und Katholiken zu einem „Monsterbund" zusammen und einigten sich auf ein umfassendes Programm von Freiheiten: Die Liberalen dachten vor allem an die Freiheit des Gewissens, der Presse und der Vereinigung, die Katholiken an die Freiheit des Unterrichts und der Kirche gegenüber dem Staat. Es ist hier nicht der Ort, die Entwicklung zwischen 1828 und 1830 zu beschreiben: Die Brüsseler Krawalle vom 25. August 1830 arteten in soziale Unruhen aus und schlugen, unter dem Einfluß der Juli-Revolution in Paris, in den Aufstand um, der zuletzt zur Trennung der Niederlande und Belgien führte. Bereits am 7. Februar 1831 erließ der Nationalkongreß eine Verfassung, welche die modernen Freiheiten verkündete: Freiheit der Person und des Besitzes, der Religionsausübung und der Gedanken, der Vereinigung und der Sprache, und zuletzt die Trennung von Kirche und Staat. Diese ausgesprochen liberale Verfassung hat im 19. Jahrhundert mehreren Staaten als Vorbild gedient.

In Frankreich war auf den Sturz Napoleons im Jahre 1815 die Restauration gefolgt. Zuerst versuchte Ludwig XVIII. noch, zwischen den reaktionären Ultras und dem liberalen Bürgertum einen Mittelweg zu finden, aber ab 1820 regierte er mehr und mehr konservativ. Nach seinem Tod wurde der Herzog von Artois Führer der Ultras, als König Karl X. Wie zu erwarten, schlug dieser nun einen ganz reaktionären Kurs ein. Den émigrés, die ihren Besitz verloren hatten, ließ er eine Milliarde Goldfranken Schadensersatz auszahlen, ein Gesetz bestrafte Entweihungen, und die kirchliche Obrigkeit arbeitete eng mit dem Herrscher zusammen. In diesen Jahren verband sich der französische Geistliche Félicité de Lamennais mit Lacordaire, Montalembert, Gerbet, Guéranger und anderen, um für die Freiheit der Kirche zu kämpfen, die von Karl X. unterdrückt wurde. Sein Schlagwort war: Gebt der Kirche die Freiheit, und die Wahrheit wird triumphieren. Er stritt somit für alle liberalen Freiheiten: der Presse, der Vereinigung, der Religion, des Unterrichts, der Trennung von Kirche und Staat, usw.

Als Karl X. 1830 praktisch einen Staatsstreich unternahm, um die liberale Mehrheit in der Kammer zu beseitigen, kam es in Paris zu Unruhen, und in drei Tagen war das Regime vollkommen beseitigt. Nun sollte der Bürgerkönig Louis-Philippe mit einer liberalen Verfassung regieren. Ermutigt durch den Erfolg der liberalen Katholiken in Belgien und durch die Revolution in Frankreich, gründete Lamennais die Zeitung *l'Avenir*, in der er seine liberalen Ideen öffentlich verkündete. Als die Bischöfe gegen ihn auftraten, beschloß er, mit Lacordaire und Montalembert nach Rom zu reisen, in der Hoffnung, die Zustimmung des Papstes zu erlangen.

Dies also waren die geschichtlichen Ereignisse in Italien, Belgien und Frankreich, die der ersten großen päpstlichen Enzyklika mit einer Stellungnahme zu den modernen Strömungen voraufgingen. Die Enzyklika „Mirari Vos" Papst Gregors XVI. vom 15. August 1832 verteidigt die Einheit der Kirche unter der Führung Roms, das Zölibat der Priester und die Heiligkeit der Ehe, ist aber für uns im besonderen von Bedeutung wegen ihrer Verurteilung des Indifferentismus und der Trennung von Kirche und Staat. Nachstehend ein paar bezeichnende Aussagen:

„Nun kommen Wir zu einem weiteren überreichlichen Quell von Übeln, unter denen leider die Kirche heute so schwer leidet. Wir meinen die Gleichgültigkeit, den Indifferentismus, jene verkehrte Ansicht, welche die Schlauheit der Bösen überallhin verbreitet hat, man könne durch jedes beliebige Glaubensbekenntnis das ewige Heil erlangen, wenn nur das sittliche Leben nach der Regel des Rechten und Anständigen ausgerichtet werde (. . .). Aus der Quelle dieser verderblichen Gleichgültigkeit fließt jene törichte und irrige Meinung — oder besser — jener Wahnsinn, es solle für jeden die *Freiheit des Gewissens* verkündet und erkämpft werden. Diesem seuchenartigen Irrtum bereitet den Weg jene übervolle und maßlose Freiheit der Meinungen, welche zum Schaden der kirchlichen und bürgerlichen Sache sich weit herum verbreitet. Dabei gibt es manche, die mit größter Unverschämtheit behaupten, daß die Religion aus ihr gewisse Vorteile ziehe (. . .). Hierher gehört auch jene nie genug zu verurteilende und zu verabscheuende Freiheit des Buchhandels, um alle möglichen Schriften unter das Volk zu werfen, eine Freiheit, die viele mit äußerst verbrecherischem Eifer fordern und fördern (. . .). Ebensowenig Erfreuliches für Kirche und Staat können Wir von jenen erwarten, die Kirche und Staat trennen und das gegenseitige Einvernehmen zwischen weltlicher und geistlicher Obrigkeit zerstören möchten."

Bei der ersten Lektüre dieses Textes schwindelt es einem modernen Menschen, auch einem modernen Katholiken. Abgesehen von den hochtrabenden Wendungen und den zuweilen verwirrenden Ausdrücken, welche die römische Kurie in früheren Zeiten so gern gebrauchte, muß man diesen Text in seine Zeit stellen und vor allem mit den römischen Gepflogenheiten konfrontieren, um seine rechte Bedeutung zu erkennen. Gerade als man „Mirari Vos" ausarbeitete, widerstand der Papst nicht nur allem Druck, die belgische Verfassung, die alle diese Freiheiten aufgenommen hatte, zu verurteilen, er erhob sogar 1832 den Generalvikar Sterckx, der diese liberale Verfassung verteidigte und eigens nach Rom gekommen war, um sie formell billigen zu lassen, zum Erzbischof von Mechelen. Andererseits „ist es verständlich, daß die Enzyklika sich vor allem gegen die Rechtfertigung der Freiheit und der Freiheiten richtet, die sozusagen aus einer naturalistischen Auffassung des Menschen erwachsen. Rom hatte in diesem zeitgenössischen Liberalismus sehr gut das deutliche Streben des Menschen erkannt, sich von Gott frei zu machen und den Primat der Gnade bewußt zu verwerfen" (Aubert). Die Kirche nahm praktisch folgende Haltung ein: In den Ländern, in denen die verfassungsmäßigen Freiheiten durch die Masse ertrotzt waren, mußten es die Katholiken übernehmen, für Kirche und Religion in den gegebenen Grenzen zu wirken; gleichzeitig bekräftigte die Kirche ausdrücklich, daß die Trennung von Kirche und Staat nicht als etwas Gutes angesehen werden könne, daß die Anhänger der rechten — d. h. katholischen — Religion nicht mit Irrenden gleichgestellt sein dürften, daß die Freiheit, jedwede Meinung zu verbreiten, kein Fortschritt sei und der Kirche und der guten Sitte schaden müsse. Die Kirche blieb also ihrer seit dem Mittelalter herrschenden Auffassung von der Unantastbarkeit der Gesellschaft und des Staates treu, während die historische Entwicklung nicht nur auf die Säkularisierung zuging — was durch das Zweite Vatikanische Konzil anerkannt wurde — sondern auch auf einen staatlichen Laizismus in atheistischem Sinne, was die Kirche selbstverständlich nicht gutheißen kann.

Wie würden darauf die Liberalen und, noch bestimmter, die Freimaurer reagieren?

Von „Mirari Vos" bis etwa 1870

In einem vorhergehenden Abschnitt sagten wir, daß in Frankreich 1799 der Großorient und die Großloge ineinander aufgingen. Im Jahre 1804 entstand gleichwohl in Frankreich der *Oberste Rat des Alten und Angenommenen Schottischen Ritus*, der nach kurzer Zusammenarbeit mit dem Großorient ab 1805 seine eigenen Wege ging. Diese Spielart, die sowohl blaue Logen (1.—3. Grad) als auch rote Logen (4.—33. Grad) umfaßte, blieb der ursprünglichen maurerischen Anschauung näher, hielt sich mehr aus der Politik heraus und sollte 1894 den Anlaß zur Gründung der *Grande Loge de France* geben.

Der Großorient umfaßte jedoch die große Mehrheit der Freimaurer. 1805 bestimmte Kaiser Napoleon, der selbst niemals Freimaurer wurde, seinen Bruder Joseph zum Großmeister des Großorients, um ihn dadurch an sich zu binden. Unter der Restauration konnte sich die Freimaurerei in Frankreich nicht sonderlich entwickeln. Man hatte nach der Juli-Revolution von 1830 auf bessere Tage gehofft, aber der Bürgerkönig Louis-Philippe war ihr ebensowenig geneigt. Auch die Revolution von 1848 wurde freudig begrüßt. Napoleon Bonaparte − der spätere Napoleon III. − ließ sich Ende 1848 aufnehmen. Obwohl sich in den Logen der Deismus breitgemacht hatte, bestimmte der Großorient noch im ersten Abschnitt seiner Verfassung von 1849:

„Die Freimaurerei hat die Existenz Gottes und den Glauben an die Unsterblichkeit der Seele zur Grundlage." Napoleon Bonaparte, zuerst Präsident der II. Französischen Republik, danach Kaiser, folgte dem Vorbild seines Onkels und bestimmte Prinz Murat zum Großmeister des Großorients. Als dieser sich durch sein diktatorisches Auftreten unbeliebt gemacht hatte, wurde er durch Marschall Magnan abgelöst, der die Sympathie der Logenbrüder zu gewinnen verstand. 1865 wurde er in einem würdigen Gottesdienst in Notre-Dame beigesetzt, was Mons. Darboy, Erzbischof von Paris, einen strengen Verweis des Papstes einbrachte. Bis 1870 entwickelte sich der Großorient mehr und mehr in antiklerikalem Sinne und beschäftigte sich auch zunehmend mit Politik, blieb aber bis zu dieser Zeit „regulär" und von der Londoner Großloge anerkannt. Er hatte keinen nennenswerten Einfluß auf die französische Politik. Erst in der III. Französischen Republik (1870−1940) sollte er eine äußerst wichtige politische und antiklerikale Rolle spielen.

Im Jahre 1833 gründeten fünf belgische Logen den Großorient von Belgien, dem sich bald viele Logen anschlossen. 1835 wählten sie den Gouverneur von Brabant und Vorsitzenden des Senats, de Stassart, einen praktizierenden Katholiken, zum Großmeister, der zu seinem besonderen Vertreter Théodore Verhaegen bestellte. Dieser hatte im Vorjahr in seiner Loge „Les Amis Philanthropes" vorgeschlagen, eine Spendenliste zugunsten der Stiftung einer freien Universität in Brüssel aufzulegen, und zwar als Gegenstück zu der gerade errichteten katholischen Universität, die zuerst in Mecheln und dann in Löwen bestand. Als Folge der päpstlichen Verurteilung der Freimaurerei in den Jahren 1821, 1825 und

1829 und der Enzyklika „Mirari Vos" vom Jahre 1832 und als Reaktion auf die Stiftung einer zweiten Oranien-freundlichen Loge in Gent im Jahre 1837 erließen die belgischen Bischöfe 1838 einen strengen Hirtenbrief gegen die Freimaurerei. Der katholische de Stassart blieb noch bis 1841 Großmeister, kam dann aber um seine Entlassung ein, die sofort angenommen wurde. Obgleich sich die Logen danach in antiklerikalem Sinne entwickelten, blieben Streitgespräche über Religion und Politik vorerst noch verboten. Als die liberale Partei 1846 ihren ersten Kongreß abhielt, präsidierte Defacqz, seit vier Jahren Großmeister des belgischen Großostens. Doch hielt Defacqz, als echter Freimaurer, die Politik aus den Logen heraus.

Im Jahre 1854 wurde jedoch Théodore Verhaegen, der Stifter der freien Universität von Brüssel, zum Großmeister gewählt. Seit Jahren hatte er sich darum bemüht, die Politik in die Logen hineinzutragen. Nun ließ er den bei der Gründung des belgischen Großorients verkündeten Artikel 135 aufheben: „Die Logen sollen sich keinesfalls mit politischen und religiösen Fragen beschäftigen", worauf sich zwei Logen in Brüssel und eine in Tournai vom belgischen Großorient lossagten. Der Großorient beschloß am 1. März 1856 sogar, daß „die Logen nicht nur das *Recht*, sondern auch die *Pflicht* haben, das öffentliche Wirken derjenigen Mitglieder, die politische Ämter haben, zu beaufsichtigen". Dieser Beschluß vom 1. März 1856, eine Schande für die belgische Freimaurerei, wurde 1905 von dem bedeutenden Freimaurer Goblet d'Alviella als eine „Ungeheuerlichkeit" angeprangert. Der Historiker der Freimaurerei im Belgien des 19. Jahrhunderts, F. Clément, schließt diesen Zeitabschnitt mit den Worten ab: „Von diesem Zeitpunkt an sind die Logen im allgemeinen eher liberale Vereinigungen als freimaurerische Werkstätten, und der Großosten selber ist eher ein politisches Führungsgremium als eine reguläre freimaurerische Institution". Übrigens brachen damals mehrere ausländische Großlogen ihre Beziehungen zur Brüsseler Großloge ab. König Leopold I., der 1813 in der Schweiz Freimaurer geworden war, wohnte in Belgien niemals einer Logenarbeit bei. Er unterstützte die belgische Freimaurerei bis zum Jahre 1846, in dem die liberale Partei seiner geliebten Vereinigungspolitik den Todesstoß versetzte. Seit seinem Tode im Jahre 1865 sind in Belgien keine Angehörigen der königlichen Familie mehr Logenmitglieder gewesen.

In Italien lagen die Verhältnisse ganz anders. Mazzini, der ewige Verschwörer, war durch seine Fehlschläge von 1820 und 1831 betroffen und errichtete in Marseille *Das Junge Italien*, um durch ständige Verschwörungen zu einer freien und geeinten italienischen Republik zu gelangen. Unter den Mitbegründern waren sieben Freimaurer. Im Jahre 1848 brachen in mehreren europäischen Hauptstädten Revolutionen aus, beginnend in Neapel am 12. Januar. Als die Nachrichten vom Aufruhr in Wien Italien erreichten, sagten sich die Lombardei und Venetien von Österreich los, und Karl Albrecht, König von Sardinien und Piemont, übernahm die Führung des Freiheitskrieges gegen die Österreicher. Nun waren alle Blicke auf den als liberal bekannten Papst Pius IX. gerichtet, der jedoch als Papst einem katholischen Kaiser nicht den Krieg erklären konnte. Dann brachen auch in Rom Unruhen aus; der Papst mußte fliehen, und Mazzini rief am 9. Februar 1849 in Rom die Republik aus. Daraufhin marschierten österreichische und französische Truppen ein, um die Ordnung wiederherzustellen, und 1850 kehrte der Papst in die Ewige Stadt zurück.

Nach 1848 leitete die Regierung von Piemont eine echte laizistische Politik ein. Sie gipfelte in dem „Klostergesetz" von 1855, das einen Teil der Kollegial-Kapitel und alle Mönchskongregationen, die sich nicht dem Unterricht oder der Krankenpflege widmeten, abschaffte, während die Jesuiten schon vorher vertrieben worden waren. Bedeutsamer und viel aktueller aber war seit 1859 die Frage, ob der Papst seinen Staat behalten sollte. „Ihre Rückwirkung auf die Kirchenpolitik der Regierungen und auf das religiöse Leben in Frankreich und Italien war gewaltig (. . .). Vor allem verstärkte sie die starre Haltung des Papstes und vieler Katholiken gegenüber dem Liberalismus und trug dergestalt dazu bei, die Kirche als allen modernen Ideen feindlich erscheinen zu lassen" (Aubert). Mit Unterstützung Frankreichs griff das von Cavour geführte Piemont im Jahre 1859 Österreich an und konnte sich, obgleich geschlagen, die Lombardei einverleiben. Garibaldi, der tatkräftige Condottiere und Patriot, eroberte mit seiner kleinen Schar durch seinen denkwürdigen Marsch der Tausend in einigen Monaten Sizilien und Neapel. Um ihm zuvorzukommen, fiel ein piemontesisches Heer in den Kirchenstaat ein und besetzte die Grenzgebiete Umbriens, während sich die Romagna, Toskana und Modena bereits durch eine Volksabstimmung für den Anschluß an Piemont ausgesprochen hatten. Dem Papst verblieb noch Rom und Umgebung, während fast ganz Italien zu dem im Jahre 1861 errichteten Königreich Italien, mit der (vorläufigen) Hauptstadt Florenz, unter Viktor Emanuel II. gehörte.

Welche Rolle spielte dabei die Freimaurerei? Mazzini, Garibaldi, Cavour, Viktor Emanuel I. und II. waren alle Freimaurer. In einem Buch von

Buscalioni lesen wir: „Der Marsch der Tausend wurde von Bruder Mazzini inspiriert, von den Brüdern Crispi, Bertani und Lafarina vorbereitet. Man reiste auf zwei Schiffen, die der Freimaurer Fauché zur Verfügung gestellt hatte. Die Geldmittel hatten die Brüder Lafarina und C. M. Buscalioni beschafft. Befehlshaber war Bruder Garibaldi, unter ihm befehligte Bruder Bixio, und auch seine Offiziere und Freiwilligen waren größtenteils Freimaurer. Sie wurden heimlich von Bruder Cavour unterstützt ... Diese legendär anmutende, heldenhafte Expedition, die in der Geschichte nicht ihresgleichen hat, bedeutet der italienischen Freimaurerei eine der rühmlichsten Seiten ihrer Geschichte." Nach der Einnahme von Palermo wurde Garibaldi Großmeister *ad vitam* einer Obödienz, der sich viele Freimaurer-Gruppen anschlossen.

In den Jahren um 1860 steuerte der Liberalismus in mehreren Staaten Europas einen antiklerikalen Kurs und trachtete danach, den Einfluß der Kirche im öffentlichen Leben und vor allem im Unterricht zurückzudrängen oder vollständig auszuschalten. Der drohende Verlust des Kirchenstaates mußte Papst Pius IX. als der letzte Schritt erscheinen, um die Kirche in Fesseln zu schlagen, indem man dem Papst selber die Bewegungsfreiheit nimmt. Seit 1859 bereitete man in Rom eine feierliche Verurteilung der modernen Irrtümer vor. So erschien am 8. Dezember 1864 die Enzyklika „Quanta cura" mit einem *Syllabus* oder Anhang von 80 Irrtümern, die in verschiedenen päpstlichen Dokumenten der letzten 18 Jahre aufgeführt waren. Die Enzyklika tadelte die modernen Irrtümer in unbestimmten Formulierungen und machte auf Außenstehende keinen so großen Eindruck, aber die 80 Thesen, ausdrucksstark abgefaßt, wirkten wie ein rotes Tuch auf einen Stier. Nachfolgend einige dieser Irrtümer:

„15. Es ist jedem Menschen freigestellt, jene Religion anzunehmen und zu bekennen, die er mit dem Lichte der Vernunft als die wahre erachtet. 16. Die Menschen können in der Pflege jeder Art von Religion den Weg des ewigen Heils finden. 55. Die Kirche muß vom Staat, der Staat von der Kirche getrennt werden. 76. Die Abschaffung der weltlichen Macht des Heiligen Stuhls würde zur Freiheit und zum Glücke der Kirche ungemein beitragen. 77. In unserer Zeit geht es nicht mehr an, die katholische Religion als einzige Religion eines Staatswesens anzuerkennen, unter Ausschluß aller übrigen Arten der Gottesverehrung. 78. Daher ist es lobenswert, wenn in gewissen katholischen Ländern gesetzlich vorgesehen wird, daß die Einwanderer öffentlich ihre eigene Religion, welcher Art sie auch sei, ausüben dürfen. 80. Der Papst in Rom kann und soll sich mit dem Fortschritt, mit dem Liberalismus und der modernen Kultur versöhnen und befreunden."

Niemals hat ein kirchliches Dokument in nicht-katholischen Kreisen soviel Empörung hervorgerufen, und selten hat eine päpstliche Äußerung in katholischen Kreisen eine so geteilte Aufnahme gefunden. Während die konservativen Katholiken und die Integralisten jubelten, waren die liberalen Katholiken bestürzt und die Anti-Klerikalen begannen einen regelrechten Angriff auf die Kirche. Nun war es klar, daß die Kirche nicht mit der Zeit gehen wollte! In diesem kritischen Augenblick veröffentlichte Mgr. Dupanloup, der berühmte Bischof von Orléans, einen Kommentar, in dem er jede der 80 Thesen in ihren eigentlichen Sinnzusammenhang zurückführte, und sie auf diese Weise alle annehmbar machte. Ein Stoßseufzer der Erleichterung entrang sich zahllosen Katholiken. Die erste Ausgabe war nach zwei Stunden ausverkauft und nach drei Wochen waren 100 000 Exemplare vergriffen: 630 Bischöfe und der Papst selber beglückwünschten Mgr. Dupanloup.

Um noch ein Beispiel festzuhalten. Bezüglich des letzten Irrtums, der wie ein Paukenschlag die Reihe abschloß, hatte der Papst am 18. März 1861 tatsächlich gesagt, daß man von ihm verlange, sich mit dem zu versöhnen, „was man die moderne Kultur und den Liberalismus nennt", das hieße aber, die Maßnahmen gegen Klöster und gegen Priester, die dem Papst treu blieben, hinzunehmen und die Feinde der Kirche unterstützen. Er hatte geschlossen: „Wenn man unter Kultur ein System verstehen muß, das *in concreto* dazu erdacht ist, die Kirche zu schwächen und vielleicht zu stürzen, dann sollten der Heilige Stuhl und der Bischof von Rom sich nicht mit einer derartigen Kultur vereinigen können." Das ist etwas ganz anderes als der Paukenstoß: Daß der Papst in Rom sich nicht mit dem Fortschritt, dem Liberalismus und der modernen Kultur versöhnen und verständigen kann und will!

Der Syllabus ist keine unfehlbare Aussage des Papstes, sondern eine Sammlung von Texten aus päpstlichen Ansprachen, Schreiben und Enzykliken, die jeweils auf bestimmte konkrete Zustände von damals zielten und als Lehrsätze des Papstes sehr ungleichen Wert haben. Das hindert nicht, daß der Syllabus noch in unseren Tagen einen sehr unglücklichen Eindruck hinterläßt. Wir werden noch sehen, was das Zweite Vatikanische Konzil zu verschiedenen der hier angeführten Probleme sagt, und ganz andere Töne zu hören bekommen.

Bereits 1846 hatte Pius IX. eine Enzyklika erlassen, die sich gegen geheime Sekten aussprach, ohne jedoch die Freimaurer beim Namen zu nennen. In der Ansprache „Multiplices inter" von 1865 und in der Verordnung „Apostolicae Sedis" vom 12. Oktober 1869 wiederholte der Papst jedoch das kirchliche Urteil über die Mitgliedschaft in der Freimaurerei.

Um den 8. Dezember 1869, als das Erste Vatikanische Konzil eröffnet werden sollte, berief der Parlamentsabgeordnete Giuseppe Ricciardi ein Gegenkonzil aller Freimaurer der Welt nach Neapel ein, um vor der Gefahr zu warnen, die der Freiheit, dem Fortschritt und der Kultur von diesem kirchlichen Konzil droht. Ricciardi empfing wohl zustimmende Briefe, die Großlogen und Großoriente von Italien und Frankreich hielten sich jedoch zurück, wenn sie es auch ihren Mitgliedern freistellten, an dem Gegenkonzil teilzunehmen. So kamen am 9. Dezember — am 8. Dezember war das Schauspielhaus nicht frei — 461 Freimaurer zusammen. Sie konnten sich indes nicht über die Tagesordnung einigen. Am 10. Dezember kam es darüber zu so heftigen Debatten, daß die Polizei den Saal räumen mußte. Die letzte Sitzung fand am 16. Dezember in einem Restaurant statt, wobei es wiederum so lärmend zuging, daß diesmal der Wirt sein Lokal räumen ließ. Ricciardi begnügte sich damit, in der Zeitung ein Manifest zu veröffentlichen, indem er Freiheit, Fortschritt, Emanzipation der Frau, Schulfreiheit, Moral- anstatt Religionsunterricht usw. forderte. Auch der Franzose Regnard veröffentlichte sein sehr antiklerikales Programm. Damit verlief das Gegenkonzil im Sande.

Am 8. Dezember 1869 begann das Erste Vatikanische Konzil seine Sitzungen. Zu den vielen Spannungen im und um das Konzil können wir uns nicht äußern. Zu vermerken wäre jedoch, daß das Konzil, nachdem es das Verhältnis des Glaubens zur Vernunft definiert hatte, die Unfehlbarkeit des Papstes in bestimmten Fragen sowie seine Herrschaft über die ganze Kirche zu Dogmen erhob, und dies ungeachtet der starken Opposition zahlreicher Bischöfe, vor allem aus Deutschland, Österreich-Ungarn und Frankreich. Am 18. Juli 1870 reisten die Konzilsväter, die alles in allem nur 5 von 75 Fragen behandelt hatten, mit der Absicht nach Hause, im Herbst wiederzukommen. Einen Tag später, am 19. Juli, brach der deutsch-französische Krieg aus. Napoleon III. zog die Rom beschützenden französischen Truppen ab. Schon am 20. September rückten die italienischen Truppen an der Porta Pia in Rom ein. Nach einer Volksabstimmung wurden Rom und der Kirchenstaat am 9. Oktober 1870 dem Königreich Italien einverleibt. Fortan war der Papst der Gefangene des Vatikans. Das Erste Vatikanische Konzil hatte zwar die Unfehlbarkeit und die Herrschaft des Papstes über die ganze Kirche feierlich ver-

kündet und damit seine geistliche Macht erhöht, aber staatsrechtlich hat
der Papst seitdem alle Macht verloren und ist vom guten Willen des
italienischen Staates abhängig. Diese Tatsache muß man stets vor Augen
haben, wenn man die Stellungnahme des Papstes, die er zu kirchlich-
politischen und kulturellen Fragen in den folgenden Jahren und Jahrzehnten abgegeben hat, beurteilen will.

Die Verhärtung der Standpunkte und die Enzyklika „Humanum Genus" von Leo XIII. vom 20. April 1884

Nach jahrelangen Studien und Beratungen beschloß der Großorient von
Belgien auf seinem Kongreß vom 27.—29. Mai 1871, die Anrufung „Im
Namen des Großen Baumeisters des Weltalls" zu ersetzen durch „Im
Namen des Großorients von Belgien". Das Abgehen der Logen vom
Gottesbegriff war nicht nur eine Sache Belgiens. So gab der Lausanner
Konvent von 1875, auf dem die Obersten Räte des Schottischen Ritus
von Belgien, Kuba, England, Frankreich, Griechenland, Ungarn, Italien,
Peru, Portugal, Schottland und der Schweiz vertreten waren, eine Grundsatzerklärung ab: „Die Freimaurerei verkündet schon von ihrem Ursprung an die Existenz eines schöpferischen Prinzips unter dem Namen
des Großen Baumeisters des Weltalls." Schottland, das den Konvent bereits
am ersten Tage verlassen hatte, protestierte daraufhin heftig, ebenso der
berühmte Albert Pike, Großkommandeur der Südlichen Jurisdiktion der
USA. 1877 entfernte der Großorient von Frankreich aus seinen Statuten
die Verpflichtung, den Obersten Baumeister des Weltalls anzurufen und
die Unsterblichkeit der Seele anzuerkennen, worauf die Großloge von
England den französischen Großorient aus der Liste der „regulären"
Großlogen strich; dieser Beschluß gilt immer noch. 1879 änderte übrigens
die Mutter-Großloge von England den Text des Konvents von Lausanne
wie folgt: „Die Freimaurerei verkündet schon von ihrem Ursprung an
die Existenz Gottes, des Großen Baumeisters des Weltalls, und die Unsterblichkeit der Seele", eine Formulierung, der auch die schottischen
Freimaurer zustimmten. In den belgischen Logen wurde mehr und mehr
politisch gearbeitet. Am 7. Mai 1876, einen Monat vor den Parlaments-
wahlen, kamen 700 Brüder aus 14 Logen zusammen. Es war mehr ein
Meeting als eine maurerische Versammlung, womit eine gewisse Anzahl
echter Freimaurer unzufrieden war. Der Großmeister van Humbeeck
war absichtlich ferngeblieben und schrieb: „Ich habe niemals befürwortet,

daß sich die Freimaurerei direkt mit den Angelegenheiten aktiver Politik beschäftigen soll. Sie hat den Auftrag aufzuklären, sie diskutiert und arbeitet Grundsätze aus, aber ich kann ihr nicht das Recht einräumen, eine aktive Rolle zu spielen (...). Eine freimaurerische Zusammenkunft kann somit auch nicht dazu da sein, ein Wahlprogramm aufzustellen." Diese echt freimaurerische Auffassung hinderte van Humbeeck natürlich nicht daran, im Jahre 1879, als er im großen liberalen Kabinett des Freimaurers Frère-Orban Unterrichtsminister geworden war, ein Gesetz über den Volksschulunterricht auszuarbeiten, das die freien Schulen (d. h. kirchliche) aufheben mußte. Der Schulkrieg von 1879–1884 ist in den Annalen der belgischen Geschichte berühmt geblieben. Als die belgischen Bischöfe scharf reagierten, versuchte die Regierung, Papst Leo XIII. zu bewegen, die Haltung der Bischöfe zu rügen; auf dessen Weigerung hin brach Frère-Orban 1880 die Beziehungen zum Heiligen Stuhl ab. Nach der Niederlage Napoleons III. und dem Sturz des Kaiserreiches wurde, wie wir an vielen Stellen lesen, von Freimaurern die Dritte Republik errichtet. Von den elf Mitgliedern der Regierung zur nationalen Verteidigung, die am 4. September 1870 gebildet wurde, waren oder wurden neun Freimaurer. Obwohl die Freimaurer, die in Paris während der deutschen Belagerung im Winter 1870/71 eingeschlossen waren, am Aufstand teilnahmen, lehnte nachher der Großmeister des Großorients jede Verantwortung für den fürchterlichen Aufstand ab. Bedeutsam ist, daß im Sinne der demokratischen Auffassungen der Radikalen Partei das Großmeisteramt im Großorient 1871 abgeschafft wurde. Nunmehr verwaltete ein Großrat unter Leitung eines Vorsitzenden den Großorient. Für 1877 ist noch ein zweites bedeutsames freimaurerisches Ereignis zu registrieren: Nach einer mit starkem Beifall aufgenommenen Rede des protestantischen Pfarrers Bruder Desmons beschloß der Großorient, den Glauben an Gott nicht mehr zur Pflicht zu machen und damit den Brüdern freizustellen, ob sie noch im Namen und zur Ehre des Obersten Baumeisters des Weltalls arbeiten wollten. Der erste Artikel der Verfassung lautet seitdem: „Die Freimaurerei, eine vor allem philantropische, philosophische und fortschrittliche Institution, hat zu ihrem Zweck das Suchen nach Wahrheit, das Studium allgemeiner Moralität, der Kunst und Wissenschaften und die Ausübung der Wohltätigkeit. Sie hat zu Grundsätzen die unbedingte Gewissensfreiheit und die menschliche Solidarität, sie schließt niemanden um seines Glaubens willen aus, sie hat als Wahlspruch: Freiheit, Gleichheit, Brüderlichkeit"; mit anderen Worten, es können auch Gottlose oder Atheisten Mitglieder des Großorients sein, was gerade gegen die bisher geltenden Regeln Andersons verstößt. Wenn auch die anderen Obödienzen in Frankreich, der Oberste Rat des Schottischen Ritus, aus dem 1894 die *Grande Loge* von Frankreich für die symbolischen drei Grade hervorgehen sollte, die Anrufung des Großen Baumeisters des Weltalls beibehielten und auch weiter die Bibel in ihren Logen auflegten, so kann hier doch von echtem Gottesglauben kaum gesprochen werden. Daher der Bruch mit den angelsächsischen Logen, der immer noch andauert.

„Le cléricalisme, voilà l'ennemi!" Dieses berühmte, nicht von Bruder Gambetta, sondern von Bruder Peyrat stammende Wort sollte fortan die französische Freimaurerei beherrschen. Die Aufnahme des großen Gelehrten und ausgesprochenen Freidenkers Littrê im Jahre 1875 in die Loge mag als Symbol für die ganze Entwicklung stehen. Nachdem Grévy 1879 Präsident der französischen Republik geworden war, übernahmen Logenbrüder für 35 Jahre die Leitung der antiklerikalen Politik, die in den Jahren 1879—1886 und 1899—1907 besonders hartnäckig sein sollte. Bereits 1864 hatte Bruder Macé die „Ligue de l'Enseignement" gegründet, um den Unterricht zu laizisieren. Dieses Programm konnte nun Bruder Ferry ab 1879, erst als Unterrichtsminister und dann als Ministerpräsident, durchführen. Anfang 1880 wurden die Jesuiten vertrieben; die anderen Ordensbrüder mußten binnen drei Monaten um eine Genehmigung nachsuchen, was zur Folge hatte, daß auch die Dominikaner, die Franziskaner, die Benediktiner und die Prämonstratenser aus ihren Klöstern vertrieben wurden. 1882 ließ Bruder Ferry ein Schulgesetz beschließen, nachdem der Unterricht Pflicht und kostenlos sein sollte, und zwar in der Erwartung, daß nach dem Gesetz ab 1886 der Unterricht vollständig laizisiert würde. 1884 wurde auch noch das Gesetz über die Ehescheidung angenommen, was als eine weitere Niederlage der Kirche angesehen wurde. Wie war das alles möglich in einem Lande, das noch überwiegend katholisch war? Professor Latreille, Mitarbeiter an der „Histoire du catholicisme en France", schreibt: „Die allgemeine Ansicht geht dahin, die von den Freimaurerlogen bestimmte Einheit und taktische Geschicklichkeit des republikanischen Blockes der Uneinigkeit und Ungeschicklichkeit der Katholiken gegenüberzustellen" (III, 466—467). „Zur Zeit der Dritten Republik nahmen die freimaurerischen Obödienzen in Frankreich aktiv an der Politik teil; tatsächlich waren sie nur noch politische Gesellschaften", so schreibt Mildred J. Headings in ihrem bemerkenswerten Werk „French Masonry under the Third Republic".
Aber vor allem die italienischen Verhältnisse hatten Einfluß auf die Hal-

tung der Päpste. Um die katholischen Staaten zu beruhigen, billigte die italienische Kammer am 13. Mai 1871, nach dem Fall von Rom, das sogenannte Garantie- oder Bürgschaftsgesetz. Sinn des Gesetzes war, dem Papst „Unabhängigkeit, Freiheit und das Äußere einer rein geistlichen Souveränität" zu geben, aber da dieses Gesetz keine internationale Bedeutung hatte, und wie jedes Gesetz widerrufen werden konnte, machte es den Papst praktisch von der italienischen Regierung abhängig. Der Papst weigerte sich auch, das Garantiegesetz anzuerkennen, ebenso übrigens wie die ihm angebotenen Entschädigungen. Dafür wurde der Papst, „der Gefangene des Vatikans", von den Katholiken noch mehr verehrt.

Es kam hinzu, daß linke Elemente und die leidenschaftlichsten unter den Freimaurern „einen grausamen und gehässigen Feldzug gegen Pius IX., seine Ratgeber, die römische Kurie und die Priester im allgemeinen" (Hayward) einleiteten. Die Regierung ergriff provozierende Maßnahmen: Das Collegio Romano, die meisten der römischen Klöster, und die Stammhäuser der großen Orden wurden beschlagnahmt, die Geistlichen zum Militärdienst verpflichtet, der religiöse Eid vor Gericht abgeschafft, Prozessionen und Wallfahrten verboten. 1879 wurden in Italien 3037 Männer- und 1907 Frauenklöster vom Staat eingezogen. Als man die sterbliche Hülle des 1878 verstorbenen Papstes Pius IX. am 13. Juli 1881 nachts in aller Stille nach San Lorenzo, außerhalb der Mauern, trug, wurde der fromme Trauerzug der Katholiken von einer Horde Antiklerikaler überfallen, die schmutzige Lieder sangen und die Leiche mit dem Ruf „Al fiume, al fiume la carogna!" in den Tiber werfen wollten.

Den tatsächlichen Anteil der italienischen Freimaurer an allen diesen antipäpstlichen und antiklerikalen Vorkommnissen abzuwägen, ist unmöglich, aber daß er groß war, räumen alle Historiker ein. Bruder Carducci dichtete sogar eine „Hymne auf den Satan" und wurde dafür in der „Rivista della Massoneria Italiana" nächst Mazzini und Garibaldi als „der Dritte des ruhmreichen Triumvirats gegen die theologischen und politischen Schandtaten" gefeiert. In seiner Hymne erscheint Satan als der erste Verkünder der Menschenrechte, als der Dämon, der dem Gott der Päpste und königlichen Despoten den Fehdehandschuh zuwirft. Der Satanismus sollte in den folgenden Jahren in der Freimaurerei eine große Rolle spielen.

Im Jahre 1878 wurde in einem Konklave, das knapp zwei Tage dauerte, Gioacchino Graf Pecci zum Nachfolger des verstorbenen Pius IX. gewählt. Unter dem Namen Leo XIII. sollte er alsbald einer der berühmtesten Päpste der ganzen Kirchengeschichte werden. Durch seine Nachgiebigkeit verbesserte er wesentlich die Beziehungen des Heiligen Stuhls zu verschiedenen Staaten und beendete auch den *Kulturkampf* in Deutschland. Gleichzeitig setzte er sich in Enzykliken mit der kirchlichen Lehre über das Verhältnis von Kirche und Staat sowie über die christliche Demokratie auseinander und wurde vor allem durch seine soziale Enzyklika „Rerum Novarum" berühmt; er räumte der thomistischen Philosophie einen besonderen Platz ein, förderte die Bibelforschung, öffnete das Vatikanische Archiv und ermutigte das nach Wahrheit suchende Streben der Historiker. Auch das innere religiöse Leben der Kirche unterstützte er nach Vermögen, und er erwarb sich auch große Verdienste um das Missionswesen. Dieser Papst nun, einstimmig als ein fortschrittlicher und einsichtiger Mann gefeiert, schrieb 1884 eine Enzyklika gegen die Freimaurerei, und zwar die schlimmste, die je erschien, und auch die letzte. Wie ein Biograph des Papstes Leo XIII. versicherte, war dieser Papst, als habe er unter einer panischen Furcht vor dem schlechten Einfluß dieser geheimen Gesellschaft gelitten. Wir haben klargelegt, unter welchen Umständen, hauptsächlich in Frankreich und noch viel mehr in Italien, diese Enzyklika herauskam. Auch Schenkel schreibt: „Es ist richtig, wenn in der katholischen Polemik behauptet wird, daß die liberalen Bestrebungen auf kulturellem und kirchenpolitischem Gebiet in Frankreich, Belgien, Italien, Spanien und Portugal ihren Ursprung und Rückhalt in den dortigen Logen hatten." Wenn man eine Enzyklika aus ihrem Zusammenhang löst oder mit heutigen Augen liest, kann man nur den Kopf schütteln über eine so unrichtige und sogar ungerechte Darstellung der Dinge.

Die Enzyklika „Humanum Genus" vom 20. April 1884 sagt zu Anfang: „In unserer Zeit scheinen diejenigen, die der schlechten Sache dienen, sich miteinander zu verschwören und insgesamt den heftigsten Anlauf zu nehmen unter dem Vorgange und der Hilfeleistung jener weit verbreiteten und fest organisierten Gesellschaft von Menschen, die man Freimaurer nennt" (n. 3). Ein erster Grund, um die Freimaurerei zu verwerfen, ist ihre Art und ihr Wirken als geheime Gesellschaft. „Die Eintretenden müssen geloben, ja sogar meistens mit einem feierlichen Eid beschwören, niemals und auf keine Weise an irgendjemand die Mitglieder, die Erkennungszeichen und die Lehren zu verraten (. . .). Außerdem müssen diejenigen, die aufgenommen sind, versprechen und sich verpflichten, ihren Führern und Meistern mit der größten Folgsamkeit und Gewissenhaftigkeit zu gehorchen, auf jeden Wink oder jede

Anweisung zur Ausführung der Befehle bereit zu sein und im Falle der Weigerung harte Strafen und selbst den Tod auf sich zu nehmen. Und tatsächlich wird nicht selten über diejenigen, die man der Verletzung des Geheimnisses oder des Ungehorsams gegen die Oberen schuldig befindet, die Todesstrafe verhängt und mit solcher Verwegenheit und Hinterlist vollzogen, daß der Mörder sehr oft den Augen der spähenden und strafenden Gerechtigkeit verborgen bleibt" (n. 13). Das ist fürwahr eine äußerst schwere Beschuldigung! Um sie zu verstehen, muß man sie sofort in Verbindung bringen mit dem, was folgt: „Was Wir hier sagen oder noch sagen werden, ist von der Sekte der Freimaurer im allgemeinen zu verstehen und von denen, welche sie als verwandte und verbündete Sekten in sich begreift, nicht aber von ihren einzelnen Mitgliedern" (n. 16). Wenn man weiß, wie die Carbonari vorgingen und daß sie, obgleich sie keine Freimaurer-Bruderschaft bildeten, doch viele Freimaurer zu ihren Mitgliedern zählten, dann kommt einem die Sprache der Enzyklika verständlicher vor.

Der Hauptgrund zur *Verurteilung* der Freimaurerei (nicht *Verdammung,* wie es oft in den freimaurerischen Büchern steht) ist jedoch, wie langatmig auseinandergesetzt wird, der Naturalismus. „Wie der Name genugsam andeutet, heißt der Hauptgrundsatz der Naturalisten: Die menschliche Natur und die menschliche Vernunft muß in allem oberste Lehrerin und Führerin sein. Von dieser Voraussetzung ausgehend, kümmern sie sich wenig um die Pflichten gegen Gott, oder entstellen dieselben durch irrige und schwankende Meinungen. Sie leugnen nämlich jede göttliche Offenbarung; sie anerkennen kein Dogma in der Religion" (n. 17). Nun werden, so fährt die Enzyklika fort, in den Ländern, in denen die Freimaurerei mehr Einfluß hat, diese Theorien angewendet. Man erläßt Gesetze gegen die Kirche, Sondergesetze gegen den Klerus, so daß er von Tag zu Tag stärker abnimmt, hebt geistliche Orden auf und legt Hand an den kirchlichen Besitz. Den Papst hat man seiner weltlichen Macht beraubt, und nun macht man ihm die Ausübung seiner geistlichen Macht sehr schwer.

„Aber die Naturalisten gehen noch weiter (...). So kommt es, daß ihnen auch das nicht einmal mehr sicher zu sein und festzustehen scheint, was Wir mit dem natürlichen Lichte unserer Vernunft erkennen, wie z. B. das Dasein Gottes, die Geistigkeit und Unsterblichkeit der Seele" (n. 22). Die Freimaurerei meint dasselbe: „Wenn sie auch im allgemeinen das Dasein Gottes noch bekennen, so sind sie selbst ihre eigenen Zeugen dafür, daß sie diese Wahrheit in ihrem Geiste nicht fest und unerschütterlich bewahren (...). In Wirklichkeit gestattet die Sekte ihren Mitgliedern hierin große Freiheit; es ist erlaubt, beides zu verteidigen: Daß es einen Gott gibt und auch, daß es keinen gibt; und diejenigen, die frech behaupten, es gäbe keinen Gott, werden ebenso leicht aufgenommen wie die, welche zwar das Dasein Gottes annehmen, aber nach Art der Pantheisten eine irrige Vorstellung von ihm haben. Dies heißt aber, von Gottes Natur einen gewissen widersinnigen Schein beibehalten, in Wahrheit aber Gott leugnen. Ist dieses feste Fundament ins Wanken gebracht, so wird auch folgerichtig alles schwanken, was uns schon die Natur lehrt, daß nämlich die Dinge durch Gottes freien Willen erschaffen worden sind, daß Gottes Vorsehung die Welt regiert, daß die Seelen unsterblich sind und daß auf dieses irdische Leben ein anderes, ewiges Leben folgt" (n. 23). „Und in Wirklichkeit ist die sittliche Zucht, welche allein dem Bunde der Freimaurer zusagt und in welcher das heranwachsende Geschlecht erzogen werden müsse, jene, welche man die rein bürgerliche (rein menschliche) und die unabhängige, freie bezeichnet; das ist jene, in welcher man von allem Religiösen absieht" (n. 26). Diese Analyse der Einstellung der Freimaurer, so wie sie sich in Belgien, Frankreich und Italien in den Jahren vor der Enzyklika entwickelt hat, ist hier erstaunlich treffend wiedergegeben. Gleichzeitig wissen wir aber auch, daß damit nicht die ganze Freimaurerei gemeint ist.

Weiter vermerkt die Enzyklika noch einige Schlußfolgerungen aus den angegebenen Grundsätzen, die sich in Frankreich und in Italien, wo die Freimaurerei einen sehr großen Einfluß auf die Regierung ausübte, auch in Gesetzen niederschlugen. „Was nun das häusliche Leben betrifft, so läßt sich das System der Naturalisten in folgende Sätze zusammenfassen: Die Ehe ist ein rein weltlicher Vertrag und könne nach der Willkür derer, welche sie geschlossen, auch rechtmäßig gelöst werden. Die Träger der bürgerlichen Gewalt hätten die Entscheidung über das Ehebündnis. Bei der Erziehung der Kinder solle, das ist ihre sichere und feste Ansicht, kein Unterricht in einer bestimmten Religion erteilt werden, vielmehr müsse es einem jeden völlig überlassen bleiben, wenn er herangewachsen ist, sich der Richtung, der er wolle, anzuschließen" (n. 29). „Darum wollen sie in der Erziehung und der Ausbildung der Kinder nicht gestatten, daß die Diener der Kirche sich irgendwie am Unterricht oder an der Aufsicht beteiligen. Vielerorts haben sie es schon erreicht, daß fast die ganze Heranbildung der Jugend in den Händen der Laien liegt, und daß bei der Unterweisung über das Sittengesetz die größten und heiligsten Pflichten des Menschen gegen Gott gar nicht erwähnt werden"

(n. 31). „Betrachten wir nachfolgend ihre Grundsätze hinsichtlich des Staatswesens (...). Die Quelle aller bürgerlichen Rechte und Pflichten sei zu suchen in der Menge oder in der staatlichen Regierungsgewalt, insoweit dieselbe nach diesen modernen Grundsätzen gestaltet sei. Außerdem dürfe der Staat nicht auf dem Boden des Glaubens an Gott stehen. Was die verschiedenen Religionsformen anlangt, so habe man keinerlei Grund, die eine der anderen vorzuziehen, sie seien vielmehr alle gleich anzusehen" (n. 32). „Daß aber diese Anschauungen auch den Beifall der Freimaurer finden, und daß sie das Staatswesen nach diesem Muster gestalten wollen, ist so bekannt, daß man es nicht mehr erst zu beweisen braucht" (n. 33).

Leo XIII. zieht daraus den Schluß: „Wie es Unsere Vorgänger mehrmals bestimmt haben, möge niemand es für erlaubt halten, aus welchem Grund auch immer, dem Freimaurerbund beizutreten, wenn er auf sein Seelenheil den Wert legt, den er ihm beimessen muß. Möge sich niemand von ihrer erheuchelten Sittlichkeit irreführen lassen. Es kann nämlich den Schein erwecken, als verlangten die Freimaurer nichts, was offenbar gegen die Heiligkeit der Religion und der guten Sitten verstoße. In Wirklichkeit ist die Sekte ihrem ganzen Wesen nach und von Grund aus Laster und Schande. Deshalb ist es nicht erlaubt, sich den Freimaurern anzuschließen oder ihre Bestrebungen in irgendeiner Weise zu fördern" (n. 51).

Noch wiederholt hat sich Leo XIII. in späteren Briefen und Enzykliken heftig gegen die Freimaurerei ausgesprochen. Als im Jahre 1896 zu Trient ein antifreimaurerischer Kongreß stattfand, dem ein Kardinal, ein Erzbischof und 14 Bischöfe beiwohnten, lieh ihm Leo XIII. seinen hohen Beistand. Aus Anlaß seines 25jährigen Pontifikats gab er am 19. März 1902 in seinem Apostolischen Schreiben „Annum ingressi sumus", dessen ursprünglicher Text jedoch französisch und italienisch niedergeschrieben wurde, erneut eine Anweisung, die sich vor allem auf die Verhältnisse in diesen beiden Ländern bezog. Da heißt es: „Weit und breit fortschleichend hat die tödliche Infektion dieser Sekte (der Freimaurer) fast alle Völker erfaßt. Andere, ähnliche Sekten zieht sie an sich und leitet sie, um sie mit ihren geheimen Umtrieben in Bewegung zu setzen (...). Gleichsam beseelt durch den Geist Satans, der sich nach dem Wort des Apostels ‚als Engel des Lichtes verkleidet', gibt sie sich als eine Gemeinschaft mit humanitären Zielen aus, während sie tatsächlich alles, soweit sie es kann, in den Dienst ihrer eigenen Ziele stellt. Sie versichert, absolut keine politischen Absichten zu haben, übt aber einen großen Einfluß auf Gesetzgebung und Verwaltung aus. In Worten bezeugt sie der Autorität der Herrscher höchste Ehrerbietung und behauptet, der Religion nicht feindlich gesonnen zu sein. Aber ihr Endziel ist, wie ihre eigenen ans Licht gebrachten Satzungen laut erklären, die Vernichtung der souveränen Autorität und der Hierarchie, die in ihren Augen beide Feinde der Freiheit sind." Diese scharfe Reaktion des großen Papstes Leo XIII. können wir nur verstehen, wenn wir auch berücksichtigen, was sich zu Ende seines Pontifikats in Italien und Frankreich ereignete.

Unter der Regierung des Ministerpräsidenten Crispi, Alt-Garibaldiner und Freimaurer, erreichte die Klösterverfolgung ihren Höhepunkt. 1889 leitete Crispi mit einer Rede in Palermo den laizistischen Kreuzzug gegen die Kirche ein. Italien erlebte in diesen Jahren eine traurige Zeit und es kam immer wieder zu Mordanschlägen. Die vernichtende Niederlage der italienischen Truppen in Äthiopien gab der Regierung den Gnadenstoß und das Ministerium Crispi stürzte. Seine Nachfolger waren alle ebenso antiklerikal. Als dann 1898 in mehreren Städten Unruhen ausbrachen, war das für die Regierung eine willkommene Gelegenheit, etwa 4 000 katholische Vereine aufzulösen. In Rom wurde der spätere Großmeister Bruder Ernesto Nathan 1896—1903 Bürgermeister. Im Großorient zu Rom rief Bruder Bacci aus: „Die Freimaurerei hat (mit dieser Berufung) die italienische Fahne auf den Zinnen des Kapitols gehißt; möge bald der Tag anbrechen, an dem sie im Namen der Vernunft auch auf der Kuppel des Vatikans aufgepflanzt wird!" Gegen Ende des Pontifikats Leo XIII. ging es wirklich hart auf hart!

Die antiklerikale Politik hatte in Frankreich Erfolg, weil sich ein großer Teil der Katholiken nicht mit der Dritten Republik von 1870 aussöhnen konnte. Seit 1891 hatte Leo XIII. verschiedentlich auf ein „ralliement à la République", eine aktive Teilnahme am Staat innerhalb der republikanischen Staatsform gedrungen, allerdings mit mäßigem Erfolg. Als die Katholiken ab 1895 sich endlich stärker durchsetzten, verbreiteten ihre Gegner das Schlagwort, daß ein guter Republikaner zugleich antiklerikal und laizistisch sei. Unter dem neuen Präsidenten Faure (1895—1899) stellte der Ministerpräsident, Bruder Bourgeois, eine Regierung zusammen, in der sieben Freimaurer saßen. „Subitement la maçonnerie escaladait le Capitole" (Goyau). Gegen Ende des 19. Jahrhunderts hat die berüchtigte Dreyfuß-Affäre die Freimaurer noch mehr gegen die Katholiken aufgebracht. Seit der Regierung Waldeck-Rousseau (1899 bis 1902) mit ihrem Unterrichtsminister Bruder Combes sollten die

Republikaner einen harten Kampf gegen die Kirche führen. So stellte das Gesetz von 1901 die Mönchskongregationen ganz unter Staatsaufsicht. Bei den Wahlen von 1902 „erhielt der republikanische Block, von der Freimaurerei unterstützt, die ihm die Dienste einer zusammenhängenden nationalen Organisation anbot, mit 339 Sitzen eine feste Mehrheit von 80 Mitgliedern" (Latreille). Als Bruder Combes Ministerpräsident (1902—1905) geworden war, wurden 1903 alle Genehmigungen für Kongregationen verweigert, so daß 20000 Ordensleute, darunter 100 kontemplative Karthäuser, aus ihren Klöstern vertrieben wurden, was damals eine ungeheure Erregung in und außerhalb Frankreichs auslöste. Der französische Großorient jedoch richtete seine Glückwünsche „an den eifrigen Freimaurer, der in schwerer Stunde die ernste Aufgabe, die Republik zu laizisieren, gesichert hat. Er ermunterte ihn und versprach, ihn bei diesem edlen Unternehmen zu unterstützen." Das Gesetz vom 7. Juli 1904 war gleichwohl das ungerechteste Gesetz. Es verbot schlechthin allen Unterricht von Ordensangehörigen, so daß 15 000 Schulen geschlossen und 40 000 Klosterschüler laizisiert wurden. Am 30. Juli 1904 wurden sogar von Frankreich alle diplomatischen Beziehungen zum Heiligen Stuhl abgebrochen und 1905 wurde, zur Krönung der Politik Combes', nach dem Sturz seiner Regierung das Konkordat einseitig aufgekündigt und die Trennung von Kirche und Staat proklamiert. Da Papst Pius X. auf das Wirken kultureller Organisationen nicht verzichten wollte, geriet die französische Kirche zum zweitenmal in hundert Jahren in bitterste Armut; alle Zuschüsse wurden gestrichen (35 Millionen) und der gesamte kirchliche Besitz, dessen Wert man damals auf 411 Millionen Goldfrank schätzte, wurde eingezogen.

Die Sache der „Fiches" hat 1904 die französische Freimaurerei in den Augen redlicher Menschen in Mißkredit gebracht. Es war dem Kriegsminister, Bruder André, aufgefallen, daß das französische Offizierskorps hauptsächlich aus Royalisten bestand. Um mehr Republikaner in die Führungsspitze zu bekommen, beauftragte er das Sekretariat des Großorients nach den Auskünften freimaurerischer Offiziere ein „Fichier" (Kartei) über die politische Überzeugung der Offiziere anzulegen. Aber die fiches (Karteikarten) enthielten Hinweise wie: „Hat einen Bruder, der Jesuit ist, geht zur Messe, seine Kinder werden von Priestern erzogen" usw. Statt Gegner des republikanischen Regimes anzugeben, kam man soweit (ganz im Gegensatz zum wirklichen maurerischen Geist), die Gewissensfreiheit der Offiziere in Bedrängnis zu bringen. Ein Angestellter im Sekretariat des Großorients, Bidegain, verschaffte dem

Abgeordneten Guyot de Villeneuve solche Karteikarten, die er in der Kammer vorlas. Großer Skandal! Die Regierung stürzte.

Wir haben jedoch den Eindruck, daß in den Jahren vor dem Ersten Weltkrieg in Frankreich, und vorher bereits in Belgien, der antiklerikale Feldzug der Freimaurerei nachzulassen begann. Zwischen den beiden Weltkriegen schritt diese Entwicklung weiter fort. Albert Lantoines „Lettre au Souverain Pontife" von 1937 mit dem Vorschlag an den Papst und die Kirche, einen Waffenstillstand zu schließen und gemeinsam gegen den drohend heraufkommenden Materialismus, Faschismus und Bolschewismus zu kämpfen, war hierfür ein beredtes Zeichen. Wir wollen diese Entwicklung im einzelnen nicht weiter verfolgen.

Was die Päpste angeht, so stellen wir fest, daß zwar Pius X. (1903—1914) fortfuhr, in Ansprachen und Schreiben auf die Gefahr der Freimaurerei hinzuweisen, daß jedoch seine Nachfolger sich fast nicht mehr mit dieser Gemeinschaft aufgehalten haben, doch blieben die bestehenden Gesetze in Kraft. Wir stützen uns hierbei auf einen Artikel des Jesuiten Caprile, der in der Zeitschrift „La Civiltà Cattolica" 1958 eine vollständige Übersicht über alle päpstlichen Dokumente gegen die Freimaurerei und gegen die geheimen Sekten seit 1738 bis auf unsere Tage brachte. So haben wir von Benedikt XV. (1914—1922) nur einige Segensworte an das „Bureau International Antimaçonnique". Unter seinem Pontifikat erschien ein neues kirchliches Gesetzbuch. Die Exkommunikation von Mitgliedern der Freimaurerei wurde beibehalten, aber sie wurde nicht mehr ausgesprochen gegen diejenigen, welche die Freimaurerei unterstützten; man war nicht mehr verpflichtet, die Führer dieser Bruderschaft der kirchlichen Obrigkeit zu melden, wohl aber die eingeschriebenen Priester oder Ordensbrüder. Auch Pius XI. (1922—1939) beschäftigte sich nur zufällig mit ihr und erwähnte sie z. B. in seiner Enzyklika „Non abbiamo bisogno" vom 29. Juni 1931. Sein Nachfolger, Pius XII. (1939—1958), verlieh aus Anlaß seines Jubiläums 1950, wie es schon Pius XI. beim Jubiläum von 1925 getan hatte, allen Priestern die Befugnis, die Exkommunikation, denen die Mitglieder der Freimaurerei verfallen waren, zu erlassen.

Wir schließen: Der Antiklerikalismus verringerte sich nach und nach im Laufe des 20. Jahrhunderts, und auch die Kirche nahm gegenüber der Freimaurerei eine aufgeschlossenere Haltung ein. Später werden wir noch näher darauf eingehen, was auf dem Gebiet der Annäherung selber geschah, um dann auf den heutigen Zustand zu kommen.

Die iberische Halbinsel

Seit Beginn des 19. Jahrhunderts bis zur Revolution von 1936–1939 hat Spanien eine äußerst bewegte Geschichte gehabt: Zahlreiche Revolutionen, viele Verfassungen, Verbannungen und Hinrichtungen, blutige Bruderkriege, die dann zuletzt in die Revolution von 1936 einmündeten, welche einer Million Spaniern das Leben kostete und das Land am Vorabend des Zweiten Weltkrieges in Schutt legte. Auch die Geschichte der Freimaurerei bietet ein Bild dieser stürmischen Zeit.

Als nach der Französischen Revolution Ferdinand VII. am 4. Mai 1814 erneut an die Regierung kam, schaffte er die Verfassung ab, stellte die Inquisition wieder her und erklärte die Freimaurer zu Landesverrätern. Einige Monate später wurden 25 Logenbrüder aus Madrid verhaftet. „Der Versuch, die Freimaurerei in diesen unruhigen Zeiten auszuschalten, ist gerechtfertigt, wenn man berücksichtigt, wie unglücklich sie in die spanische Politik eingegriffen hat", so schreibt der bekannte Freimaurerhistoriker Gould. 1820 stürzte die Monarchie und die Freimaurer hatten wieder freie Hand, aber vier Jahre später kehrte Ferdinand VII. zurück und erneut wurden die Freimaurer verbannt. 1824 wurden in Granada sieben Freimaurer hingerichtet. Und so geht es das ganze 19. Jahrhundert hindurch. Als 1868 Königin Isabella vertrieben und Amadeus von Savoyen, selber Freimaurer, für drei Jahre König wird, erlebte die Freimaurerei eine große Blüte, aber dann traten mehrere Spaltungen in der Bruderschaft selber auf. Im Jahre 1881, als Sagasta, Großmeister des Großorients, Ministerpräsident geworden war und ihm Antonio Romero Ortiz, Gouverneur der Bank von Spanien, als Großmeister folgte, umfaßte die *Gran Logia Española* 160 Logen, von denen einige über 100 Mitglieder zählten. Im Jahre 1924 kamen die *Gran Logia Española* und der *Gran Oriente Español* überein, daß die Großloge völlige Jurisdiktion über die blauen Logen, d. h. die ersten drei Grade ausüben sollte, während der Großorient die Rechtshoheit über die übrigen Grade vom 4. bis zum 33. haben sollte. 1928 zählte die *Gran Logia Española* 42 Logen mit etwa 5000 Mitgliedern. Sie behielten die alten Statuten bei: Glaube an Gott, Auflegen der Bibel in der Loge während der Arbeit, Treue zum spanischen König und striktes Verbot von politischen und konfessionellen Diskussionen.

Auch in Portugal wurden Freimaurer von der Staatsgewalt verfolgt und hingerichtet. Sie erlebten das Auf und Ab der Regierung mit, erfuhren manchmal eine große Verbreitung und dann wieder harte Verfolgungen.

Auch im Innern gab es Zersplitterungen und Gegensätze. Nach dem Ersten Weltkrieg wurden alle Logen im *Grande Oriente Lusitano Unido* vereinigt. 1929 war Bernardino Machado, Präsident der Republik, Großmeister. Schließlich gab es in Portugal 4 Konsistorien, 6 Areopage, 34 Kapitel und 80 Logen mit zusammen etwa 3 000 Mitgliedern.

Antifreimaurerisches Treiben und Schreiben

„Ich heiße Antifreimaurerei einen gewissen Typ intellektueller Verbohrtheit und Trägheit, der danach trachtet, planmäßig alles, vor allem aber die Schicksalsschläge eines Landes, durch die Freimaurerei zu erklären. Dies ist eine Einseitigkeit dieser Art von Zwangsvorstellung, die zugleich von pseudoliterarischer Art ist. Geschäftsinteressen mögen mitsprechen, aber öfters stellt man einen Geisteszustand gemischt aus Furcht, Haß und Verfolgungswahn fest. Es ist eine *Psychose*. Die Freimaurerei ist lediglich ihr Thema. Nur durch ihre Färbung unterscheidet sie sich von anderen Psychosen, von denen man mindestens zwei in der Psychiatrie gut kennt, nämlich die antijesuitische Psychose und die antisemitische Psychose", so schreibt Alec Mellor in „Nos frères séparés, les franc-maçons". Er ist nicht der einzige, der den Antisemitismus, das Antifreimaurertum und den Antijesuitismus nebeneinander stellt. Wer in einem dieser drei Bereiche einigermaßen belesen ist, weiß zugleich, daß er die verrücktesten, die törichtsten und unwahrscheinlichsten Sachen zu lesen bekommen wird, und doch hat es allzeit gutgläubige Leser gegeben, die diese feindselige, haßerfüllte Prosa mit Genuß vertilgen.

Seit ihrer Gründung im Jahre 1717 ist die Freimaurerei angegriffen und verlästert worden. Lionel Vibert, Mitglied der *Quatuor Coronati Lodge* in London, hat 15 sogenannte *Exposures* oder Verräterschriften ausgegraben, die bereits zwischen 1717–1723 erschienen sind. Es begann aber erst richtig 1723, mit der Glanzleistung der „Masonry Dissected" von Prichard, wie wir oben bereits gesagt haben. Das 18. Jahrhundert wollen wir hier beiseite lassen und zunächst einige Augenblicke bei einer Schrift verweilen, die den Freimaurern so viel Schaden zugefügt hat wie die „Provinciales" den Jesuiten.

In den Jahren 1798 und 1799 veröffentlichte der nach England geflüchtete französische Geistliche Barruel ein fünfbändiges Werk mit zusammen 2 000 Seiten: „Mémoires pour servir à l'étude du jacobinisme". Vor seiner Flucht aus Frankreich hatte er die Schrecken der Französischen

Revolution mitgemacht und den Triumph der Jakobiner, der Extremisten erlebt. Auf der Suche nach Schuldigen fand er, daß die Freimaurer alles entworfen, vorbereitet und dann vollbracht hätten. Er behauptete, durch Überrumpelung selber zum Freimaurer gemacht worden zu sein, was wahrscheinlich eine Verdrehung der Tatsache seiner früheren Aufnahme in die Bruderschaft ist. Auf jeden Fall erklärte er die Freimaurerei als Manichäismus und Tempelrittertum und machte sie verantwortlich für das Meer von Blut und Tränen, das die Jakobiner — nur ein Deckname für Freimaurer! — über Frankreich gebracht hatten. Sein Buch wurde in die englische, holländische, italienische, spanische und russische Sprache übersetzt und machte als echter Bestseller seinen Herausgeber reich. Seit langem ist die Unhaltbarkeit seiner Behauptungen bewiesen, aber sein Werk inspirierte Generationen hindurch, bewußt oder unbewußt, zahllose antifreimaurerische Schriftsteller. In der Kirchengeschichte können wir dies mit dem Buch von Cochlaeus aus dem 16. Jahrhundert vergleichen, das bis mitten in das 20. Jahrhundert zahllose gehässige Legenden über Luther lebendig erhalten hat.

Wenn man in einer reichen Bibliothek die Regale nach antifreimaurerischen Schriften aus dem 19. Jahrhundert durchsieht, ist man überrascht von soviel Naivität und Erfindungsgabe oder, besser gesagt, Haß und Verblendung. Greifen wir nur ein Buch heraus. Ist es nicht bezeichnend, daß ein verdienter Autor geistreicher Werke und Stifter des „Oeuvre de Saint-François de Sales", Mgr. de Ségur, sich verleiten ließ, um 1867 eine flammende antifreimaurerische Schrift „Les Francs-maçons" herauszugeben. Sein Buch erlebte in drei Monaten neun Auflagen (mit 30 000 Exemplaren) und 36 Auflagen in weniger als fünf Jahren. In ihm schuf er die Legende von den „Afterlogen", in denen schwarze Messen zelebriert werden. Hier eine Perle aus diesem Werk: „Es gibt einen einzigen und unbekannten Oberen, der im dunkeln bleibt und alle Werkstätten und alle Logen in seiner Hand hat, ein mysteriöses und schreckenerregendes Oberhaupt, an den durch den Eid zum blinden Gehorsam alle Freimaurer aller Riten und aller Grade gebunden sind, die sogar seinen Namen nicht kennen und die in der Mehrheit an seine Existenz nicht glauben wollen."

Doch die unglaublichste Mystifikation war die des Leo Taxil. Kaum zu glauben, daß sie zwölf Jahre andauerte! Zuerst veröffentlichte der aus Marseille stammende Journalist Gabriel Jogand-Pagès unter dem Pseudonym Leo Taxil gemeine und antiklerikale Schriften. 1881 wurde er Freimaurer, aber er scheint es nicht weiter als bis zum Lehrling gebracht zu haben. Auf jeden Fall nutzte er seine freimaurerische Zeit, um fleißig Material zu sammeln. 1885 bekehrt er sich plötzlich zum Katholizismus. Zwei Jahre später veröffentlicht er ein reichlich bebildertes Buch „Les mystères de la Franc-maçonnerie dévoilés"; wenn man dieses Buch heute durchblättert, versteht man den großen Erfolg des Werkes. Geschickt schrieb er die Rituale ab, fügte verstohlen Texte ein, und gab dann seine eigenen Erläuterungen dazu. Einige Zeit später folgt eine neue Sensation: Taxil hat eine junge Frau, Diana Vaugham, entdeckt, die katholisch geworden ist, nachdem sie „Großpriesterin" des „Palladismus", der hohen Luzifer-Freimaurerei gewesen war, die alle Logen und Afterlogen der Welt verwaltet. Dann teilt Taxil mit, daß General Albert Pike, Großkommandeur des Obersten Rates des Alten und Angenommenen Schottischen Ritus, Südliche Jurisdiktion der USA, kein geringerer sei, als „der erste Höllenpapst, Oberhaupt aller Freimaurer, der regelmäßig jeden Freitag, mittags um drei Uhr, mit Herrn Luzifer persönlich spricht". Der Satanskult der Freimaurer zieht damit in die antifreimaurerische Literatur ein. Zahlreiche Katholiken, auch Priester und Prälaten, glauben Taxil aufs Wort. Taxil treibt seinen Übermut so weit, eine Audienz bei Leo XIII. zu erbitten. Der Papst empfängt ihn, hegt aber doch Argwohn. Zwei Jesuiten, Pater Gruber aus Köln und Pater Portalie von der *Etude* in Paris, bemühen sich vergeblich, Taxil zu entlarven. Noch auf dem antifreimaurerischen Kongreß zu Trient 1896 versucht Taxil, die Mystifikation mit Diana Vaugham aufrechtzuerhalten, verliert aber an Einfluß. Endlich, am 19. April 1897, lädt er ganz Paris zu einem sensationellen Vortrag in der Salle de Géographie. Mit einem versteinerten Gesicht vor einem zuerst bestürzten, dann wutschnaubenden Publikum erklärt Leo Taxil, daß er sich mit all seinen Erfindungen nur hätte belustigen wollen und daß ihm so die gewaltigste Mystifikation der Neuzeit geglückt sei. Es leuchtet ein, daß die Freimaurer die zehn Jahre während Mystifikation entschieden zurückwiesen und auch ein falsches Dokument in Umlauf brachten, die *Monita Sacra*, mit dem sie der großen Öffentlichkeit geheime Anweisungen des Papstes an die Jesuiten mitteilten.

Der Satanismus, der Teufelskult, wurde in der antifreimaurerischen Literatur zu einem gewohnten Thema, und bedauerlicherweise haben einige Freimaurer diese törichten Bezichtigungen durch ihre Schriften, so Carducci mit seiner „Hymne an Satan" und durch ihr Auftreten mit Satans-Fahnen gefördert. Zahllose Katholiken sind heute noch davon überzeugt, daß Satan auf die eine oder andere Art in den Logen erscheint.

Aus der überreichen antifreimaurerischen Literatur des 20. Jahrhunderts wollen wir nur noch auf die von Mgr. Jouin im Jahre 1912 gegründete „Revue Internationale des Sociétés Secrètes" eingehen. Es muß gesagt werden, daß diese Zeitschrift wegen ihres brauchbaren Materials, das sie veröffentlichte, auch von Freimaurern gelobt wurde; nicht zuletzt wurde die Zeitschrift geschätzt wegen der schwierig oder kaum mehr auffindbaren Dokumente über alte Rituale und okkulte Wissenschaften. Aber die Interpretation der Autoren dieser Zeitschrift sind stets einseitig und oft falsch. Die Zeitschrift griff auch den deutschen Jesuiten Hermann Gruber heftig an, der in Aachen mit einigen führenden Freimaurern Gespräche hatte, über die noch zu berichten sein wird. Für Mgr. Jouin ist Freimaurerei „Juden-Freimaurerei", so daß hier Antisemitismus und Antifreimaurerei zusammentreffen.

Es ist nun an der Zeit, von der Freimaurerei in den lateinischen Ländern, zu denen wir auch Belgien zählen müssen, überzugehen zu der in den überwiegend protestantischen Gebieten, wo die Freimaurerei ihren ursprünglichen Geist auch im 19. und 20. Jahrhundert hat fast vollständig bewahren können.

6. Die reguläre Freimaurerei in den angelsächsischen und germanischen Ländern (1800—1940)

Die Freimaurerei in Großbritannien

Die spekulative Freimaurerei ist nicht nur in Großbritannien entstanden. Auch die Frage, ob eine Anerkennung oder Nichtanerkennung durch die Mutter-Großloge von England und die Großlogen von Schottland und Irland erfolgt, entscheidet endgültig darüber, ob eine ausländische Großloge regulär oder irregulär ist. Wenn wir den wahren Geist der Freimaurer erfassen wollen, dann müssen wir uns diese Erkenntnis auf den britischen Inseln holen.

In einem vorausgegangenen Kapitel haben wir bereits gesagt, daß sich am 27. Dezember 1813 die bis dahin in England bestehenden zwei Großlogen zur Mutter-Großloge unter dem offiziellen Namen *The United Grand Lodge of Antient Free and Accepted Masons of England* vereinigten. Der erste Großmeister war der Herzog von Sussex (1813— 1843), Sohn König Georg III. und Bruder König Georg IV. Wiederholt sind dann nachher, genauer gesagt von 1875 bis 1942, Prinzen königlichen Geblüts Großmeister der Großloge von England gewesen; seit Georg IV. waren fast alle englischen Könige Freimaurer und nachher auch Schirmherren der Großloge. Dieses enge Band zwischen den englischen Freimaurern und dem Königshaus soll hier ausdrücklich aufgezeigt werden, weil sich in den lateinischen Ländern, und nicht zuletzt auch in Lateinamerika, Freimaurer oft verbanden, um die Regierungen zu stürzen. Von einer aufrührerischen politischen Aktivität kann auf den britischen Inseln keine Rede sein.

Im anglikanischen England mit seinen verschiedenen anderen protestantischen Strömungen hat die katholische Kirche immer eine bescheidene Rolle gespielt, auch von einem Antiklerikalismus in den Logen ist keine Rede. In seinem Buch *Die Freimaurer* (1929), einem der besten Bücher über Freimaurerei, schreibt Lennhoff: „Auch unter den Geistlichen, die den britischen Großlogen als Beamte dienen, fehlt — vom katholischen Bekenntnis abgesehen — kaum eine konfessionelle Schattierung. Ein Erzbischof ist Großmeister von Westaustralien. 14 Bischöfe und 24 andere Würdenträger der Kirche von England gehören dem Großbeamtenrat der Vereinigten Großloge an. Im Schatten der Westminsterabtei arbeitet eine Loge, die fast ausschließlich aus Klerikern besteht. Zwei Logen, eine in London und eine in Manchester, zählen nur Methodisten zu ihren Mitgliedern." Wir können hier noch hinzufügen, daß der vorhergehende

Erzbischof von Canterbury, Fisher, Mitglied der Londoner Großloge war.

In diesem Zusammenhang versteht man auch, daß es allgemeines Aufsehen erregte, als der Marquis von Ripon, Großmeister seit 1870, zum Katholizismus übertrat und am 2. September 1874 in der Großloge sein Entlassungsschreiben verlesen ließ. Die ihm nachfolgenden drei Großmeister waren alle von königlichem Geblüt.

In ihrem Auftreten nach außen übt die englische Freimaurerei viel weniger Zurückhaltung als die kontinentale. Jedes Ereignis in der Großloge, die Wahl des Vorsitzenden Meisters einer Loge, ein Fest oder ein Jubiläum, werden in den Zeitungen in der ständigen Rubrik „Freimaurerei" mitgeteilt. In den vornehmen Restaurants von London gibt es gewöhnlich in den hinteren Räumen auch Logentempel.

Übrigens sind in den anglikanischen Ländern die Mitgliederzahlen unglaublich hoch. Zwischen 1913 und 1927 z. B. wurden in London allein 291 neue Logen gegründet, während in der ganzen Provinz die Zahl von 1749 auf 2 600 anstieg. In den Dominions und Kolonien gab es eigene Logen, die der Londoner Großloge unterstellt und noch 1953 in 35 „Distriktsgroßlogen" zusammengefaßt waren. Übrigens sind die zahlreichen Logen in England selber auch in 46 Provinziallogen gegliedert. Die Gesamtzahl der Freimaurer in England, ebenso in Schottland und Irland, ist schwer anzugeben, weil man in mehr als in einer Loge eingeschrieben sein kann. Während Uhlmann 1933 von 175 000 Freimaurern in England, 70 000 in Irland und 80 000 in Schottland spricht, berichtet Lennhoff 1929 von 325 000 allein in England.

Die große Zahl von Mitgliedern und die Möglichkeit, mehreren Logen anzugehören, bringt es mit sich, daß man in London beispielsweise Logen antrifft, deren Mitglieder alle zu einem bestimmten Bildungsinstitut gehören oder Bibliophile, Offiziere, höhere Beamte, Prokuristen, Seeleute, Soldaten usw. sind.

Eine von ihnen ist von besonderer Bedeutung. Im Jahre 1888 wurde die *Loge Quatuor Coronati* Nr. 2076 gegründet, die 1965 rund 5 600 korrespondierende Mitglieder in der ganzen Welt hatte, während der aktive Mitgliederbestand auf maximal 40 Mitglieder beschränkt ist. Ihr Ziel ist ausschließlich das Studium der Freimaurerei, und zwar sowohl hinsichtlich der Vergangenheit als auch der Rituale und Symbole. Die Veröffentlichungen dieser *Loge der Vier Gekrönten* gelten für alle, die sich mit Freimaurerei beschäftigt haben, als die gründlichsten und zuverlässigsten der ganzen freimaurerischen Literatur.

Die angelsächsische Freimaurerei zeichnet sich durch ihr karitatives Wirken aus. Abgesehen von anderen Einrichtungen, müssen wir vier Institute besonders erwähnen. *The Royal Masonic Institution for Girls*, gestiftet 1788, hat etwa 10 000 Töchtern von Freimaurern, die wegen Tod oder Krankheit ihrer Väter in Not waren, eine standesgemäße Erziehung verschafft. Die Einkünfte kommen aus karitativen Stiftungen und jährlichen Wohltätigkeits-Veranstaltungen, die oft unglaublich hohe Summen erbringen. Das 1798 gegründete *The Royal Masonic Institution for Boys* erfüllt die gleiche Aufgabe für Söhne von Freimaurern. *The Masonic Institution for Old People*, gestiftet 1842, gewährt in und außerhalb Englands altgewordenen Freimaurern, die in Not geraten sind, materielle Unterstützung. Schließlich haben die britischen Freimaurer zu Beginn dieses Jahrhunderts *The Royal Masonic Hospital* errichtet, in dem Brüder mit geringem Einkommen z. T. umsonst betreut werden. König Georg V. und Königin Mary waren 1933 bei der Einweihung des derzeitigen Gebäudes anwesend.

In ihren Grundsätzen hält die Großloge von England unverrückbar an der Existenz des Obersten Baumeisters des Weltalls, am Auflegen des Buches der Heiligen Gesetze in der Loge, am Ausschluß der Frauen, am Verbot der Streitgespräche über Politik und Religion und an den drei symbolischen Graden fest. Später werden wir noch näher auf die acht Grundsätze der Londoner Großloge eingehen, die diese zur Voraussetzung macht, um eine Großloge oder einen Großorient als „regulär" anzuerkennen.

Die Freimaurerei in den Vereinigten Staaten

Die Morgan-Affäre hat der Freimaurerei in den USA im zweiten Viertel des 19. Jahrhunderts sehr viel Abbruch getan. Im Jahre 1826 ging in dem kleinen Ort Batavia, im Staate New York, das Gerücht, daß der Freimaurer William Morgan mit Hilfe des Druckers und Zeichners Miller ein Buch über die Freimaurerei herausgeben wolle, in dem die Lehre, die Aufnahmerituale, die Symbole und die geheimen Erkennungszeichen mitgeteilt werden sollten. Die Freimaurer in Batavia waren darüber äußerst erregt und versuchten, jedoch vergeblich, Morgan von seinem Vorhaben abzubringen. In Unkenntnis der Tatsache, daß im Laufe des 18. Jahrhunderts über 100 „Verräterschriften" diese Geheimnisse schon preisgegeben hatten, beschlossen sie, Morgan in Gewahrsam zu nehmen. Nach echter Gangsterart entführten sie Morgan in Richtung Erie-See, wo sich die Spur verliert. Einen Monat später wurde in der Nähe von Fort Niagara eine Leiche angetrieben, die Frau Morgan als die ihres Mannes identifizierte. So behauptete sich in der großen Öffentlichkeit die Ansicht, daß hier der Preis für den Eid, daß alle Geheimnisse zu bewahren seien, gezahlt worden ist. Freimaurerische Autoren behaupten, daß die Leiche nicht die von Morgan gewesen und daß ihn ein Landsmann in der türkischen Stadt Smyrna getroffen habe, wo er als Mustapha ein geruhsames Leben führte. Einige unvoreingenommene Historiker finden diese freimaurerische Darstellung recht unwahrscheinlich, wenn auch eingeräumt werden muß, daß diese geheimnisvolle Angelegenheit nie ganz geklärt worden ist.

Wie sich der Vorgang auch wirklich abgespielt haben mag, es setzte jedenfalls eine gewaltige Kampagne gegen die Freimaurer ein, und zwar in der Art der Kommunistenjagd MacCarthys in den fünfziger Jahren. Freimaurern wurde das Leben unmöglich gemacht, und viele traten aus, um nicht mit Mördern identifiziert zu werden. Die Großloge von New York sank in wenigen Jahren von 30 000 auf 300 Mitglieder und hunderte von Logen wurden aufgelöst. Erst nach 1840 begann der Wiederaufstieg, doch schlug der Bürgerkrieg 1861—1865 erneut große Breschen in die Reihen der nordamerikanischen Freimaurerei. Dann aber begann eine bisher nicht gekannte Blütezeit wie in keinem anderen Land der Welt.

Logen von 300 und selbst über 1 000 Mitgliedern waren keine Seltenheit. Bald hatte jeder der 48 Staaten seine eigene Großloge, was auch mit der bundesstaatlichen Struktur der USA zusammenhängt. Im Gegensatz zur Freimaurerei auf dem europäischen Festland steht in den Vereinigten Staaten allen, auch dem ganz einfachen Arbeiter, die Bruderschaft weit offen; da ist es kein Wunder, daß in unseren Tagen nahezu jeder zehnte erwachsene Amerikaner einer Loge angehört. Man sieht also mehr auf Quantität als auf Qualität. Es ist auch nicht verwunderlich, daß nur etwa 15 Prozent der Mitglieder an den Arbeiten und Versammlungen teilnehmen.

Warum fühlen sich so viele Amerikaner von den Logen angezogen? Nahezu alle protestantischen Glaubensgemeinschaften, die Methodisten, die Presbyterianer, die Baptisten, die Episkopalisten usw. stellen es ihren Mitgliedern frei, der Freimaurerei beizutreten. Da viele in ihrer puritanischen Religion nicht die Symbolik und das wahre religiöse Erleben finden, wie es die Katholiken wohl in ihren Liturgien erfahren, suchen sie ihr Bedürfnis danach in freimaurerischen Tempelarbeiten und Festen zu stillen.

Die Amerikaner sind gleichwohl vor allem praktisch eingestellt. Daher richten sie seit dem 19. Jahrhundert, der echten Pionierzeit, das Hauptaugenmerk auf die Errichtung von Schulen. Sie stritten überall für die *public schools*, in denen alle Kinder ohne Ansehen des Standes oder der Klasse, ohne Unterschied der Geburt oder der Religion, unterrichtet werden konnten. Nicht nur die Volks- und Mittelschulen, auch die Universitäten wurden von den Logen großzügig unterstützt.

„Die größte aller Leistungen der Bruderschaft sind jedoch ihre karitativen Einrichtungen" (Denslow). Millionen Dollars wurden für den Bau von Heimen für alte Leute und für körperlich behinderte Kinder, für Waisenhäuser und Krankenanstalten gesammelt. So haben die Shriners, eine Zweigorganisation der Freimaurer, 17 Krankenhäuser für körperbehinderte Kinder errichtet.

Es gibt auch Freimaurer, die auf eigentliche freimaurerische Arbeit in den Logen drängen. Die Rituale werden zwar strikt eingehalten, aber es bleibt bei einem mehr äußerlichen Ritualerlebnis. Vermehrtes Studium philosophischer, ethischer und sozialer Fragen, vermehrtes rein freimaurerisches Besinnen auf die eigene Art und Symbolik sollten dem freimaurerischen Leben in den Vereinigten Staaten mehr Tiefe geben, das fordern einige, die aber wenig Gehör finden.

In der amerikanischen Freimaurerei fällt die ausgesprochen religiöse Einstellung auf. Das hängt wohl mit der ganzen Mentalität des amerikanischen Volkes zusammen. So war es bis vor kurzem. Freimaurerei ist keine Religion, wie wir noch sehen werden, aber sie ist doch religiös und ethisch ausgerichtet. Die geöffnete Bibel auf dem Altar des Tempels ist kein folkloristisches Überbleibsel, sondern der sichtbare Ausdruck gläubigen Strebens. Die Logenarbeit wird mit einem Gebet eröffnet, das der „Chaplain" spricht, der zuweilen ein protestantischer Geistlicher oder ein Rabbiner ist.

Präsident Harding, ein überzeugter Freimaurer, erklärte 1923 vor einer großen Versammlung von Freimaurern in Washington: „Noch nie bin ich in der Freimaurerei auf eine Lehre gestoßen und noch nie habe ich eine Verpflichtung aussprechen hören, die nicht öffentlich der ganzen Welt verkündet werden könnte. Mehr noch: Wenn die verkündeten Lehren, die übernommenen Verpflichtungen und die geforderte Handlungsweise von allen Menschen auch wirklich in die Tat umgesetzt würden, dann wären die Beziehungen der Menschen untereinander unendlich viel besser." Präsident John Quincy Adams, selber kein Maurer, schrieb jedoch: „Ich bin bereit, vor Gott und den Menschen den Beweis zu liefern, daß der freimaurerische Eid, die Verpflichtungen und Strafen nicht mit den Gesetzen der Moral, des Christentums und des Landes in Übereinstimmung gebracht werden können." Präsident Tillmore, der sehr wohl Freimaurer gewesen war, warnte: „Die Freimaurerei zertritt unsere Rechte, behindert die Justiz und widersetzt sich jeder Regierung, die sie nicht kontrollieren kann." Das sind doch wahrlich widerspruchsvolle Töne!

So räumt Whalen in seinem antifreimaurerischen Buch „Christianity and American Freemasonry" (1958) ein: „Die blauen Logen (der ersten drei Grade) halten sich im allgemeinen an den freimaurerischen Grundsatz, der Diskussionen über Religion und Politik verbietet. Ein Freimaurer-Meister, der bezeugt, daß er in seiner Mutterloge gegen den Katholizismus oder eine andere christliche Gemeinschaft nie ein Wort gehört hat, kann ganz aufrichtig sein." Doch er fährt dann fort: „Ein Blick in *The New Age* (die Zeitschrift der Südlichen Jurisdiktion des Schottischen Ritus) sollte den skeptischsten Maurer davon überzeugen, daß der Schottische Ritus, Südliche Jurisdiktion, einen erschreckenden Krieg gegen den Katholizismus, die Pfarr- und Privatschulen sowie jede Initiative der christlichen Kirche auf dem Gebiete der Seelsorge führt."

Eine peinliche Sache ist die Neger-Frage. Wohl schreiben die Satzungen auch vor, daß in den Logen kein Unterschied zwischen Rassen, Völkern, Ständen und Religionen gemacht wird, doch sind Neger in den Logen der Weißen selten zugelassen. Seinerzeit hatte die englische Großloge eine Neger-Loge in Boston anerkannt, und diese hat, völlig gesetzmäßig, weitere Neger-Logen als Prince-Hall-Logen errichtet. Einer der einflußreichsten freimaurerischen Schriftsteller, Albert Pike, erklärte 1875: „Die Prince-Hall-Loge wurde wie jede andere Loge als eine reguläre Loge gegründet. Sie hatte das volle Recht, andere Logen zu stiften und sich zur Mutterloge zu machen." 1933 gab es 36 Prince-Hall-Großlogen mit 1 500 Neger-Logen.

Der geheime Ku-Klux-Klan entstand nach dem amerikanischen Bürgerkrieg, als die unterdrückten weißen Amerikaner der Südstaaten das Recht in die eigenen Hände nahmen, um sich, ihre Frauen und Töchter vor den Negern zu schützen. Das ist schon lange nicht mehr nötig, aber der Ku-Klux-Klan tritt ab und zu immer noch in Erscheinung. Die Freimaurerei ist dieser geheimen Gesellschaft stets scharf entgegengetreten. So verfügte

1923 der Großmeister der Großloge von Kentucky: „Jede Gemeinschaft, die versucht, die Gesetze selber in die Hand zu nehmen, ist Gesindel. Jeder Freimaurer, der sich einer derartigen Gesellschaft anschließt, verstößt gegen die Grundsätze des Bundes und muß unverzüglich mit dem Ausschluß aus der Freimaurerei bestraft werden."

Die Freimaurerei hat auf die Geschichte der Vereinigten Staaten einen großen Einfluß gehabt. Bis jetzt sind 13 Präsidenten der USA Freimaurer gewesen; die letzten waren Franklin Delano Roosevelt und Harry S. Truman. 1930 waren 32 der 48 Gouverneure Logenmitglieder, ebenso 372 von 531 Kongreßmitgliedern. Wenn freimaurerische Historiker schreiben, daß Verfassung und Geist der Republik in den USA zu einem guten Teil der Freimaurerei zuzuschreiben sind, dann entspricht das der Wahrheit.

Christliche und humanitäre Freimaurerei in Deutschland 1800–1933

Die Freimaurerei entwickelte sich im Deutschland des 19. Jahrhunderts entsprechend den im Land herrschenden Verhältnissen. Bis 1870 gab es mehrere deutsche Staaten, von denen das protestantische Preußen mit Abstand der bedeutendste ist. Ein königliches Edikt von 1798 verlieh den drei bestehenden Großlogen in Preußen das alleinige Existenzrecht. Dies waren „Die Große Landesloge der Freimaurer von Deutschland", „Die Große National-Mutterloge ‚Zu den drei Weltkugeln'" und „Die Großloge Royal York gen. ‚Zur Freundschaft'". Die ersten beiden besaßen besondere königliche Schutzbriefe, und seit 1840 war ein Prinz aus dem Königshaus offizieller Protektor der drei preußischen Großlogen. Alle drei waren ausgesprochen christlich und niemand, der nicht Christ war, konnte Mitglied werden.

Um uns auf ein Beispiel zu beschränken, zitieren wir hier eine Erklärung der Großen Landesloge: „Es ist ein über Jahrhunderte geübter und bewährter Brauch, Menschen guten Willens zu dem wieder hinzuführen, was die Menschen so leicht verlieren, nämlich das Bewußtsein der Gotteskindschaft. Hier kann uns niemand Führer sein als Er, der sich selbst Menschensohn nannte und doch von Gott in besonderem Sinn als ‚seinem Vater' sprach. Dadurch tritt die Erscheinung des Herrn Christus in den Mittelpunkt unserer Ordensübungen, nicht nur sein Leben, sondern auch sein Erscheinen. In unseren letzten Graden (den höheren Graden) wird vollends deutlich, daß in einer Person und Lehre die vollständige und endgültige göttliche Offenbarung gegeben ist."

In den anderen deutschen Staaten bestanden fünf Großlogen: Die „Große Loge von Hamburg", die „Große Mutterloge des Eklektischen Freimaurerbundes in Frankfurt a. M.", die „Große Landesloge von Sachsen und Dresden", die „Große Freimaurerloge ‚Zur Eintracht' in Darmstadt" und die „Großloge ‚Zur Sonne' in Bayreuth". Der Unterschied zwischen diesen Logen und den preußischen war nun, daß sie nicht auf christlicher, sondern auf humanitärer Grundlage arbeiteten. Da die Freimaurerei keine Religion ist, standen sie dem ursprünglichen Ideal eigentlich näher. Für beide Richtungen gilt, was Pierre Marteau schreibt: „Die deutsche Freimaurerei ist nie aus dem Bereich des Geistigen auf die Ebene parteipolitischen und kirchlich-konfessionellen Streites heruntergestiegen, wofür es nach unserem Gefühl in den romanischen Ländern viele unangenehme Beispiele gibt", und weiter: „Die deutsche Freimaurerei beider Richtungen fordert, nach unserer Auffassung zu Recht und im Gegensatz zu dem inhaltslosen Freidenkertum bei den romanischen Völkern, den Glauben an Gott."

Nach den Einigungsbestrebungen von 1848, vor allem aber nach der Reichsgründung unter Kaiser Wilhelm I. im Jahre 1871, wird auch bei den Logenbrüdern das Verlangen nach Einigung stärker. Die preußischen Großlogen, die 70 Prozent aller Freimaurer Deutschlands umfaßten, wollten jedoch eine gemeinsame Ordnung im preußischen Sinne, was die anderen abschreckte. Trotzdem entstand 1872 ein weitverzweigter *Deutscher Großlogenbund*, bei welcher Gelegenheit eine der drei preußischen Großlogen, die „Royal York", beschloß, künftig auch Nichtchristen aufzunehmen. Daneben bestanden dann noch fünf kleine unabhängige Logen, die sich zu gegebener Zeit in der „Großloge ‚Deutsche Bruderkette' zu Leipzig" zusammenschlossen. Als der französische *Grand Orient* im Jahre 1877 den Großen Baumeister des Weltalls aus seinen Satzungen strich und sich bereiterklärte, auch Atheisten aufzunehmen, gab der *Deutsche Großlogenbund* am 10. Juni 1878 eine Grundsatzerklärung ab: „Der Freimaurerbund fordert von seinen Mitgliedern kein dogmatisch bestimmtes Gottesbekenntnis, und die Aufnahme der einzelnen Brüder wird nicht abhängig gemacht von einem religiösen Bekenntnis. Aber die freimaurerischen Symbole und die freimaurerischen Ideale weisen nachdrücklich auf Gott hin und wären ohne Gott unverständlich und unsinnig. Die Prinzipien und die Geschichte der Freimaurerei lehren und bezeugen Gott. Die Freimaurer verehren Gott in dem Bilde des Großen

Baumeisters des Weltalls. Das dem Freimaurer heilige Sittengesetz hat seine tiefste und stärkste Wurzel in Gott. Würde die Freimaurerei abgelöst von der Gottesidee, so würde ihr ideales Bestreben überhaupt seine nachhaltige Kraft und sein höchstes Ziel verlieren und würde haltlos und ohnmächtig werden. Der Deutsche Großlogentag spricht daher im Namen des Deutschen Freimaurerbundes die Überzeugung aus, daß die Freimaurerloge, welche die Existenz Gottes bestreiten und verleugnen wollte, nicht als gerechte und vollkommene Loge anzusehen sei, und daß eine atheistische Freimaurerei aufgehört hat, Freimaurerei zu sein."

Das hat jedoch nicht verhindert, daß die protestantische Geistlichkeit mit einigen wenigen Ausnahmen, und ebenso auch die gläubig-protestantischen Kreise der Freimaurerei zumindest mißtrauisch gegenüberstanden, während die katholische Kirche auch in Deutschland den Eintritt unter die Strafe der Exkommunikation stellte. Als aber 1853 der protestantische Theologe Ernst Wilhelm Hengstenberg, Berlin, und der ehemalige Rechtsanwalt Eduard Emil Eckert, Dresden, zum Sturm auf die Freimaurerei bliesen, bestätigten die drei Preußischen Großlogen wiederholt ihre christliche Haltung. So z. B. erklärt die Großloge *Zu den drei Weltkugeln*: „Wer aufgenommen werden will, muß sich zum christlichen Glauben bekennen." Man weiß, daß der König von Preußen, der 1871 Kaiser wurde, Freimaurer war, und auch sein Sohn Friedrich Wilhelm, der spätere Kaiser Friedrich, war seit 1860 Großmeister der *Großen Landesloge*. Zuweilen ließen sie betont erkennen, daß sie die Freimaurerei unter ihren Schutz gestellt hatten.

Kaum war Hitler im Jahre 1933 an die Macht gekommen, da verbot er die Freimaurerei, und die Logenbrüder sollten unter dem nazistischen Regime schwer zu leiden haben. Damals waren in den neun erwähnten Großlogen, denen noch die „Symbolische Großloge von Deutschland" hinzugefügt werden kann, 77 100 Freimaurer in etwa 500 Logen. Später werden wir noch über den Wiederaufbau der deutschen Freimaurerei nach 15 Jahren Unterbrechung und über ihre Einstellung berichten.

Die lutherische skandinavische Freimaurerei

In Schweden wurde die erste Loge 1735 von Graf Axel Ericson Wrede-Sparre gegründet; Dänemark erhielt seine erste Loge 1743 und Norwegen 1749. Ersparen wir es uns, die verwickelte Geschichte der Freimaurerei in Skandinavien auch nur in großen Zügen aufzuzeichnen. Wir wollen nur auf drei Besonderheiten hinweisen.

Zuerst ist da die starke Bindung der skandinavischen Großlogen an die Herrscherhäuser. Gewöhnlich ist der König Großmeister und die Angehörigen des hohen Adels sind die leitenden Persönlichkeiten. Die Regierung gab der Bruderschaft stets ihre volle Unterstützung, so z. B. als es 1803, z. Z. der napoleonischen Kriege, notwendig wurde, Versammlungen geheimer Gesellschaften zu verbieten, da machte die Regierung bei den Freimaurern eine Ausnahme.

Schweden, Norwegen und Dänemark sind zu 98 Prozent lutherisch oder protestantisch. Das ist die Veranlassung gewesen — deutlich im Widerspruch zu den Grundsätzen der Freimaurerei — in die Logen nur Protestanten aufzunehmen; Juden und Katholiken waren also ausgeschlossen.

Die Folge davon ist — und das ist die dritte Besonderheit —, daß die drei skandinavischen Großlogen nach dem streng christlich-mystischen System der schwedischen Lehrart arbeiten. Der Eckpfeiler dieses Systems ist die Lehre von Jesus, so wie sie in den Evangelien steht, und die Bibel auf dem Altar ist nicht nur ein Symbol, wie in der übrigen Welt, sondern wirklich in des Wortes voller Bedeutung „das größte der drei Lichter". Auf diese Lehrart des 18. Jahrhunderts haben der Theosoph Swedenborg und die geistliche Ritterschaft der Templer starken Einfluß gehabt.

Über das schwedische Ritual können wir uns hier nicht weiter verbreiten. Nach den drei Johannisgraden und den zwei Graden der St. Andreas- oder Schottenloge kommen fünf ritterliche Grade, die keine Logen mehr, sondern Kapitel bilden und in die Bruderschaft vom Rosenkreuz münden. Darüber gibt es dann allerdings noch drei Grade: Der höchste oder 13. Grad ist eigentlich ein von König Karl XIII. errichteter Ritterorden, der ausschließlich vom König selber verdienten Freimaurern erteilt wird.

Im Jahre 1933 zählte die Große Landesloge von Dänemark 20 Logen mit 7 200 Mitgliedern, die Große Landesloge von Norwegen 19 Logen mit 10 000 Mitgliedern und die Große Landesloge von Schweden 31 St. Johannis-Logen mit 22 000 Mitgliedern. Angesichts der damals wie heute geringen Bevölkerungszahl ist die Zahl der Freimaurer in Skandinavien, verglichen mit der Zahl in den anderen Ländern des europäischen Festlandes, auffallend groß. Die langen Winter und auch das Bedürfnis nach gesellschaftlichem Leben mögen an der Blüte der Freimaurerei in diesen nördlichen Ländern ihren Anteil haben.

Die Freimaurerei in den Niederlanden

Während die belgische Freimaurerei stark französischem Einfluß unterlag und eine Entwicklung durchmachte, die uns veranlaßte, sie bei den romanischen und lateinischen Ländern einzuordnen, ist die niederländische Freimaurerei von der angelsächsischen und germanischen Richtung ausgegangen und kann daher gut zum Abschluß dieses Hauptabschnittes behandelt werden.

Nachdem Louis Napoleon im Jahre 1806 König der Niederlande geworden war, kamen nach den anerkannten ersten drei Graden der Lehrlinge, Gesellen und Meister auch die vier höheren Grade auf, die man die Schottischen Grade nannte. Nachdem die Niederlande 1810 Frankreich einfach einverleibt worden war, machte der französische „Grand Orient" 1812 den Versuch, sich die niederländischen Logen anzugliedern, was aber auf starken Widerstand und eine entschlossene Ablehnung stieß. Darauf gründete der französische „Grand Orient" in den Niederlanden, neben den bestehenden, eigene Logen, die dann nach der Befreiung, Ende 1813, entweder wieder verschwanden oder sich der niederländischen Freimaurerei anschlossen.

Im Jahre 1815 entstand unter König Wilhelm I. das Vereinigte Königreich der Niederlande. Es verlangte, daß sich alle Logen in den ganzen Niederlanden zu einer Großloge zusammenschließen sollten. Nach langen Beratungen wurden unter Berücksichtigung der bestehenden Unterschiede die Logen des Südens und die des Nordens verwaltungsmäßig in zwei Provinzial-Großlogen zusammengefaßt, die dann zusammen den Großosten der Niederlande bilden sollten. Er sollte sich, wie auch die Regierung, abwechselnd in Den Haag und in Brüssel versammeln; tatsächlich ist er nie zusammengekommen. Großmeister des Großostens wurde Prinz Friedrich, der zweite Sohn König Wilhelm I., und er sollte es bis zu seinem Tode im Jahre 1881 bleiben. Er war ein tätiger und begeisterter Freimaurer und hat sich als Großmeister große Verdienste erworben.

Nach der Abtrennung von Belgien im Jahre 1830 dauerte es einige Zeit, bis die Freimaurer ihre Organisation den neuen Verhältnissen angepaßt hatten. 1837 verzichteten die Niederlande offiziell auf alle Aufsicht über die belgischen Logen, gaben die Bezeichnung Provinzial-Großloge auf und nannten sich endgültig „Der Großosten der Niederlande".

Als Prinz Friedrich 1866 das Jubiläum seiner 50jährigen Großmeisterschaft feierte, machte er aus diesem Anlaß der Bruderschaft die von ihm erworbene Bibliothek des Frankfurter Freimaurers Kloss zum Geschenk. Diese Sammlung umfaßte 7 000 Bücher, 2 000 Handschriften und zahlreiche Erinnerungsmedaillen der Freimaurerei und geheimer Sekten und ist die reichhaltigste Bibliothek ihrer Art in der ganzen Welt. Sie ist in dem weiträumigen Ordenshaus auf dem Fluwelen Burgwal in Den Haag untergebracht, das ebenfalls von Prinz Friedrich dem Orden der Freimaurer geschenkt worden ist.

Was die bearbeiteten Rituale angeht, so sei gesagt, daß Prinz Friedrich — neben den drei symbolischen oder blauen Graden und den vier höheren Schottengraden, auch die rote Freimaurerei genannt (s. Kap. VII) — über den Meistergrad noch die beiden Grade des *Uitverkoren Meester* und des *Opper-Uitverkoren Meester* stellte, und zwar unter der eigenen Leitung, der „Kamer van Administratie van de Afdelingen van de Meestergraad". So gab es also drei Organisationen, die jedoch alle Prinz Friedrich zum Großmeister wählten. Nach seinem Willen sollten sie ganz unabhängig voneinander werden.

Bedeutsamer ist, um mit Dr. Pott zu sprechen, daß in den Niederlanden „in diesem Jahrhundert der Verbürgerlichung der Loge" eine gewisse Selbstzufriedenheit und ein konservativer Geist herrschten. „Das Logenleben kann als ein brüderliches und angenehmes Vereinsleben in freimaurerischem Stil, unterbrochen durch rituelle Arbeiten in den drei Graden, bezeichnet werden, dem hinsichtlich der Tiefe des Bewußtseins, des Erlebens und der Handhabung des Rituals manches zu fehlen scheint" (Faubel). Aber der unbegrenzte Glaube an die Vernunft, so typisch für das 19. Jahrhundert, daß man „von einer Religion des Fortschritts" sprechen könnte, führt schließlich in tiefe Enttäuschung. Der Rationalismus füllt letztlich den Menschen, der doch auch ein Herz und einen Sinn für Schönheit hat, nicht ganz aus. Die Freimaurer, die über den wirklichen Sinn und die tiefere Bedeutung der freimaurerischen Rituale nachdachten, erfaßte nun der Wunsch, ihre Logenbrüder zur echten Freimaurerarbeit zurückzuführen. Dieser Gedanke nahm mit der im Jahre 1905 gegründeten „Vereeniging tot bestudeering van Symbolen en Ritualen", zu der 1931 noch die „Vereeniging Tempelbouw" kam, feste Formen an. Beide vereinigten sich 1945 zu der vorbildlich arbeitenden Stiftung „Ritus en Tempelbouw".

Wiederholt haben die niederländischen Freimaurer ihren Wohltätigkeitssinn bewiesen. Schon im Jahre 1808 errichteten die vier Amsterdamer Logen ein „Institut für den Blindenunterricht", dem 1843 ein „Institut für erwachsene Blinde" angegliedert wurde. Aus der Sorge um die Stiftung einer Vorschule für jugendliche Blinde entstand 1880 die „Prins Alexander Stichting", zuerst in Bennekom und seit 1911 in Huis ter Heide. Ihr wurde 1931 noch ein „Internat für geistig zurückgebliebene Blinde" angegliedert, das nach Prinzessin Juliana benannt wurde. Zahlreiche weitere karitative Initiativen wären noch zu nennen. Stiftungen entstanden für die Versorgung und Ausbildung der Waisen von Freimaurern, Schulen für Froebel-, Grundschul-, Mittelschul- und Handwerksunterricht. Wenn auch die niederländischen Freimaurer sich vornehmlich ihrer eigenen Familie und der Not ihrer Logenbrüder widmen, so haben sie doch auch weitergehende Schenkungen gemacht; beispielsweise haben sie, um es außerhalb unseres Themas zu erwähnen, im Jahre 1953 in wenigen Tagen 100 000 Gulden für die Opfer der Überschwemmungen in Zeeland gesammelt.

Die scharfen Gegensätze zwischen Kirche und Freimaurerei in Belgien im 19. Jahrhundert und der ersten Hälfte des 20. Jahrhunderts finden wir in den Niederlanden nicht. Zwar stehen sowohl die Reformierte Kirche als auch die Römisch-katholische Kirche der Freimaurerei ablehnend gegenüber. Was die erstere angeht, so schreibt der gut unterrichtete Faubel: „Der Calvinismus lehnt die freimaurerischen Lehren grundsätzlich ab. Viel von dem, was in unserer Grundsatzerklärung enthalten ist, wird von den Calvinisten verworfen, weil nach ihrer Auffassung der ‚bessere Mensch' nur durch die Allmacht Gottes geschaffen werden kann, durch Gott, zu Gott. Unsere Auffassung von der stufenweisen geistigen Entwicklung des Menschen widerspricht der calvinistischen Überzeugung, daß erneuernde und bessernde Eigenschaften im Menschen nicht vorhanden sind."

Die niederländischen Bischöfe hielten sich seit 1738 bis mitten ins 20. Jahrhundert natürlich strikt an die päpstlichen Verurteilungen. Die Entschlossenheit der niederländischen Kirche, das ängstliche Wachen der Bischöfe und des Klerus über die Rechtgläubigkeit ihrer Gläubigen, führte zuweilen zu kleinlichen Maßnahmen und ungerechten Angriffen. Um nur einen Fall zu nennen: Im Dagblad von Breda vom 20. November 1928 schrieb der Bischof selber einen Artikel über die Sonntagsheiligung, in dem wir lesen, „daß es die Gottlosen, die geheimen Mächte, die Freimaurerei oder die Logen seien, die allerlei Feste und Vergnügungen an Sonn- und Festtagen veranstalten, und zwar in der antireligiösen Absicht, unsere Gläubigen vom Gottesdienst, von der Kirche, von den Priestern fernzuhalten". Durch die Presse antwortete der Großmeister, Prof. Mr. J. H. Carpentier Alting, in einem offenen Brief an den Bischof von Breda.

Da aber die niederländischen Bischöfe bei weitem nicht den gleichen Einfluß ausüben konnten wie ihre belgischen Kollegen, blieb der Streit zwischen der Kirche und der Freimaurerei auf einige Scharmützel beschränkt.

Zu dieser Zeit haben die niederländischen Freimaurer dennoch in einer Weise in die Politik eingegriffen, die sie jetzt nicht mehr als angemessen betrachten würden. Wir wollen nur an einen Fall erinnern. Um die christliche Koalitionsregierung Heemskerk im Jahre 1913 zu stürzen, vereinigten sich drei liberale Parteien zur sogenannten „Vrijzinnige Concentratie"; die „Algemeen Maçonniek Tijdschrift" spornte nun zum Sturz des Kabinetts an und räumte ein, daß die Freimaurer die Konzentration der drei liberalen Parteien unterstützten. Darauf kam es in der zweiten Kammer zu einer Debatte. In der Kammersitzung vom 9. Dezember 1913 erläuterte das Kammermitglied Pastor F. Lieftinck, Altgroßbeamter des Ordens der Freimaurer der Niederlande, ausführlich den Standpunkt der Bruderschaft, stellte ihrer Toleranz die Unverträglichkeit der anderen gegenüber, sagte dann aber zum Schluß: „Ich gebe gern den Brüdern die Ehre, die ihnen gebührt, nämlich daß sie die Schrittmacher dieser Wahlen gewesen sind."

Stellen wir zum Schluß noch fest, daß der Großosten der Niederlande in den niederländischen Kolonien und in Südafrika viele Logen gegründet hat. 1933 zählte der Großosten 42 Logen in Südafrika, 21 in Ostindien und 4 in Westindien. Kurz vor Kriegsausbruch im Jahre 1939 gab es in den Niederlanden selber 75 Logen mit ungefähr 4 000 Mitgliedern. Der Großmeister Hermannus van Tongeren wurde von den Deutschen verhaftet und in das Konzentrationslager Sachsenhausen gebracht, wo er 1941 starb. Er war der bedeutendste der zahlreichen niederländischen Freimaurer, die im Dienste ihres Landes und ihres Volkes das Leben für die Freiheit hingegeben haben.

Zweiter Teil

METHODIK UND LEBENSSTIL DER FREIMAURER

7. *Symbole und Riten in der Freimaurerei*

Die Freimaurerei arbeitet mit Symbolen und Riten

In den englischen Büchern findet man wiederholt die allgemein bekannte Bestimmung der Freimaurerei: „A peculiar system of morality veiled in allegory and illustrated by symbols: Ein besonderes ethisches System, durch Allegorien verschleiert und durch Symbole verdeutlicht." Galestin wählt die Bestimmung: „Eine Lebensphilosophie, die sich mit Hilfe von Symbolen und Ritualen ausdrückt." Auch das Grundgesetz des Ordens der Freimaurer unter dem Großosten der Niederlande erklärt, der Orden „arbeitet auf seine ihm eigene Weise mit Hilfe von Symbolen und Ritualen zur Erklärung von Idealen und Gedanken, Ausdruck höchsten Lebensgeistes".

Wir haben es hier also mit einer sehr wichtigen Bestimmung der Wesensart zu tun, nach der sich ein Rationalist, ohne Interesse an Symbolik, in der Freimaurerei nicht heimisch fühlen kann, und nach der ein Nichtfreimaurer, der sich in diese Symbolik nicht einzuleben vermag, auch nicht bis zum Kern der Freimaurerei vordringen kann. Wenn wir uns jetzt anschicken, in das Wesen der Freimaurerei selber einzudringen, dann müssen wir notwendigerweise mit einem Hauptabschnitt über Symbole und Aufnahmerituale beginnen.

Der Sinn für Symbolik ist dem Menschen gleichsam angeboren. Die Völkerkundler und die Religionshistoriker stellen fest, daß sich alle alten Völker und Religionen fester Riten und Symbole bedienen: Die Pubertätsriten, die Hochzeitsriten, die Totenriten usw. verweisen immer wieder auf tiefere Einsichten, als das menschliche Wort sie auszudrücken vermag. Denn ein Symbol ist zugleich verschleiernd und enthüllend, es trachtet danach, das Unsichtbare durch das Sichtbare erfaßbar und begreiflich zu machen. Sprach nicht auch der Herr in Parabeln und Gleichnissen, um seine Lehre dem einfachen Volk von Palästina verständlich zu machen?

Das menschliche Wort ist zu unvollkommen, um die volle Wirklichkeit wiederzugeben. Rationalisten meinen, alles sei gesagt, wenn etwas in exakter Formulierung ausgedrückt oder ein Begriff in einer Bestimmung umschrieben ist. Die tiefsten Dinge kann man aber nicht mit dem reinen Verstand erfassen, sondern, wie Pascal es sagte „avec la fine pointe de l'esprit": „le coeur a ses raisons que la raison ne connaît pas". Und Brunetière schrieb: „Das Symbol ist Bild, es ist Gedanke (. . .). Es läßt uns, zwischen der Welt und uns, einige der geheimnisvollen Affinitäten und dunklen Gesetze erfassen, die zwar den Bereich der Wissenschaften überschreiten, die aber darum nicht minder gewiß sind. Jedes Symbol ist in diesem Sinne eine Art Offenbarung."

Der Mensch des Mittelalters — der Zeit der operativen und werktätigen Freimaurerei — war besonders empfänglich für Symbole und Symbolik. Jedes Handwerk hatte seine eigenen Farben und Fahnen, seinen eigenen Schutzpatron und eigenes Fest, und jeder Handwerker hatte sein eigenes Kleid. Ein letztes Überbleibsel davon konnten wir noch bis vor kurzem in der Kleidung einiger Mönche und Nonnen sehen. In seinem Buch „Exégèse médiévale" schreibt H. de Lubac, S. J.: „Der mittelalterliche Symbolismus umfaßt mit der Heiligen Schrift und mit der sichtbaren Welt auch gerne die andere Welt, die andere lebendige und sakrale Schrift, die der Gottesdienst ist. Die stoffliche Kirche gleicht dem Bild vom vollkommenen Menschen, da sie die geometrische Projektion des Menschensohnes auf Erden ist, und, so wie den Tempel Salomos, ist sie, wenn man an das Mysterium denkt, das darin gefeiert wird, wie das Bild des Mystischen Körpers."

Auch das 17. und 18. Jahrhundert hatte einen ausgesprochenen Sinn für Symbolik und die figürliche Interpretation der Heiligen Schrift. Wie darf es uns da wundern, daß die spekulative Freimaurerei, die aus den mittelalterlichen Gilden hervorgegangen und im 17. und 18. Jahrhundert aufgeblüht ist, diese Symbolik übernommen hat! Der Freimaurer-Orden ist der einzige Orden, der aus einem Handwerk entstanden ist. Es versteht sich dann auch von selbst, daß er seine Symbolik dem Steinmetz- und Maurerhandwerk entlehnt, denen er seine Entstehung verdankt.

Aber hinter den Symbolen muß man die tiefen Werte entdecken, und darin besteht nun gerade die Freimaurer- oder Logenarbeit. Durch die Initiationsrituale, durch das ständige Wiederholen der gleichen symbolischen Handlungen wird man unmerklich in eine andere Welt aufgenommen, eine höhere Welt, die Geist und Gemüt befriedigt.

Von dem bekannten Freimaurer-Schriftsteller Lennhoff stammen die Worte: „Die, die freimaurerische Symbolik nicht zu enträtseln vermögen, werden nie den Sinn der Freimaurerei ergründen: es gibt nur ein Geheimnis der Freimaurerei: die Einweihung, und es gibt nur eine Einweihung: sich in der Bruderkette zu fühlen. Wem dieses Mysterium sich enthüllt hat, der besitzt das freimaurerische Geheimnis; er versteht die — unzählige Menschen über Raum und Zeit hinweg verbindende — Sprache der Freimaurerei, die in der Symbolik ihr innerstes Wesen ebenso entfaltet, wie die Kirche in ihrer Dogmatik. (...) Das Symbol weiß ihm die freimaurerischen Ideen viel deutlicher zu machen, viel näher zu bringen, als jede in Worten ausgedrückte Lehre."

Die Loge

Wie wir oben sagten, kommt das Wort Loge von Bauschuppen, Baracke oder Bauhütte, im englischen *lodge*. In der Freimaurersprache gebraucht man übrigens auch das Wort Bauhütte, um damit die Loge zu bezeichnen.

Nun kann das Wort dreierlei Bedeutung haben. Erstens bezeichnet es den Platz, an dem die Freimaurer ihre rituelle Arbeit abhalten. Ferner gilt es dem Kreis von Freimaurern, die an einem bestimmten Platz zusammenkommen, um unter der Leitung eines Meisters vom Stuhl zu arbeiten. Und schließlich kann es auch die Zusammenkunft selber bedeuten, etwa indem man sagt, man halte eine Loge. Das Wort zu gebrauchen, um damit den Orden der Freimaurer oder eine Landesloge oder Obödienz der Freimaurer zu bezeichnen, wird von freimaurerischen Schriftstellern abgelehnt. Wenn man sagt „Die Loge hat die französische Revolution entfesselt", oder „Der belgische Schulstreit von 1954—1958 wurde von der Loge beschlossen und geleitet", oder „Der Streit in Frankreich um die laizisierte Schule oder freie Schule ging von der Loge aus", dann ist das ein unrichtiger Sprachgebrauch, ganz abgesehen von der Tatsache, daß er, ob ganz oder teilweise, der historischen Wahrheit widerstreitet.

In diesem Abschnitt haben wir es mit der Loge in der ersten Bedeutung zu tun, also als dem Versammlungsraum der arbeitenden Freimaurer. Dieser Versammlungsraum muß vom Großmeister kraft seines Amtes besonders eingeweiht oder zumindest entsprechend eingerichtet sein. Die Einweihung einer Loge hat in England vieles mit der Weihe einer Kirche gemein und ähnelt also sehr der Einweihung eines sakralen Raumes vor dem Gottesdienst; und doch behaupten die Freimaurer, unserer Meinung nach zu Recht, daß die Freimaurerei keine Religion sei.

Wie früher die Kirchen, so ist auch die Loge, zumindest symbolisch, ausgerichtet mit dem Eingang im Westen und dem Platz des Meisters vom Stuhl im Osten. „Der Haupteingang zur Loge muß an der Westseite liegen, weil der Osten ein Ort des Lichtes ist, und zwar sowohl wirklich als auch symbolisch; und dorthin gehen die Brüder vom Eingang aus geradezu als einem Symbol geistiger Erleuchtung", sagt Dr. Oliver.

Die Freimaurer bauen am unsichtbaren Tempel, von dem der Tempel Salomos ein Sinnbild ist. Nach dem 1. Buch der Könige und dem 2. Buch der Chronik bestand der Tempel Salomos aus drei Teilen: dem Vorhof mit den beiden geheimnisvollen Säulen J und B, der jedem zugänglich war, dem Mittelteil oder der mittleren Kammer, deren Zugang allein den Priestern vorbehalten war, und dem Allerheiligsten, das nur der Hohepriester einmal im Jahr betrat und wo er den Heiligen Namen aussprach.

So hat man auch in den Häusern der Freimaurer meistens einen Vorhof, dahinter dann die eigentliche Loge oder den Tempel, während die mittlere Kammer nur symbolisch angedeutet wird. Hiermit wird eindringlich dargestellt, daß die Freimaurerei wohl zum Allerheiligsten hin, aber nicht in das Allerheiligste hineinführen kann; noch einmal, Freimaurerei ist keine Religion.

Symbolisch kann man das Bauen am Tempel Salomos als das Bauen an einer im ethischen Sinne besseren Welt betrachten. In seinem ersten Brief an die Christen in Kleinasien schreibt Petrus: „Und auch ihr, als die lebendigen Steine, bauet euch zum geistlichen Hause" (2,5), und Paulus schrieb an die Epheser: „So seid ihr nun nicht mehr Gäste und Fremdlinge, sondern Bürger mit den Heiligen und Gottes Hausgenossen, erbaut auf den Grund der Apostel und Propheten, da Jesus Christus der Eckstein ist, auf welchem der ganze Bau ineinandergefügt wächst zu einem heiligen Tempel in dem Herrn, auf welchem auch ihr miterbaut werdet zu einer Behausung Gottes im Geist" (2, 19—22). Aus diesen und anderen Texten sieht man zur Genüge, wie die Apostel den Bau des Tempels als eine symbolische Tat betrachteten[1]).

---

1) In der dogmatischen Konstitution über die Kirche „lumen gentium", die am 21. November 1964 angenommen und verkündet wurde, lesen wir eine bezeichnende Erklärung über die Kirche, die stark an die Bausymbolik der Freimaurerei erinnert: „Des öftern wird die Kirche auch Gottes *Bauwerk* genannt. Der Herr selbst hat sich mit dem Stein verglichen, den die Bauleute verworfen haben, der aber zum Eckstein geworden ist. Auf diesem Fundament wird die Kirche von den Aposteln erbaut, von ihm empfängt sie Festigkeit und Zusammenhalt. Dieser Bau trägt verschiedene Benennungen: Haus Gottes, in dem nämlich die

Die Loge ist meistens rechteckig oder ein längliches Viereck, was früher bedeutete: zweimal so lang wie breit. Am Eingang im Westen stehen die beiden Säulen Jakin und Boas. Im Osten steht der Sessel oder Thron des Meisters vom Stuhl, wohl auch — einfacher — Vorsitzender Meister genannt. Anfänglich stand vor ihm ein kleiner Tisch, der dann aber allmählich zur Mitte vorgerückt ist und nun ein besonderes Stück darstellt, bisweilen „Altar" genannt. Häufig ist das ein kubischer Stein von 80 zu 100 Zentimeter. Während der Tempelarbeit müssen hier die drei Großen Lichter: Bibel, Winkelmaß und Zirkel aufliegen. Das wichtigste und erste Licht ist die Bibel; das bestimmt eine der Landmarken, und wer die Bibel vom Altar entfernt, kann von den regulären Großlogen nicht mehr anerkannt werden.

Auf dem Boden, in der Mitte des Tempels, liegt der Arbeitsteppich. Das erinnert an das Reißbrett der Meister im Mittelalter. Er soll eine Vorstellung vom Bauplan des A. B. A .W., vom Arbeitsplan der Freimaurer geben. Früher, als sich die Freimaurer noch in Herbergen und Wirtshäusern versammelten, wurde für jede Zusammenkunft die Arbeitstafel mit Kreide oder Holzkohle auf den Boden gezeichnet; heute handelt es sich meist um ein Tuch oder einen Teppich. Auf diesem Arbeitsteppich sind die wichtigsten symbolischen Zeichen der Freimaurerei abgebildet, die wir später erklären werden. Festzuhalten ist jedoch, daß bei einer Lehrlingsloge ein Lehrlingsteppich aufliegt, bei den Gesellen und den Meistern jeweils andere, denn die symbolischen Gerätschaften der Lehrlinge, Gesellen und Meister sind teilweise verschieden. Um den Arbeitsteppich stehen die drei Kleinen Lichter: Säulen mit Kerzen, die Weisheit, Stärke und Schönheit versinnbildlichen.

An den Längsseiten sind Sitze für die Mehrzahl der Logenbrüder. Die Lehrlinge sitzen gewöhnlich im Norden, die Gesellen im Süden. Die Beamten der Loge haben jedoch ihre festen Plätze. Der Meister vom Stuhl sitzt vorn im Osten: „gleich wie die Sonne im Osten aufgeht, um die Welt zu erleuchten und den Tag zu regieren, so sitzt auch der Meister im Osten, um die Arbeit zu erleuchten, die Loge zu regieren, und die Brüder zur

Familie Gottes wohnt, Wohnstatt Gottes im Geiste, Zelt Gottes unter den Menschen, vor allem aber heiliger Tempel, den die heiligen Väter in den steinernen Heiligtümern dargestellt sehen und preisen und der in der Liturgie mit Recht verglichen wird mit der heiligen Stadt, dem neuen Jerusalem. In diesen Bau werden wir schon auf Erden als lebendige Steine eingefügt. Diese heilige Stadt sieht Johannes bei der Erneuerung der Welt aus dem Himmel von Gott herabsteigen, bereitet wie eine Braut, die geschmückt ist für ihren Mann." (Nr. 6)

Arbeit zu berufen". An den Säulen sitzen der Erste und der Zweite Aufseher. Diese „drei Säulen, auf denen die Loge ruht", leiten die gemeinsame Arbeit nach den Grundsätzen von Winkelmaß, Wasserwaage und
Senkblei, ihren jeweiligen symbolischen Abzeichen.

Zu den wichtigsten Logen-Beamten zählen auch noch der Zugeordnete
Meister, der Redner, der Sekretär und der Schatzmeister. Die übrigen
Beamten sind der Zeremonienmeister, der Wachhabende, der Schaffner,
der musikalische, der prüfende und der vorbereitende Bruder, die alle
während der Logenarbeit besondere Plätze einnehmen.

Der Fußboden der Loge besteht aus alternierenden schwarzen und
weißen Steinen, die eine Art Mosaik bilden: Sie symbolisieren das wechselvolle Leben des Menschen, das Gutes und Böses birgt. Die Decke
gleicht meist einem gestirnten Himmel. Ferner gibt es einen Rauhen Stein
und einen Kubischen Stein.

An der Wand sieht man oft einen fünfzackigen Stern mit dem Buchstaben
G. Über die Bedeutung des Buchstabens G sind zahlreiche Schriften erschienen. Wir können uns begnügen zu sagen, daß dieses G auf den
Geometer hindeutet, und noch bestimmter auf den Großen Geometer,
auf Gott selber. Der kürzlich verstorbene Bernard E. Jones, eine außergewöhnliche Autorität auf freimaurerischem Gebiet, schreibt in seinem
Buch „Freemasons Guide and Compendium", das vor etwa drei Jahren
neu aufgelegt wurde: „Ein weiser Gedanke ist es, daß Gott selber und die
Geometrie vieles gemeinsam haben, und daß wir heute das Symbol als
hinweisend auf das eine oder das andere und auf beides ansehen dürfen.
Wir kommen der Sache sehr nahe, wenn wir dem Gesellen den Buchstaben G als das Zeichen für den Großen Geometer des Weltalls erklären."

In vielen, auch in freimaurerischen Schriften spricht man von Tempel,
Tempelarbeit und Altar, was Außenstehende als eine Profanierung emp-
finden. Deshalb gibt es bei den Freimaurern eine Tendenz, mehr und
mehr von Loge, Logenarbeit, dem kubischen Stein usw. zu sprechen.
Dieser Tempel ist in der Tat kein sakraler, wohl ein besonders geachteter
Raum, in dem man z. B. auch nicht raucht.

Die niederländische Stiftung „Ritus en Tempelbouw" gibt bei der Einrichtung neuer Logenräume, auch in Belgien, gute Ratschläge für eine
moderne Gestaltung, die alle Erfordernisse einer echten Loge berücksichtigt.

Die Initiationen oder Aufnahmebräuche

Die Freimaurer bezeichnen ihre Arbeit gern als Königliche Kunst. Schon Anderson gebrauchte in seinen Constitutionen von 1723 wiederholt diesen Ausdruck, und er fügte hinzu, daß man Königliche Kunst sage, weil Könige diese edle Baukunst allzeit beschützt hätten. Das ist eine pseudohistorische Erklärung. Salomo, der Erbauer des Tempels in Jerusalem, ist so mit der Symbolik der Freimaurerei verwoben, daß von daher höchstwahrscheinlich ein enges Band zwischen königlichem Bauherrn und Königlicher Kunst besteht. Wie der richtige Sachverhalt auch sein mag, viel wichtiger ist die Frage, was man mit diesem schönen Namen meint.

Anfänglich bezog sich der Ausdruck Königliche Kunst auf die spezifisch eigene Arbeitsweise in der Offenen Loge. Heutzutage gebraucht man ihn jedoch allgemein, um auf die Ausübung einer Lebenskunst hinzuweisen, die sich aus den Gedanken und Idealen der Freimaurerei als Weltanschauung speist. Zwar bleibt bestehen, daß auch andere Organisationen vielleicht dieselben Ziele anstreben können, aber die Freimaurerei tut es „auf ihre eigene Weise". Auch die berühmte britische Definition der Freimaurerei besagt, daß sie „a peculiar system of morality ..." ist, mit der Betonung auf *peculiar*, besonders. Was ist nun das Besondere an der freimaurerischen Arbeit? Dazu müssen wir etwas über die Initiationen sagen.

Initiation kommt von dem lateinischen Wort *initium*, Anfang, das wieder von *inire*, hineingehen, kommt, und initiiert werden bedeutet, mit etwas beginnen, in etwas hineingehen. Hier versteht man darunter: Jemanden nach altem freimaurerischen Brauch in die Bruderschaft aufnehmen. Zuweilen spricht man von *Einweihung* und denkt dabei an die Mysterien des Altertums, aber „Freimaurerei ist keinesfalls ein rein anachronistisches Fortbestehen dieses Brauchtums" (Brown), ebenso wie die Freimaurerei keine Religion ist. Um es genau zu sagen: Man wird als Lehrling *aufgenommen*, zum Gesellen wird man *befördert* und zum Meister wird man *erhoben*.

Wie man weiß, bestehen die Freimaurer darauf, diese „Aufnahmebräuche" unbedingt geheim zu halten, und zwar nicht nur gegenüber Außenstehenden, sondern auch gegenüber dem Kandidaten vor seiner Aufnahme. Das vielbesprochene „Geheimnis" der Freimaurerei beruht hauptsächlich auf dieser Tatsache. Bei der Aufnahme kommt es auf ein persönliches Erlebnis, auf ein persönliches Mitgehen beim Aufsteigen aus der Finsternis zum Licht an, und deshalb meint man, daß dieses Erlebnis nicht möglich ist, wenn der Aufzunehmende alle Einzelheiten des Rituals bereits kennt.

Es liegt nicht in der Absicht dieses Buches, die Aufnahme-Bräuche gründlich zu studieren, die überdies je nach Ritual und nach Land außerordentlich verschieden sind. Wir würden es zudem unzweckmäßig finden, auf alle diese vielen Einzelheiten einzugehen. Wohl ist aber für unsere Absicht unerläßlich, zumindest das Grundsätzliche und einige eigentümliche Elemente aufzuzeigen.

Die symbolischen Grade, auch Blaue Freimaurerei oder Johannis-Logen genannt, gehen auf die Geschichte des Salomonischen Tempelbaus zu Jerusalem zurück. In den ersten beiden Graden, dem des Lehrlings und dem des Gesellen, wird dies hauptsächlich in undifferenzierter Form deutlich: Es geht um den symbolischen Bau eines Tempels.

Bei der Aufnahme in den ersten Grad übergibt in einigen Ländern der Meister vom Stuhl dem Lehrling den Zollstock, den Hammer und den Meißel und sagt ihm dazu: „Der Maßstab von 24 Zoll stellt den Tag mit seinen 24 Stunden dar, von denen wir einen Teil mit Gebeten an den Allmächtigen Gott verbringen müssen, einen weiteren Teil mit Arbeit und Ruhe und den letzten Teil, um einem in Not geratenen Freund oder Bruder zu helfen, soweit wir es ohne Schaden für uns oder unsere Familie vermögen. Der Hammer stellt die Kraft des Gewissens dar (. . .). Der Meißel zeigt uns die Vorteile der Erziehung, die allein uns zu würdigen Mitgliedern einer rechtmäßig errichteten Bruderschaft machen kann."

Der Meister vom Stuhl weist den aufgenommenen Lehrling auf seine Pflichten gegenüber Gott, seinen Mitmenschen und sich selber hin. Denn alles geschieht im Namen „des Obersten Baumeisters des Weltalls". Slothouwer erläutert die tiefe Bedeutung dieser Handlung, indem er darauf hinweist, „daß wir Weisheit, Stärke und Schönheit aus der Hand Gottes haben, daß wir beim Bau am Tempel der Menschheit Mitarbeiter Gottes sein dürfen, daß all unser Arbeiten und Bauen vergeblich ist, wenn es sich nicht aus Göttlichem Geiste herleitet, daß wir an den Segen glauben dürfen, der auf dem ruht, was im Namen des A. B. A. W. getan wird."

Im Meistergrad wird jedoch die abstrakte Geschichte vom Tempelbau im allgemeinen konkreter abgesteckt durch ein tragisches Geschehen, das sich innerhalb des symbolischen Bildes vom Tempelbau ereignet. Das Ritual kreist um Hiram Abif, den legendären Baumeister des Salomonischen Tempels. Hier kommt das Initiationsgeschehen zu seiner vollen

Entfaltung und erhält seine typisch freimaurerische Form in einer eigenen Mythe, die sich zwar auf Begebenheiten aus der Bibel stützt (1. Könige 6 und 7; 2. Chronik 2 und 4), aber doch nicht unmittelbar aus der Bibel stammt. Hiram Abif wird — so die Mythe — von drei Gesellen ermordet, weil er sich weigerte, ihnen das Geheime Meisterwort mitzuteilen. Sie begruben ihn und setzten eine Akazie auf sein Grab und das Meisterwort ging verloren. Das ist ein sehr reiches mythisches Geschehen, das in den einzelnen Ritualen auf verschiedene Art dargestellt wird.

Das Ritual des Belgischen Großorients von 1883, das von Bruder Graf Goblet d'Alviella, Professor für Religionsgeschichte an der freien Universität Brüssel, ausgearbeitet wurde, sagt: „In Wirklichkeit verschleiert diese Legende die älteste und zugleich meistverbreitete Mythe, die einfältigste und tiefste aller Mythen, welche die Kindheit der menschlichen Gemeinschaften erleuchtet haben. Es ist die Legende von Prometheus, von Herkules, von Mithras, von Osiris, von Adonis, von Christus, jener göttlichen Gestalten, die alle auf die gleiche Weise durch Verrat endeten, um früher oder später im neuen Glanze wiederzukehren. Es ist, mit einem Wort, der alte Sonnen-Mythos, den man am Anfang aller alten Religionen findet; es ist die versinnbildlichte Geschichte eines Phänomens, welches der jährliche Umlauf des Erdballes oder besser die scheinbare Bewegung der Sonne hervorbringt (. . .)." Das ist ein ausgesprochen synkretistischer Text, der glücklicherweise im niederländischen Ritual nicht vorkommt. Christen brauchen keine Bedenken dagegen haben, daß Christus mit der Sonne verglichen wird. Auch in dem so schönen *Exultet* der Osternacht wird Christus der *Luzifer*, der *Lichtbringer* genannt, und in einer unlängst unter der Basilika von St. Peter in Rom entdeckten Höhle fand man Christus als Luzifer auf dem Sonnenwagen dargestellt. Aber in einem Ritual Christus, Gottes eingeborenen Sohn, in einem Atem mit Mithras, Osiris und Adonis, den legendären Gottheiten, zu nennen, das empfindet der gläubige Christ als eine Entheiligung. Mit Rev. Covey Crump, in seinem Buch *The Hiramic Tradition*, kann man sich fragen, worauf diese Legende esoterisch anspielt.

Bezieht sie sich auf Thomas Beckett (ermordet 1170), den man so oft mit dem Apostel Thomas verwechselt hat, oder auf Jacques de Molay, den letzten Großmeister der Tempelritter, der in Paris 1314 als Opfer König Philipp IV., des Schönen, auf dem Scheiterhaufen starb, oder auf den Stuart-König Karl I., der im Jahre 1649 auf dem Schafott endete. Oder weist sie auf einen mittelalterlichen Meister-Maurer hin, der unter mysteriösen Umständen umgebracht wurde? Oder ist sie, so fragt sich Covey Crump, eine Allegorie auf den Sündenfall des Menschen in der Urzeit: „Drei Verschwörer — Adam, Eva und die Schlange — waren verpflichtet, nicht zu versuchen, gewisse Geheimnisse zu enthüllen, von denen sie ausgeschlossen waren"; sie versuchten es trotzdem und wurden aus dem Paradies vertrieben. Oder war der wahre Hiram Christus selber, der kam, um vom Sündenfall zu erlösen? Sprach er doch zu seinem bedeutendsten Jünger: „Du bist Petrus und auf diesen Felsen will ich meine Gemeinde bauen" (Math. 16, 18), während Paulus an die Epheser schrieb, daß die Kirche einem Tempel gleicht, „erbaut auf den Grund der Apostel und Propheten, da Jesus Christus der Eckstein ist" (Epheser 2, 20). Drei Verschwörer brachten ihn ums Leben, Judas, Kaiphas und Pilatus, aber er ist auferstanden: „Ich bin die Auferstehung und das Leben."

Das liegt ganz auf der Linie des Spielens mit Andeutungen, das der Freimaurerei so eigentümlich ist, um sich alle diese Möglichkeiten offen zu halten. An diesem einen Beispiel können „Profane" deutlich sehen, wie die Symbolik von den Freimaurern gehandhabt wird und welche tiefe Bedeutung sie erlangen kann.

Im 18. Jahrhundert wurde in England nur in den drei symbolischen Graden des Lehrlings, Gesellen und Meisters gearbeitet, ausgenommen die „Antients", die auch den Grad vom Heiligen Königlichen Gewölbe als notwendige Ergänzung des Meistergrades bearbeiteten. Als dann 1813 die „Antients" und die „Moderns" die *United Grand Lodge* von England gründeten, kamen sie zu einer beide Teile befriedigenden Erklärung, die typisch englisch ist: es wurde nämlich „declared and pronounced that pure Ancient Masonry consists of three degrees and no more, viz., those of the Entered Apprentice, the Fellow Craft, and the Master Mason, including the Supreme Order of the Holy Royal Arch", „sie erklärten, daß die reine Alte Maurerei aus drei Graden bestehe und nicht mehr, nämlich Lehrling, Geselle und Meister, einschließlich des Erhabenen Ordens vom Heiligen Königlichen Gewölbe."

Der Bau eines Gewölbes wurde in der Maurerei als die höchste Kunst betrachtet. Und so ist auch der Grad vom Heiligen Königlichen Gewölbe eigentlich die Krönung der ganzen Freimaurerei. Dieser Grad, so wie er nach dem englischen Ritual bearbeitet wird, ist nach Redfern Kelly „die Quintessenz der orthodoxen freimaurerischen Philosophie. Ihr Symbolismus ist von der höchsten und erhabensten Art, und das schöne Ritual drückt die höchsten Ideale aus, verbunden mit einem aufrichtigen Suchen und schließlichen Finden des Göttlichen Lichtes und der Göttlichen Wahrheit. Ohne den Grad des Royal Arch würden die voraufgegangenen verschiedenen Grade unvollständig und inkonsequent sein." Häufig wird dieser Grad als typisch jüdisch hingestellt. Wenn man tiefer in ihn eindringt, dann ergibt sich, daß er eigentlich eine alttestamentliche Sache neutestamentlich interpretiert: der Fremdling wird Hausgenosse.

Damit ist jedoch die reiche symbolische Bedeutung des Meistergrades nicht ausgeschöpft und bis in seine letzten Elemente herausgearbeitet. Will man aber noch weiter gehen, dann muß man wählen und das eine oder andere Element herausgreifen. In anderen freimaurerischen Systemen kann man diese allgemeine symbolische Bedeutung auch im vertikalen Sinne beschränken, indem man ihr einen spezifischen Inhalt gibt, beispielsweise einen christlichen. Man kann diese allgemeine symbolische Aussage, das dramatische Geschehen des Meistergrades, auch im horizontalen Sinne herausarbeiten: „a) durch den Mord an Hiram Abif ist die Ordnung der Dinge gestört; das verlangt eine Tilgung der Schuld und deshalb ein Suchen, Finden und Bestrafen (. . .) der Täter des Mordanschlages; b) mit dem Tod Hiram Abifs kommt der Bau zum Stillstand; es muß möglichst ein neuer Baumeister gefunden werden, der die Arbeit fortsetzen und den Bau möglichst gut zu Ende bringen kann; c) mit dem Mord an Hiram Abif ist das Meisterwort verlorengegangen, und das Wort muß unter Einsatz aller Kräfte wiedergefunden werden" (Pott). Man sieht sogleich die Möglichkeiten zur Bildung zahlreicher anderer freimaurerischer Lehrarten, die man, weniger richtig, wohl auch als Hochgrade bezeichnet.

Während nun die Engländer, wie wir bereits sagten, sich im Laufe des 18. Jahrhunderts streng an die traditionellen drei Grade (unter Einschluß des *Royal Arch*) hielten, gingen die Franzosen andere Wege. „Es ist vielleicht kein Zufall, daß all die anderen Lehrarten zumeist im Frankreich des 18. Jahrhunderts entstanden sind. In diesem Frankreich mit der Pracht und dem Pomp am Hof der Bourbonen, belebt vom eleganten Lebensstil der damaligen Elite, dieses Frankreich des Rokoko mit seinen schwungvollen und zierlichen Formen, ganz besonders in einer Zeit, in der das Leben mit spielerischem Geist durchsetzt ist, eine Zeit aber auch, als der Mensch noch stark das Vermögen assoziativen Denkens besaß, das für die Ausübung der Königlichen Kunst so notwendig ist" (Boerenbeker).

So entstanden in der Mitte des 18. Jahrhunderts in Frankreich zahlreiche weitere freimaurerische Systeme, die den symbolischen Gehalt der drei Symbolischen Grade weiter ausbauten. Diese Grade bildeten sich wild wuchernd weiter und machten ihre eigene Entwicklung durch. Nach einiger Zeit aber wollte man dann doch eine gewisse Unterordnung einführen. Da die Grade vor den Systemen entstanden waren, hat man, so gut und so schlecht es ging, eine gewisse Rangordnung eingeführt. Eines der bedeutendsten Systeme war der sogenannte *Rite de Perfection*, der aus 25 Graden bestand. Hieraus haben sich dann die beiden berühmten Systeme des *Rite Français* mit sieben Graden und des Alten und Angenommenen Schottischen Ritus mit 33 Graden entwickelt. Beim Ersinnen der Bezeichnungen war man darum bemüht, alle anderen durch prunkvolle Namen zu übertreffen, die zuweilen an das Lächerliche grenzten. Diese Grade haben sich besonders in Frankreich und in den stark unter dem kulturellen Einfluß Frankreichs entstandenen Vereinigten Staaten von Amerika entwickelt, wie wir das heute noch feststellen können.

Wir wollen nun zur Illustration dessen, was wir hier auf ganz besonders abstrakte Weise gesagt haben, den 18. Grad des Alten und Angenommenen Schottischen Ritus, den *Souveränen Prinzen vom Rosenkreuz*, konkret darstellen. Dieser Grad hat den symbolischen Gehalt des Tempelbaues und des Mordes an Hiram sowohl horizontal als auch vertikal besonders ausgebaut: Nach dem Bau des Zweiten Tempels unter Zerubabel, nach der Babylonischen Gefangenschaft, der im 15. und 16. Grad behandelt wird, geht es in diesem Grad um den Bau des Dritten Tempels, worauf Jesus hinweist, wenn er von sich sagt: „Brechet diesen Tempel, und am dritten Tag will ich ihn aufrichten" (Joh. 2, 19).

Bei der Eröffnung des Kapitels, in dem dieser Grad verliehen wird, betet der „Chaplain": „Allmächtiger, ewiger Gott, stärke uns im Glauben, in der Hoffnung und der Liebe, damit wir uns dem würdig erweisen, was Du uns versprochen, lasse uns hören, was Du gebietest, durch Jesus Christus, unseren großen Emanuel, Amen." Nun, das ist, ohne die Klausel, bei den Anglikanern und den römischen Katholiken das Oratorium der Messe vom 13. Sonntag nach Pfingsten. Der Name „Emanuel" in der Klausel hat in diesem Grad eine besondere Bedeutung, wie wir noch sehen werden.

Das englische Ritual gibt — wie es auch die alten französischen Rituale des 18. Jahrhunderts tun — klar Glaube, Hoffnung und Liebe als die eigentlichen Mittel an, mit deren Hilfe man zuletzt das Wort wieder finden kann; „the virtues" „by whose assistance" der Kandidat „may be led" zu der Entdeckung des Verlorenen Wortes.

Ein altes französisches Ritual stellte sich in freimaurerischer Sprache das Drama von Golgatha so vor: Da die Freimaurer, die den steinernen

Tempel bauten, ihre Pflichten vernachlässigt hatten, beschloß der Oberste Baumeister, diesen stofflichen Tempel zu vernichten, um einen geistigen, unzerstörbaren Tempel aufzurichten (Offb. 8, 9 und 11). Der Kubische Stein erlebte größte Seelenängste und weinte blutige Tränen; der Eckstein wurde aus dem Tempel gerissen; die Rose wurde am Kreuz auf einem Berge geopfert. Dadurch wurde die Freimaurerei vernichtet; der Vorhang des Tempels zerriß, Dunkelheit verbreitete sich über die Erde und das Licht verschwand, die Werkzeuge zerbrachen, der Flammende Stern wurde zerstört und das Wort ging verloren. Aber nach drei Tagen schien das Licht aufs neue, das Wort war wiedergefunden, und der Kubische Stein wurde in eine blühende Rose am Kreuz verwandelt. Aber nur die Freimaurer, die nach einer Reise von 33 Jahren das Neue Gesetz gefunden hatten, ausgedrückt in Glaube, Hoffnung und Liebe, wurden dieses Wunders teilhaftig. Sie bauen keinen steinernen Tempel mehr, sondern einen geistigen Tempel.

Bei der Aufnahme beginnt die Reise der dreiunddreißig Jahre. Bei sieben Umgängen um den Arbeitsteppich entdeckt der Kandidat allmählich Glaube, Hoffnung und Liebe, die Tugenden, die ihn zum Licht führen sollen. Raphael führt ihn durch die Dunkelheit hin zur Pforte des leuchtenden Tempels. Hier werden ihm nur vier kurze Fragen gestellt:

„Woher kommst du? — Von Juda.

Über welchen Ort reisest du? — Über Nazareth.

Wer war dein Führer? — Raphael.

Von welchem Stamme bist du? — Vom Stamme Juda."

Die Anfangsbuchstaben bilden das bekannte INRI: „Jesus Nazarenus Rex Iudaeorum: Jesus von Nazareth, König der Juden." Damit ist das verlorene Wort wiedergefunden. Man ist erst Prinz vom Rosenkreuz, wenn man das Wort gefunden hat, wenn man die Rose am Kreuz hat erblühen sehen.

Es kann uns nicht verwundern, daß der *Grand Orient* von Frankreich aus diesem rein christlichen Geschehen ganz etwas anderes gemacht hat. Die Worte *Glaube, Hoffnung* und *Liebe* sind durch *Freiheit, Gleichheit* und *Brüderlichkeit* ersetzt worden. Die Worte INRI erhalten die Bedeutung: „Igne Natura Renovatur Integra": „Durch das Feuer wird die Natur vollständig erneuert".

Wohlweislich beschließt Dr. Pott seinen Artikel „Andere maurerische Systeme" mit den Worten: „Zuletzt bleibt der volle Wert des Systems der Königlichen Kunst in den drei symbolischen Graden des Lehrlings,

Gesellen und Meisters enthalten. Mehr als das, was diese Grade geben, können die anderen Systeme auch nicht bieten, wenn auch einige Freimaurer durch ihre persönliche Einstellung und ihr spezifisches Interesse an bestimmten Formen dieser Grundgegebenheiten an der Arbeit anderer Systeme Befriedigung und Nutzen finden können.

Eid, Verpflichtung oder Gelöbnis

Bei seiner Aufnahme in die symbolischen Grade muß der Kandidat eine Verpflichtung übernehmen. In den angelsächsischen Logen gibt er, die Hand auf der Bibel, die feierliche Erklärung ab, daß er die Geheimnisse, die ihm mitgeteilt werden, „nicht aufschreiben, einritzen, einkerben, zeichnen, einschneiden oder auf andere Weise festhalten wird", durch die sie bekannt werden können. Und dann folgt die Stelle, die außer dem historischen Kontext über die Entstehung der Verpflichtung, eigenartig oder romantisch oder grausam oder wie dem auch sei, klingt: „Ich schwöre feierlich, daß ich die geheimen Gebräuche der Freimaurer hehlen, verbergen und nie entdecken will, was mir von ihnen jetzt oder künftig anvertraut wird, außer an einen echten, rechtmäßigen Bruder oder in einer gesetzmäßigen Loge von Brüdern, welchen oder welche ich, nach einer strengen und gehörigen Prüfung, als solche erkennen werde. Ich schwöre ferner, daß ich selbige nicht schreiben, drucken, schneiden, malen, zeichnen oder eingraben noch veranlassen will, daß es geschehe, auf irgendein bewegliches oder unbewegliches Ding unter dem Himmel, wodurch etwas lesbar oder verständlich werden, oder die mindeste Ähnlichkeit eines Zeichens oder Buchstabens erhalten kann, wodurch die geheime Kunst unrechtmäßig könne erlangt werden.

Alles dies schwöre ich mit dem festen, unerschütterlichen Entschluß, es zu halten, ohne Wankelmut, Unschlüssigkeit, geheimen Vorbehalt und innere Ausflucht, unter keiner geringeren Strafe, als daß meine Gurgel durchschnitten, meine Zunge bei der Wurzel ausgerissen und in dem Sand des Meeres zur Zeit der Ebbe verscharrt werde, eines Kabeltaus Länge vom Ufer, wo Ebbe und Flut zweimal in 24 Stunden wechselt."

Stellen wir zuerst mit Bernhard J. Jones fest: „Im Mittelalter legte der operative Lehrling einen *Eid* ab. Heutzutage nimmt der spekulative Freimaurer eine *Verpflichtung* auf sich. Beides ist nicht völlig dasselbe. Ein Eid ist eine feierliche Berufung auf Gott zur Unterstützung der Wahrheit einer Erklärung und als Bekräftigung, daß das Gelöbnis eingehalten werden soll. Eine Verpflichtung ist eine verbindliche Überein-kunft."

Zum Zweiten haben die gräßlichen Strafen, auf welche die Verpflichtung anspielt, natürlich einen archaischen Charakter. Man vergleiche die so-eben zitierte Formel mit der eines Lehrlingseides, wie er in der Verräter-schrift von Prichard im Jahre 1730 enthüllt wird und der noch unver-ändert aus früheren Jahrhunderten den Eid der operativen Lehrlinge übernahm. Dieser Eid oder diese Verpflichtung erinnern zu stark an Steinmetzen, Bildhauer und dergleichen Werkleute, um über den Ur-sprung im ungewissen zu sein. Und was die Strafe angeht, so finden wir bei dem Propheten Jeremias eine alte Übereinstimmung: (34, 18—20) Ein Kalb wird geschlachtet, die Kehle durchgeschnitten, das Herz heraus-genommen und mitten durchgeschnitten und die beiden streitenden Par-teien müssen zwischen den zwei Teilen hindurchgehen; wer sein Ver-sprechen nicht hielt, sollte durch die gleiche Art zu Tode gebracht wer-den. Unserer Zeit näher, 1451, machte der Admiral von Humber, Bür-germeister von Hull, allen Händlern und Schiffern auf königlichen Ge-wässern bekannt, daß derjenige, der ein Geheimnis aus dem Rat des Königs verrate, bei Niedrigwasser hingerichtet werden soll, indem ihm, an Händen und Füssen gefesselt, die Kehle durchschnitten, die Zunge herausgerissen und sein Leichnam in das Meer geworfen werde. In der britischen Geschichte lesen wir übrigens, daß im Jahre 1557 sechs See-räuber am Strand von Wapping bei Niedrigwasser aufgehängt und dort so lange belassen wurden, bis die Flut sie dreimal überspült hatte. Hieraus können wir folgern, daß die traditionsbewußten Briten die alten Strafen aus reinem Konservativismus in ihrer Freimaurerverpflichtung beibehalten haben.

Wir haben jedoch in der ganzen Geschichte kein einziges Beispiel als zwingenden Beweis dafür finden können, daß ein ungetreuer Freimaurer von seinen Brüdern ermordet worden ist. Vielleicht müssen wir den Fall William Morgan aus Batavia in den USA ausnehmen, der so gut wie sicher durch Freimaurer zur Seite gebracht worden ist, weil er die „Ge-heimnisse" der Bruderschaft verraten wollte, aber wir wissen nicht mit Sicherheit, ob er selber Freimaurer war. Und dann gibt es noch den Fall des Nichtfreimaurers Garcia Moreno, Präsident der Republik Ekuador, der im Auftrage der Logen ermordet wurde, aber wir müssen gleich hin-zufügen, daß die südamerikanischen Logen, besonders die in Ekuador, zu dieser Zeit eher politische Klubs waren und mit Freimaurerei nicht mehr viel zu tun hatten. Wir können mit der Feststellung schließen, daß die Androhung furchtbarer Strafen bei Untreue viel eher ein Überbleibsel des Jahrhunderte alten Eides als eine echte Verpflichtung ist.

Zudem gibt es sogar in England Logen, die eine andere Formel verwenden. In den irischen Logen heißt es, wer die Verpflichtung auf sich nimmt, „bears in mind", „vergegenwärtigt sich, daß er symbolisch die alte Strafe erhalten würde ..."

Bedenken und innerliche Vorbehalte, die einige englische Freimaurer gegen diese Formel hatten, veranlaßten einen anglikanischen Bischof und Provinzial-Großmeister, am 10. Juli 1964 bei der Londoner Großloge wegen einer Änderung der Formulierung vorstellig zu werden. Er wußte sehr wohl, daß ein gründlicher Wandel allzuviel Widerstand bei den traditionalistischen Engländern hervorrufen würde. Obgleich die in der Verpflichtung aufgeführten Strafen während der 150 Jahre ihres Bestehens nicht ein einziges Mal vollzogen wurden, wagte er deshalb nicht, eine rituelle Formel, die seit 1813 unverändert geblieben war, gründlich zu ändern.

Der Bischof machte vielmehr den Vorschlag, die Worte „under no less penalty than": „bei keiner geringeren Strafe als" in „ever bearing in mind the ancient penalty": „sich stets die alte Strafe vor Augen haltend" gemäß der irischen Formulierung zu ändern. Dieser Antrag wurde allen der Großloge von England unterstellten Logen in England und Übersee mitgeteilt, und in der Vierteljahresversammlung am 9. Dezember 1964 ergab sich über die vorgeschlagene Änderung eine lange Debatte. Ein Mitglied der *Quatuor Coronati Lodge* empfahl, anstatt „ancient" das Wort „traditional" zu gebrauchen. So modifiziert, wurde dem Antrag mit großer Mehrheit zugestimmt, und die Großloge befürwortete eine nicht verpflichtende Änderung für jeden der drei symbolischen Grade. Die Worte: „bei keiner geringeren Strafe, sofern ich nur eine von ihnen verletze, als die" wurden durch die Worte ersetzt: „sich stets, sofern ich nur eine von ihnen verletze, die traditionelle Strafe vor Augen haltend". Dadurch blieb die jahrhundertealte, traditionelle Formel bestehen, aber was einige stören konnte, wird für sie nun annehmbar gemacht. Aus der Formulierung ersieht man doch deutlich, daß alles symbolisch und allegorisch und nicht buchstäblich zu verstehen ist, wie es z. B. ein Walton Hannah in seinem „Darkness Visible" tut.

Den Ritualen der *Grande Lodge Nationale Française* kann ich entnehmen, daß man die genau gleichen Aufnahmebräuche und Verpflichtungen verwendet wie in der britischen Großloge: Die französischen Rituale sind wörtliche Übersetzungen der englischen.

In der französischen *Grande Loge* legt man heute den folgenden Eid ab:
„Ich schwöre und gelobe aus freiem Willen, angesichts des Großen Baumeisters des Weltalls und dieser ehrwürdigen Versammlung von Maurern, feierlich und aufrichtig, niemals eines der Geheimnisse der Freimaurerei, die mir anvertraut werden, bekanntzumachen, es sei denn einem guten und gesetzmäßigen Maurer oder in einer rechtmäßig eingerichteten Loge, nichts zu schreiben, zu zeichnen, einzukerben, anzuzeigen oder ein Merkmal zu machen, wodurch das Geheimnis enthüllt werden könnte, bei der Strafe, daß mir die Kehle durchschnitten, die Zunge herausgerissen und ich verscharrt werde im Sande des Meeres, so daß Ebbe und Flut mich in ewige Vergessenheit tragen."

In den Niederlanden fanden es die Freimaurer, unter ihnen viele gläubige Calvinisten, schon im 18. Jahrhundert etwas anstößig, den alten Eid auf die Bibel abzulegen. Mehrere Logen änderten spontan diese feierliche Verpflichtung in ein einfaches Gelöbnis um, so daß die 1756 errichtete Großloge bereits 1761 mit allgemeiner Zustimmung das Ablegen des Eides auf die Bibel untersagte. Die Rotterdamer Loge „Frédéric Royal" protestierte jedoch dagegen, was den deputierten Großmeister Van Teylingen zu einer bissigen Antwort verleitete. Die Briefe haben wir im Archiv des Großostens in Den Haag einsehen können, und wir zitieren aus dem Antwortschreiben Van Teylingens:

„Der Großmeister Van Hogerheiden hat vorgeschlagen, den Mißbrauch abzuschaffen, der bei verschiedenen Logen darin besteht, die Verpflichtung auf die Bibel abzulegen und dafür den Großen Baumeister des Weltalls zum Zeugen anzurufen. Verschiedene Logen sowohl in Den Haag als auch in Amsterdam und Leiden hatten diesen Brauch bereits früher abgeschafft, und alle Logen, die wir besuchten, folgten alsbald diesem guten Vorbild, wie auch dem Vorschlag des Hochleuchtenden Vorstehers des Ordens. (...) Ihr, meine Brüder, habt Euch auch nicht gegen das aufzulehnen, was der ganze Orden beschlossen hat, und zwar in Übereinstimmung mit unserer Institution, mit der Religion und mit unserer Pflicht. Nie sollen wir so ungehorsame Untertanen unserer gesetzmäßigen Obrigkeit sein, daß wir darauf einen Eid fordern. Nie sollen wir so profan sein, etwas zu tun, was anstößig ist für die Religion, die von Theologen aller Bekenntnisse verteidigt wird; und nie, meine Brüder, werden wir uns unsere Rechte auch nur im mindesten schmälern lassen."

Und deshalb übernimmt man seit 200 Jahren bis auf den heutigen Tag in den niederländischen Logen keine feierliche Verpflichtung, sondern man legt ein *Gelöbnis* ab, das heute wie folgt lautet: „Ich gelobe, das Ziel des Ordens nach Vermögen durch Wort, Schrift, Tat und Beispiel in allem Tun und Lassen zu vertreten. Ich gelobe Gehorsam den Gesetzen des Ordens und den Beschlüssen des Großostens. Ich gelobe, den Verpflichtungen, die mir durch die Gesetze und Beschlüsse auferlegt sind, getreu nachzukommen und, gemäß der Eigenart des Ordens als geschlossene Gesellschaft, zu achten, was mir als Mitglied des Ordens anvertraut wird." Gegen ein derartiges, freiwillig übernommenes Gelöbnis haben wir persönlich nicht das geringste einzuwenden.

Symbolik in Werkzeugen und Kleidung

Von allen Künsten ist die Baukunst die älteste und vornehmste und steht den Menschen auch am nächsten. Die ganze Symbolik und Ritualistik der Freimaurer ist voll von Ausdrücken und Vorstellungen, die dem Bauhandwerk entlehnt sind. Die abgebildeten Geräte sind Symbole der Werkzeuge, die der Freimaurer als einfacher Arbeiter gebraucht, um nach dem Plan des Großen Baumeisters des Weltalls mitzubauen am Tempel der Menschheit.

Die drei Grade des Lehrlings, Gesellen und Meisters werden die symbolischen Grade genannt. Die verschiedenen Werkzeuge, die ihnen in die Hand gegeben werden, haben symbolische Bedeutung. Der Maßstab bedeutet, daß der Aufgenommene 24 Stunden am Tage an seiner Vervollkommnung arbeiten muß, der Meißel, den er mit der linken Hand auf den rauhen Stein setzt, weist auf die geistigen Unterschiede, der Hammer, den er mit der rechten Hand bewegt, auf Stärke und sittliche Entschlossenheit hin. Das Winkelmaß zielt auf Rechtschaffenheit und Ehrlichkeit, die Wasserwaage auf soziale Gleichheit und das Senkblei auf gerechtes Urteil, das durch nichts getrübt wird. Mit Senkblei, Wasserwaage und Winkelmaß kann man die Mauern des Tempels fehlerlos bauen. Die Richtschnur deutet auf das rechte Verhalten, wie es in der Bibel festgelegt ist. Der Zirkel jedoch ist das vollkommenste Werkzeug: Im Ritual wird gesagt, daß der Zirkel an die unparteiische Gerechtigkeit Gottes erinnert, die ein für alle mal die Grenze zwischen Gut und Böse abgesteckt hat. Die Verbindung von Zirkel und Winkelmaß kommt mehrfach vor; es sind die beiden wichtigsten Symbole, die für viele Geist und Materie symbolisieren. Zusammen mit der Bibel bilden sie auch die Drei Großen Lichter, die während der Logenarbeit auf dem Kubischen

Stein liegen müssen. „Die Bibel, das Licht über uns, nicht als dogmatische Gewalt, aber als Ausdruck des Glaubens an eine sittliche Weltordnung; das Winkelmaß, das Licht in uns, das Symbol der Idee von Recht und Pflicht, des sittlichen Handelns; der Zirkel, das Licht um uns, das Symbol der Brüderlichkeit, des Dienstes an den Menschen" (Lennhoff).

Die Kelle kommt nicht so oft vor: sie vereinigt, macht gleich. Sie ist das Sinnbild der brüderlichen Liebe, die alle Brüder vereinen muß, und die der einzige Kitt ist, den sie verwenden wollen, um gemeinsam den Tempel zu errichten.

Der Schurz oder das Schurzfell, das die Freimaurer als das deutlichste Zeichen der Bruderschaft tragen, ist gleichzeitig ein sehr altes Symbol, das schon bei den Ägyptern, Persern, Juden und Indern vorkommt und eine deutliche Erinnerung daran ist, daß sich die Freimaurer aus den Maurer- und Steinmetzgilden entwickelt haben. Während früher die Handarbeit geringer geachtet wurde, ist der Schurz ein beredter Beweis dafür, daß sich das innere Verhältnis zur Handarbeit verändert hat. Der Schurz des Lehrlings ist weiß, als Zeichen seiner Unschuld, der des Gesellen ebenfalls, wenn er auch manchmal mit zwei hellblauen Rosetten besetzt ist, während der Schurz des Meisters mit einem blauen Rand versehen ist. In den höheren Graden sind die Schurze oft sehr schön verziert. Die der Ritter vom Rosenkreuz z. B. zeigen eine Rose auf einem Kreuz, oft einen Pelikan mit seinen Jungen, eine Dornenkrone und einen Leidenskelch.

An Schärpen und Bändern tragen die Beamten einer Loge die ihrem Amte entsprechenden Abzeichen: So kann man auf der Schärpe des Meisters vom Stuhl Zirkel und Winkelmaß, Kornähre und Akazie, das Symbol der Unsterblichkeit, antreffen. Auch die Juwelen oder Bijoux, welche die Freimaurer tragen, weisen die Symbole ihres Grades und ihrer Stellung in der Loge auf.

Auch die Farben haben eine symbolische Bedeutung. Die drei symbolischen Grade werden auch die blauen Grade genannt: Blau versinnbildlicht das Blau des Himmels, die Unsterblichkeit, die Ewigkeit, auch die Reinheit und Treue. Die höheren Grade werden mitunter die roten Grade genannt: Rot ist die Farbe des Glaubens, der Stärke, der göttlichen Liebe. Zuweilen verwendet man auch violett als Sinnbild der Mäßigkeit, Schlichtheit und Sühne; grün als Sinnbild der Hoffnung und der Freude; schwarz, um Trauer und Tod auszudrücken.

Es ist allgemein bekannt, daß die Freimaurer oft Abkürzungen mit drei

Punkten in Form eines Dreiecks verwenden; in Frankreich spricht man daher von „les Frères Trois Points". Diese Art der Abkürzung taucht plötzlich 1774 auf und wird seit dieser Zeit in allen Ländern mehr oder weniger gebraucht. Die Punkte weisen auf Delta oder Dreieck hin, und nach Ansicht einiger kann man darin sogar eine Anspielung auf die Dreifaltigkeit sehen.

Einige Beispiele: Br∴ und BBr∴ stehen für Bruder und Brüder; A∴ B∴A∴W∴ ist allmächtiger Baumeister aller Welten; K∴K∴ ist Königliche Kunst, L∴ ist Loge und G∴O∴ ist Großosten usw.

In Frankreich bedeutet F∴ Frère, O∴ Orient, TT∴CC∴FF∴ Très Chers Frères; A∴L∴G∴D∴G∴A∴D∴L∴U∴ A la Gloire du Grand Architecte de l'Univers; N'O∴P∴V∴D∴M∴ N'oubliez pas vos décors maçonniques; N∴V∴S∴P∴T∴L∴N∴Q∴V∴S∴C∴ Nous vous saluons par tous les Nombres qui vous sont connus; A∴N∴ E∴S∴L∴A∴D∴G∴O∴D∴F∴ Au nom et sous les auspices du Grand Orient de France.

Im englischen Ritual lesen wir: „G∴ or Tn∴ is given by a d∴P∴o∴ t∴t∴o∴t∴f∴j∴o∴t∴h∴." was bedeutet: „Grip or token is given by a distinct pressure of the thumb on the first joint of the hand."

Ferner gebrauchen Freimaurer mitunter eine eigene Jahresbezeichnung: sie fügen nämlich der üblichen Jahreszahl viertausend Jahre hinzu. So kann man lesen: P∴S∴1967, M∴S∴5967, d. h. gewöhnliche Zeitrechnung und freimaurerische Zeitrechnung. Ein gelehrter, anglikanischer Prälat, Bischof Usher (1580—1656), hat nach den genealogischen Angaben in der Bibel errechnet, daß der Geburt Christi die Erschaffung der Welt um genau 4004 Jahre vorausgegangen war, eine Zahl, die man der Einfachheit halber auf 4000 herabsetzte.

Die alten Katechismen stellen die Frage: „Wie müssen die Freimaurer zusammenkommen, handeln und sich trennen?" Worauf die Antwort erfolgt: „Im Zeichen der Wasserwaage, des Senkbleis und des Winkelmaßes", was in einfachen Worten bedeutet: „Zusammenkommen in Harmonie, Handeln nach dem höchsten Gesetz, Sich-Trennen im rechten Verhältnis." Die Königliche Kunst erlegt dem Lehrling auf, an seinem Rauhen Stein zu arbeiten, d. h. sich zu vervollkommnen, damit er am Bau des einen großen Tempels mithelfen kann, dem Gesellen, damit er das rechte Verhältnis zu seinen Mitmenschen findet und auch danach handelt, und dem Meister, damit er dem Obersten Baumeister des Weltalls gehörig dient, ihn liebt und preist und die ganze Menschheit zu Ihm hinführt. Alles dies, in symbolischer Steinmetz- und Maurersprache ausgedrückt, ist keine sinnlose Folklore, sondern hat tiefe Wurzeln. Darauf müssen wir noch näher eingehen.

Das Andeutende in der Freimaurerei

In diesem Abschnitt geht es um den Kern der Freimaurerei. Für einen „Profanen", der „einen Versuch zu Einsicht und Würdigung" der Freimaurerei unternehmen will, wie es der Untertitel des Buches besagt, und zwar ohne die Freimaurerei praktisch ausgeübt zu haben, ist die Behandlung dieses Themas ein großes Wagnis. Wir hoffen, daß die echten Freimaurer, die der Königlichen Kunst mit Herz und Seele anhängen, unseren Versuch milde beurteilen wollen.

Es war eine kleine Sensation, als in einem kleinen katholischen Verlag in Paris 1961 ein anonymer Freimaurer ein Buch erscheinen ließ, „Les authentiques ‚Fils de la Lumière'", in dem er seinen eigenen geistigen Aufstieg durch die Freimaurerei schildert. Zum Gebrauch von Symbolen schreibt er: „Wenn sich unsere Rituale nicht in offener Sprache ausdrücken, sondern in Symbolen, so ist es nicht deshalb, um dem Außenstehenden die großen Geheimnisse zu verhüllen. Der Zweck der symbolischen Ausdrucksweise ist ganz im Gegenteil, der Intuition des Aufnahmesuchenden das mitzuteilen, was sein bloßer Verstand nicht fassen kann. Das Erörtern abstrakter Begriffe genügt nicht, um die letzten Wahrheiten zu enthüllen." Und weiter: „Die Freimaurerei ist kein steinernes Gebäude, das man Schicht auf Schicht erbaut, wobei der Zement dem Gesetz der Logik entspräche. Unsere Rituale entsprechen keiner Dogmatik, nein, sie deuten vielmehr auf etwas anderes hin, und dieses andere muß Bein von Eurem Bein und Fleisch von Eurem Fleisch werden. Die Intuition und die Analogie sind, viel mehr als der Verstand und die Logik, die Mittel, mit denen wir uns diesem anderen nähern können. Unsere Texte und unsere Zeremonien sind der Weg und das Leben, die auf asymptotische Weise, d. h. immer nur annähernd, zur Wahrheit führen."

Wir haben, gestützt auf Bücher verläßlicher freimaurerischer Autoren, die symbolische Bedeutung einer Anzahl freimaurerischer Werkzeuge oben erläutert. Und doch haben wir damit ein Unrecht an der wahren freimaurerischen Symbolik begangen. Die Eigenart dieser Symbolik ist nämlich die, daß die Symbole mehrere Bedeutungen haben, die von dem einen so, von anderen wieder anders verstanden werden, mit anderen Worten, daß sie mehrdeutig sind. Und das ist nun gerade das, was Walton Hannah, um nur einen Streiter wider die Freimaurerei zu nennen, nicht berücksichtigt, so daß er mehrfach zu falschen Schlüssen kommt. Die Symbole sind keine unmittelbaren religiösen Sinnbilder, sie weisen nicht einheitlich entweder auf einen christlichen oder auf einen nicht-christlichen religiösen Inhalt hin, sie überlassen es dem einzelnen Freimaurer selber, in den Symbolen zu sehen, was er in sie hineinlegen will. Wenn er bei der Erhebung in den dritten Grad in der Auferstehung Hirams ein Sinnbild Christi sieht, hat er alle Freiheit dazu, und er braucht dabei nichts aufzugeben. Will dagegen ein nicht-christlicher Freimaurer an Osiris oder Adonis denken, so steht ihm das ebenso frei. Und noch eins: Freimaurerei ist keine Religion, sondern sie will die Menschen sittlich bessern und verbrüdern und ihr eigenes religiöses Leben nicht behindern, sondern wecken, und zwar durch das Andeutende der Symbole.

„Der Orden arbeitet auf seine eigene Weise mit Hilfe von Symbolen und Ritualen als Ausdruck von Idealen und Gedanken, Äußerungen des höchsten Lebensgeistes", sagt die Verfassung des Großostens der Niederlande. Es ist sicher, daß die gemeinschaftliche Arbeit in der Loge und die gemeinschaftliche symbolische Handlung verborgene Gefühle und Gedanken bei den Teilnehmern auslöst und mehr oder minder bewußt macht und sie dadurch zu innerlichem Erleben und religiöser Gebundenheit führt.

Wir wollen versuchen, noch deutlicher zu sein. Nehmen wir z. B. ein christliches Motiv aus der Urkirche. In den Katakomben sieht man häufig auf den Wänden einen Fisch abgebildet. Das kann einen Christen veranlassen, an Christus als den guten Hirten zu denken, denn wie der Fisch nicht schläft, so bleibt auch der gute Hirte wachsam; er kann auch an das Brot und den Fisch bei der wunderbaren Speisung, Vorbild der Eucharistie, denken; auch kann er den griechischen Namen für Fisch ICHTUS buchstabieren, die Anfangsbuchstaben Ièsous CHristus THeou Uios Sotèr, d. h. Jesus Christus Gottes Sohn Erlöser. Für Profane jedoch, die unvorbereitet in eine christliche Katakombe kommen, besagt das Bild des Fisches nichts.

Nun arbeitet die Freimaurerei mit einem Symbolismus, der überwiegend geometrischer und räumlicher Natur ist. Der Tempel Salomos spielt, wie wir oben sagten, eine hervorragende Rolle. Es liegt auf der Hand, daß der Tempel das Universum, das Weltall, bedeutet. Dieses Symbol zeigt das Gesetzmäßige sowohl im Makrokosmos, im Weltall, als auch im

Mikrokosmos, beim Menschen, an. Bauen am Tempel kann einmal bedeuten: Bauen an einer besseren Welt um uns, zum anderen: Bauen an unserer eigenen Vervollkommnung. Und wenn wir noch tiefer in dieses Bild dringen, dann muß das Studium von Gesetzmäßigkeit und Ordnung uns zum Ursprung dieser Gesetzmäßigkeit führen, zum Obersten Baumeister des Weltalls.

Der Tempel und alles, was mit ihm zusammenhängt, ist daher ein sehr dankbares Symbol, es gehört zu den „erweckenden oder andeutenden Symbolen, die nicht nur für einen bestimmten Begriff oder ein bestimmtes Verhältnis stehen, sondern ebenso auf mehrere Begriffe oder Verhältnisse bezogen werden können". Diese Symbole werden *allusiv* genannt, nach dem lateinischen Wort alludere, das zugleich „anspielen auf" und „zuspielen" heißt. Um jedoch diese „Sprache" zu verstehen, muß man eingeweiht sein und sich ihr bereitwillig erschließen. So können die Freimaurer mit Recht sagen, das Wort könne nur dem gegeben werden, der es bereits kennt.

Wir können diese Darlegung nicht besser als mit den Worten von Dr. Pott beenden, die alle Elemente kurz und doch deutlich zusammenfassen: „Das Typische der Methode — das Geheimnis — der Königlichen Kunst besteht in der bewußten Anwendung einer gemeinschaftlichen *allusiven* Handlung auf dem Hintergrund einer dem Alten Testament entlehnten und vielfältig auslegbaren Symbolik vom Tempelbau Salomos, einer Handlung, die bei den teilnehmenden Eingeweihten hinsichtlich des religiösen Erlebens erweckend ist — und die zugleich gerade durch ihren allusiven Charakter einerseits stimulierend wirkt hinsichtlich der individuellen Teilnehmer, andererseits allgemein bindend hinsichtlich der ganzen Gruppe."

8. Die Freimaurerei als Lebensstil

Aus der britischen Definition der Freimaurerei „a peculiar system of morality, veiled in allegory and illustrated by symbols" haben wir die letzten zwei Grundbegriffe im vorigen Kapitel zu erläutern versucht. In diesem Abschnitt wenden wir nun unsere Aufmerksamkeit dem ersten Grundbegriff zu: „a peculiar system of morality": „ein besonders moralisches System".

Die altehrwürdigen und unveränderlichen Landmarken

Die Konstitutionen von Anderson aus den Jahren 1723 und 1738, die den Grundstein für die Freimaurerei legten, besagen: „Jede Jahresversammlung der Großloge hat die Befugnis von alters her, neue Anordnungen zu erlassen oder bestehende zu ändern, immer zum wahren Wohle unserer alten Bruderschaft. Allerdings müssen dabei die alten Landmarken immer genau beachtet werden."

Was sind das für Landmarken? Dieses Wort, das dem englischen *Landmark* entspricht, bedeutet Grenzpfahl, alter Pfahl, Grenzstein, Grenzscheide. Es deutet auf alte ländliche Einrichtungen hin, wo das Versetzen von Grenzsteinen als ein sehr schweres Vergehen bestraft wurde. Was nun die freimaurerischen Landmarken betrifft, so wird die Erklärung von John W. Simons nahezu allgemein anerkannt:

„Wir nehmen an, daß es rechtsetzende Landmarken sind, die seit undenklichen Zeiten als geschriebene oder ungeschriebene Gesetze bestanden haben; die mit Form und Wesen der Bruderschaft übereinstimmen; die von der großen Mehrheit anerkannt werden, die nicht verändert werden können und die jeder Freimaurer bei der Strafe, feierlich und unnachsichtlich verurteilt zu werden, unversehrt zu bewahren hat."

Wie sehen diese bestimmten Landmarken aber nun in klaren Formulierungen aus? Es ist niemals gelungen, eine Liste von Landmarken aufzustellen, denen alle Freimaurer zugestimmt hätten. Noch 1917 stellte die Großloge von Georgia fest: „Keine zwei Verfasser stimmen beim Aufstellen der Landmarken überein und kein Versuch, diese Landmarken im geheimen festzulegen, hat die allgemeine Zustimmung der Bruderschaft gefunden."

Albert G. Mackey hat jedoch 1858 den Versuch gewagt, 25 Landmarken zusammenzustellen:

142

1.	Die Erkennungszeichen.
2.	Die Aufteilung der symbolischen Freimaurerei in drei Grade.
3.	Die Legende des dritten Grades.
4.–8.	Die Leitung der Bruderschaft durch einen Großmeister und dessen Rechte auf verbindliche Anordnungen.
9.–17.	Die Stellung eines jeden Freimaurers zu seiner Loge und zu der Großloge, unter deren Rechtsordnung er steht.
18.	Ein Kandidat für die Aufnahme muß ein Mann sein, nicht körperlich behindert, frei geboren und von einer gewissen Reife.
19.	Die Anerkennung der Existenz Gottes als des Großen Baumeisters des Weltalls.
20.	Glaube an die Auferstehung und das ewige Leben.
21.	In allen Logen muß das Heilige Buch der Gesetze seinen Platz haben.
22.	Alle Freimaurer sind gleich.
23.	Die Geheimhaltung.
24.	Der Gebrauch von Symbolen, die dem Tempelbau, bestimmter noch dem Tempel Salomos, entlehnt sind, für den religiösen und ethischen Unterricht.
25.	Die Landmarke, als Krone des Werkes, besagt, daß diese Landmarken nicht verändert werden können.

Bernard E. Jones, der sich kritisch über diese Zusammenstellung von Landmarken geäußert hat, sagt: „Mackeys Liste wird viel Stoff zum Nachdenken geben, aber nur wenig Zustimmung finden." Trotzdem haben zahlreiche amerikanische Großlogen diese Liste offiziell übernommen.

Roscoe Pouna hat die Landmarken auf sieben begrenzt:

1. Der Glaube an Gott.
2. Der Glaube an das Fortbestehen der Persönlichkeit.
3. Das Buch der Gesetze ist unentbehrlicher Bestand der Loge.
4. Die Legende des dritten Grades.
5. Das Geheimnis.
6. Die aus den Gebräuchen der Bauhütten entstandene Symbolik.
7. Die Forderung, nur Männer, frei geboren und angemessenen Alters aufzunehmen.

Ein anderer freimaurerischer Schriftsteller glaubte, die Landmarken so zusammenfassen zu können: „Die Vaterschaft Gottes, die Bruderschaft, das Moralgesetz, die goldene Regel und die Hoffnung auf ein ewiges Leben."

In all diesen Aufstellungen erkennt man eine gemeinsame Linie. Die Gründe, warum man wohl zu keiner befriedigenden Zusammenfassung kommt, liegen zum Teil in der Tatsache, daß die spekulative Freimaurerei aus England stammt, einer der ältesten und noch immer gesündesten Demokratien, die aber kein geschriebenes Grundgesetz hat: Auch Anderson hat die Landmarken nicht zusammengestellt. Es liegt auch zum Teil am inneren Gehalt der Freimaurerei, die keine Organisation im Sinne des Rechts ist, sondern ein Orden mit einem Lebensstil, der dann noch mit Symbolen und Ritualen belebt und erfüllt wird. In diesem Sinne steht der Orden weit entfernt beispielsweise von den Orden der Dominikaner und Jesuiten; er ähnelt eher dem Orden der Franziskaner, dessen Stifter, Franziskus, auch nicht in der Lage war, klare Regeln aufzustellen, während der Geist des Ordens heute noch nicht zu mißdeuten ist.

Seitdem der Grand Orient von Paris 1877 den Obersten Baumeister des Weltalls aus seinen Logen verbannte und seitdem eine Großloge auch Frauen aufnahm, empfanden die echten Freimaurer deutlich, daß man damit eine Landmarke überschritten hatte und außerhalb der wahren Freimaurerei stand. Wenn sie auch nicht klar formuliert sind, so stehen die Landmarken doch im Herzen eines jeden echten Freimaurers eingegraben. W. A. Ridder van Rappard konnte einen Artikel über dieses Thema daher auch schließen: „So leben die alten Landmarken, in den Herzen der Brüder bewahrt, fort und sind somit ein Teil dessen, was uns in der ganzen Welt zusammenhält: Das Geheimnis der Freimaurerei."

Die Grundsätze der regulären Freimaurerei

Um die Grundsätze der Freimaurerei kommentieren zu können, müssen wir diese Grundsätze erst gründlich kennenlernen. Die Landmarken geben uns, wie wir schon gesehen haben, dafür nicht genügend Anhaltspunkte. Zum Glück haben zahlreiche Großlogen und Großosten in ihren Statuten diese Grundsätze festgelegt. Die drei Großlogen von England, Schottland und Irland haben am 7. September 1949 einen gemeinschaftlichen Standpunkt hinsichtlich der Anerkennung anderer freimaurerischer

Großmächte formuliert. Danach stimmen sich diese drei Großlogen untereinander ab, wenn es darum geht, eine freimaurerische Großbehörde anzuerkennen oder nicht anzuerkennen. Die Großloge von England, aus der alle anderen Logen und Großlogen außer derjenigen von Schottland und Irland hervorgegangen sind, wird als die Muttergroßloge der Welt betrachtet. Ein Bruch mit der Großloge von England oder eine von ihr erfolgte Ausschließung bedeutet, „irregulär" zu werden, d. h., man trägt zwar den Namen Freimaurer noch, ist aber vom ursprünglichen Geist abgewichen und gehört nicht mehr zur internationalen Freimaurerei, die augenblicklich etwa sechs Millionen Mitglieder umfaßt.

Hier die acht Grundsätze, die bereits am 4. September 1929 festgelegt wurden und heute noch gültig sind, die erfüllt sein müssen, um von den drei britischen Großlogen als „regulär" anerkannt zu werden:

1. Die Rechtmäßigkeit des Ursprungs, d. h., jede Großloge muß auf rechtmäßige Weise von einer anerkannten Großloge oder von drei oder mehr gerechten und vollkommenen Logen errichtet werden.

2. Der Glaube an den Obersten Baumeister des Weltalls und an seinen geoffenbarten Willen muß die Voraussetzung der Mitgliedschaft sein.

3. Jeder Aufzunehmende muß sein Gelöbnis auf das geöffnete Buch des Heiligen Geistes oder im vollen Angesicht dessen ablegen. Hiermit ist die gewissensmäßige Bindung des Aufzunehmenden an die göttliche Offenbarung gemeint.

4. Nur Männer können Mitglieder einer Einzelloge und damit der Großloge sein. Die Großloge darf keine maurerische Verbindung mit den gemischten Logen einer anderen Vereinigung, die auch Frauen als Mitglieder zulassen, unterhalten.

5. Die Großloge muß die uneingeschränkte Jurisdiktion über die ihr unterstehenden Logen besitzen, d. h. sie muß eine verantwortliche, unabhängige, selbstbestimmende Organisation sein, mit ausschließlicher und unbestrittener Autorität über die Bruderschaft und die symbolischen Grade (Lehrling, Geselle, Meister). Die Großloge darf in keiner Weise diese Autorität abtreten oder teilen mit einem Obersten Rat oder einer anderen maurerischen Macht, die irgendeine Kontrolle oder Aufsicht über die drei Grade beansprucht.

6. Die drei Großen Lichter der Freimaurerei (das Buch des Heiligen Gesetzes, das Winkelmaß und der Zirkel) müssen stets aufliegen, wenn die Großloge oder die ihr unterstehenden Logen arbeiten; das rangmäßig höchste Licht ist das Buch des Heiligen Gesetzes.

7. Diskussionen über Religion und Politik müssen in der Loge streng verboten sein.

8. Die Grundsätze der „Alten Landmarken", Gebräuche und Gewohnheiten der Bruderschaft müssen genau beachtet werden.

In Frankreich sind der „Grand Orient" und die „Grande Loge" von den ursprünglichen Grundsätzen abgegangen und daher von der Londoner Großloge und den anderen regulären Großlogen in der Welt nicht mehr anerkannt. In Frankreich besteht noch eine dritte Obödienz: die „Grande Loge Nationale Française", die aber regulär ist. Sie umschreibt ihre Grundhaltung wie folgt:

„Um jedes Mißverständnis zu vermeiden, bestimmt die ‚Grande Loge Nationale Française' zu Neuilly, die einzige Freimaurerei in Frankreich, die von der universellen regulären Freimaurerei anerkannt wird, daß es keine ‚reguläre' Freimaurerei ohne folgende Grundsätze ‚ne varietur' geben kann: Glaube an Gott, das göttliche Wesen, den Großen Baumeister des Weltalls.

Glaube an seinen geoffenbarten, im Buch des Heiligen Gesetzes niedergelegten Willen.

Glaube an die Unsterblichkeit der Seele.

Sie verbietet weiter in ihren Logen alle Streitgespräche oder Polemiken über soziale, politische und religiöse Fragen. Die Rituale, die sie bearbeitet, haben, wie die der operativen Maurer, Bezug auf den traditionellen Symbolismus des Handwerks und der Königlichen Kunst. In Zeit und Raum den Osten und den Westen verbindend, schöpfen sie aus dem geweihten Born des Alten und Neuen Testamentes.

Alle Verpflichtungen ihrer Mitglieder und ihrer Beamten werden ‚in Gegenwart des Allmächtigen Gottes' auf das Buch des Heiligen Gesetzes abgelegt, das dem Glauben des einzelnen entspricht.

Die ‚Grande Loge Nationale Française' (Neuilly) hat, bei ihrer Arbeit nach den alten Ritualen des Ordens, allein die seelische und geistige Vervollkommnung ihrer Mitglieder und die Pflege einer brüderlich tätigen und sich belebenden Liebe im Auge. Sie will also nichts mit Diskussionen und Streit um Dinge zu tun haben, die sie nichts angehen. Bestimmter gesagt, sie enthält sich allem, was als Vorgehen gegen die Kirche oder die gesetzliche Obrigkeit betrachtet werden könnte.

Sie kann sich indes nur darüber freuen, ein Klima besseren Verstehens zwischen all denjenigen aufkommen zu sehen, die in allem ihre Hoffnung auf Gott stützen."

Zitieren wir noch die Grundsätze der seit dem 1. März 1917 gültigen „Grondwet voor de Orde der Vrijmetselaren onder het Grootoosten der Nederlanden":

Art. 2,1. Freimaurerei ist die aus innerem Drang geborene Geistesrichtung, die sich in einem dauernden Streben nach Entwicklung all der Eigenschaften des Geistes und Gemütes, die den Menschen und die Menschheit auf einen höheren geistigen und sittlichen Stand heben können, offenbart. Sie sieht ihre Aufgabe in der Pflege der höchsten Lebenskunst.

2. Der Orden, selbständiger Teil der über die ganze Erde verbreiteten Bruderschaft der Freimaurer, stellt sich die Aufgabe, ein gemeinschaftlicher Mittelpunkt zur Pflege der Lebenskunst zu sein, und strebt nach einer vielseitigen und harmonischen Entwicklung des Menschen und der Menschheit.

3. Sie geht aus von einem festen Vertrauen in die Existenz einer geistlichen und sittlichen, den Menschen und die Menschheit weiterführenden Weltordnung.

4. Sie nimmt weiter als Grundlage die Erkenntnis an: vom hohen Wert der menschlichen Persönlichkeit; vom Recht eines jeden, selber nach der Wahrheit zu suchen; von der moralischen Verantwortlichkeit jedes Menschen für sein Tun und Lassen; von der Wesensgleichheit aller Menschen; von der allgemeinen Brüderlichkeit der Menschen; von der Pflicht eines jeden, mit Hingabe für das Wohl der Gemeinschaft zu arbeiten.

Art. 3,1. Der Orden ist bestrebt, sein Ziel dadurch zu erreichen, daß seine Einrichtung und die wechselseitigen Verhältnisse den in Art. 2 umschriebenen Grundsätzen entsprechen, um mit diesen Grundsätzen die menschliche Gesellschaft zu durchdringen.

2. Sie arbeitet daran auf ihre eigene Weise, einerseits mit Hilfe von Symbolen und Ritualen als Ausdruck der Ideale und Gedanken, Äußerungen des höchsten Lebensgeistes, andererseits durch Förderung alles dessen, was geistige Armut, seelisches und materielles Elend in geistigen und seelischen Reichtum und materiellen Wohlstand verwandeln kann.

3. Sie erzieht zu Verträglichkeit, beobachtet Rechtschaffenheit, fordert Nächstenliebe, stärkt alles, was Menschen und Völker vereint, versucht all das zu verhindern, was Geister und Ge-

müter trennt, und versucht den Gedanken einer höheren Einheit in der alle verbindenden Bruderschaft im Bewußtsein lebendig zu machen.

4. Sie fordert Gehorsam gegenüber den Gesetzen des Landes.

In den Niederlanden arbeitet neben dem Großosten der Niederlande auch noch der Oberste Rat des Alten und Angenommenen Schottischen Ritus in den höheren Graden bis zum 33. Hier einige Artikel seiner Statuten von 1960:

Art. 3.   Der Orden geht von der Existenz des Obersten Baumeisters des Weltalls und der Unsterblichkeit der Seele aus. Er anerkennt den hohen menschlichen Wert der Persönlichkeit. Er anerkennt die Bruderschaft aller Menschen und das Recht jedes einzelnen, selber nach der Wahrheit zu suchen.

Art. 4.   Er verbietet seinen Mitgliedern bei den Zusammenkünften Streitgespräche über Politik und Religion. Er ist offen für Männer jeder Nationalität, jeder Rasse und jeden Glaubens.

In Belgien ist die Freimaurerei in einer Krise, wie wir es im Kapitel IX noch erläutern werden. Hier sei lediglich angemerkt, daß die vom Großorient abgesplitterte Großloge seit dem 10. März 1965 durch die Großloge in London anerkannt ist. Wir dürfen mit gutem Recht annehmen, daß ihre Statuten nicht wesentlich von denjenigen der britischen, französischen und niederländischen regulären Großlogen oder Großosten abweichen.

Wollen wir nun, nach diesen etwas nüchternen aber notwendigen Zusammenstellungen versuchen, in die Grundsätze der wahren Freimaurerei tiefer einzudringen.

Keine Religion, aber ein Lebensstil

In Andersons *The Charges of a Free Mason*, dem Grundgesetz der Freimaurer von 1723, lesen wir: „In alten Zeiten waren die Maurer in jedem Land verpflichtet, der Religion anzugehören, die in ihrem Lande oder Volke galt, heute jedoch hält man es für ratsamer, sie nur zu der Religion zu verpflichten, in der alle Menschen übereinstimmen, und jedem seine besondere Überzeugung selbst zu belassen." Mit anderen Worten, man muß einen bestimmten Gottesglauben und eine spiritualistische Einstellung zum Leben haben, um der Freimaurerei beitreten zu können, aber im übrigen kann jeder derjenigen Religion anhängen, die er bejaht. Zur Freimaurerei können, wie es auch tatsächlich der Fall ist, Christen, Mohammedaner, Hindus und Buddhisten gehören.

In allen Aufstellungen von Landmarken und in allen Statuten regulärer Großlogen lesen wir, daß der Glaube an den Obersten Baumeister des Weltalls eine *conditio sine qua non*, eine notwendige Voraussetzung ist. Eine zweite Voraussetzung für die „Regularität" ist, daß die Bibel, oder richtiger „The Volume of the Sacred Law", wie die Engländer sagen, das Buch des Heiligen Gesetzes, in der Loge während der Arbeit aufliegt. Die Kandidaten legen ihre Verpflichtungen oder ihre Gelöbnisse auf das Buch ab, das für sie das Heilige Buch ist, z. B. den Pentateuch für die Juden, die vollständige Bibel für die Christen, den Koran für die Mohammedaner usw.

Die Konstitutionen von Anderson schließen nur „a stupid atheist or an irreligious libertine": „einen engstirnigen Gottesleugner oder einen bindungslosen Freigeist" aus. Zwar hat der Großmeister des belgischen Großorients, Charles Magnette, 1925 versucht, den Sinn dieser Worte umzudeuten. „Was verbietet man", so schrieb er, „ein engstirniger Gottesleugner oder ein bindungsloser Freigeist zu sein? Nicht der einfache Atheist wird verurteilt; man kann sich aufrichtig und mit Beweisen von besonderer Kraft zum Atheismus bekennen. Nein, die Stifter meinten den engstirnigen Gottesleugner, den stumpfsinnigen Mann, den systematischen Verneiner, usw." Diese Ansicht rief den Protest eines A. Lantoine, Bibliothekar der Grande Loge de France und ebenso Mitglied des französischen Grand Orients, hervor: „Welche Unkenntnis der Zeit spricht aus einem derartigen Kommentar! (. . .) ‚Sich aufrichtig zum Atheismus bekennen', sollte eher ein schwerwiegender Umstand für die Engländer von 1723 gewesen sein — und sollte es auch noch für die Engländer von 1925 sein!"

Übrigens sind der belgische und der französische Grand Orient immer noch nicht von der britischen Großloge anerkannt, weil sie den Obersten Baumeister des Weltalls ablehnen.

Man hat auch schon geschrieben, daß die Freimaurerei dem Deismus huldige, dem Glauben an einen Gott, der zwar die Welt erschuf, aber den Menschen nicht weiter in eine übernatürliche Ordnung gestellt hat, nicht seinen Sohn gesandt hat, um die Menschen von der Sünde zu erlösen, und sich auch um die Welt nicht weiter kümmert. Der Deist Voltaire, der kurz vor seinem Tode zum Freimaurer aufgenommen wurde, dichtete:

> „Je crois en Dieu quisqui'il faut vous le dire;
> L'univers m'embarrasse et je ne puis songer
> Que cette horloge existe et n'ait point d'horloger.
> Tout annonce d'un Dieu l'éternelle existance;
> On ne peut le comprendre, on ne peut l'ignorer.
> La voix de l'univers annonce sa puissance,
> Et la voix de nos coeurs dit qu'il faut l'adorer."

Als Bestätigung für diese Auffassung sieht man an, daß die Freimaurerei immer die vage Bezeichnung vom Großen Baumeister des Weltalls gebraucht, die sehr wohl Gott-Schöpfer bedeuten kann, aber nicht mehr. Darauf kann man in der Tat antworten, daß die Bausymbolik für die Freimaurer entscheidend ist und daß es sich deshalb von selbst versteht, daß sie dieses Bild für Gott gebraucht. Diesem neutralen Bild kann jeder Gläubige entsprechend seiner eigenen Religion mehr oder weniger Inhalt geben: ein Christ wird darin den Dreieinigen Gott sehen, der Mohammedaner Allah, der Jude Jehova usw. Keine einzige Religion wird grundsätzlich abgelehnt. Die Freimaurerei ist keine Religion, sondern ein Lebensstil, sie hat kein klar umschriebenes Dogma, nur bestimmte Lebensregeln, die in verschiedenen Lehrmeinungen zusammengefaßt sein können.

Wir können noch Schenkel zitieren, der über diese Bezeichnung vom Obersten Baumeister des Weltalls schreibt: „Das hat mit Deismus nichts zu tun, sondern soll Gott in seiner Wirksamkeit darstellen, als den ewigen Hintergrund und den allumfassenden Rahmen, aus dem unser Leben, in der Richtung unseres Handelns, Sinn und Verpflichtung empfängt. Dem Theologisch-Dogmatischen kommt von Anfang an kein Gewicht zu, sondern alles ist ethisch praktisch gemeint." Andere werden der Freimaurerei vorwerfen, sie wolle die Religionen vermischen. Es ist hier nicht unsere Aufgabe, festzustellen, daß es in bestimmten Lehrarten und Graden keinen Synkretismus gibt: Wir möchten nur aufzeigen, daß dies nicht an den Grundsätzen der Freimaurerei liegt. Zu Bestätigung dafür berichten wir über eine Diskussion, die in der britischen Großloge 1962 und 1963 anläßlich eines Vorwurfs des Synkretismus geführt wurde. Der mit der Untersuchung beauftragte *Board* oder Ausschuß äußerte am 12. September 1962 hierzu seine Ansicht:

„Es kann nicht nachhaltig genug bezeugt werden, daß die Freimaurerei weder eine Religion, noch ein Ersatz für Religion ist. Die Freimaurerei lehrt ihre Mitglieder eine Art des Verhaltens und Handelns, die, wie sie meint, von allen Glaubensrichtungen gebilligt werden können, vermeidet es aber strikt, sich mit Dogmen oder Theologie zu beschäftigen. Freimaurerei ist deshalb für die Religion keine Konkurrenz, obschon man hoffen darf, daß auf dem Gebiet menschlichen Verhaltens ihre Lehrweise die Religion ergänzt. Auf der anderen Seite sollte ihre Grundforderung, daß jedes Mitglied des Ordens an ein Höheres Wesen glauben muß und auf seine Pflicht ihm gegenüber mit Nachdruck hingewiesen wird, allen, sofern sie nicht Vorurteilen anhängen, klarmachen, daß die Freimaurerei eine Stütze der Religion ist, und zwar, weil sie von jedem fordert, daß er irgendeinen religiösen Glauben hat, ehe er als Freimaurer aufgenommen werden kann, und sie erwartet, daß er nach seiner Aufnahme weiterhin seine Religion ausübt." Am 12. September 1962 stimmte die englische Großloge dieser grundsätzlichen Erklärung zu, ferner einigen Vorschlägen, um außerhalb der Loge, bei Begräbnissen oder Feuerbestattungen, jeden Anschein freimaurerisch-religiöser Formen zu vermeiden. In ihrer Sitzung vom 13. März 1963 ergänzte sie diese Vorschriften noch durch neue Bestimmungen über Musik und den Gesang in den Logen, um bei niemandem, welcher Religion er auch sei, Anstoß zu erregen.

Andererseits ist es auch so, daß sich die Freimaurerei nicht mit rationalistischem Denken befreunden kann. Sie arbeitet mit Symbolen und Ritualen und sieht auf eine tiefere Erkenntnis, als die Vernunft sie vermitteln kann. Liegt der tiefere Grund, warum die französische Freimaurerei vom echten Geist abgewichen ist, nicht vielleicht darin, daß das Vaterland Descartes', das Land der „idées claires et distinctes" sich schwerer einem nichtrationalistischen Denken anpassen konnte? Es gab sogar zahlreiche Logen in Frankreich und auch in Belgien, die Symbolik und Ritualistik in der Freimaurerei gänzlich abschaffen wollten. Das 18. Jahrhundert war „le siècle des lumières", der *Aufklärung,* während das 19. Jahrhundert den Triumph der Vernunft auf technischem und anderem Gebiete erlebte. In unserem 20. Jahrhundert hat man jedoch gelernt, die Grenzen der Vernunft zu erkennen, und so erhalten die Freimaurer, die zur alten Tradition zurückstreben, wieder Auftrieb.

„Das freimaurerische Brauchtum", so schrieb unlängst van Eck, „ist ein Prozeß stufenweiser Erkenntnis unserer Berufung als Mensch und als geistiges Wesen und unseres Verhaltens zu unseren Mitmenschen und zum Obersten Baumeister des Weltalls. Unser Brauchtum drückt die religiösen Gefühle und geistigen Werte aus, die nicht mit dem Verstand zu erfassen sind und daher auch nur unvollkommen in Worte gefaßt werden können."

Darin liegt aber wieder eine andere Gefahr. Kein geringerer als Lennhoff nennt die Freimaurerei einen „Mysterienbund" und fügt hinzu: „... der einzige echte, der in der Gegenwart lebendig ist. Zu diesem machen ihn: sein Initiationskult, des Suchenden symbolisches Wandern von Stufe zu Stufe, die Verbrüderungsidee, das Suchen nach dem Licht, der Glaube an den Tod als andere, höhere Form des Lebens, das trostvolle Bekenntnis zu einer geistigen Wiederauferstehung (...)." Glücklicherweise fügt er noch hinzu: „Was die Freimaurerei vor den Kultverbänden der alten Zeit aber auszeichnet, ist ihr Inhalt: das Humanitätsideal."

Wir sind jedoch nicht der Ansicht, daß auch bei äußerlichen Übereinstimmungen zwischen den alten Mysterienbünden und der Freimaurerei doch grundlegende Unterschiede bestehen. Am besten drückte das ein freimaurerischer Schriftsteller in „Maçonniek Sextet" so aus: „Nach Form und Inhalt betrachtet, könnte ein Freimaurer meinen, daß die Freimaurerei viel mit den antiken Mysterien gemeinsam hat. Ich bin jedoch der Ansicht, daß da ein tiefgreifender Unterschied besteht. Bei den Mysterien nämlich wurde der Eingeweihte durch seine Teilnahme an der Liturgie des über den Tod triumphierenden Lebens teilhaftig. Etwas derartiges bietet die Freimaurerei nach meiner Auffassung nicht." Man könnte hier anfügen, daß das spielerisch-ernste (ludieke) Element und das ausgeprägt andeutende in den Ritualen und Symbolen einen wesentlichen Unterschied ausmachen. Die erklärte Absicht der Freimaurerei ist eindeutig, einen Lebensstil zu lehren und sich außerhalb aller Religionen zu halten. Sie entfaltet sich jedoch gefährlich nahe den Bräuchen der alten Mysterien, und manchmal will uns scheinen, daß sie in den höheren Graden dieser Gefahr nicht immer entrinnt. Selbst bei den symbolischen Graden finden wir in einigen Ländern Elemente, die sich den alten Mysterien stark nähern.

Gehört der Glaube an die Unsterblichkeit der Seele zu den Landmarken oder zu den Grundsätzen der Freimaurerei? Er kommt durchaus in einigen Zusammenstellungen von Landmarken vor. Er steht ebenso in der Verfassung der „Grande Loge Nationale Française". In den Niederlanden kommt er im Grundgesetz des Großostens nicht vor, wohl aber in den Statuten des Obersten Rates des Alten und Angenommenen Schottischen Ritus.

Manche Freimaurer äußern Bedenken dagegen, die Unsterblichkeit der Seele und das Fortleben nach dem Tode in die Verfassung aufzunehmen. Das sind, sagen sie, Dogmen einer Religion, und sie sind nicht erforderlich für einen Lebensstil, der keine allesumfassende Weltanschauung bietet. Die Freimaurerei muß, nach ihrer Meinung, ihre Mitglieder lehren, wie sie sich in diesem Leben zu verhalten haben, so daß ein Freimaurer seine Mitbrüder bis ans Sterbebett begleiten und unterstützen kann, dann aber den Platz dem Geistlichen, dem Priester, überlassen. Ebenso wie freimaurerische Begräbnisse und Trauerfeiern keinen Sinn haben, so ist auch der Glaube an die Unsterblichkeit, an ein Leben nach dem Tode keine grundsätzliche Forderung der Freimaurerei. Hat nicht Aristoteles eine ganze Ethik aufgebaut, ohne zur Bejahung der Unsterblichkeit des Menschen zu kommen?

Die Frage ist allein die, so ist unsere persönliche Meinung, inwieweit der Glaube an ein Leben nach dem Tode unsere heutige Lebens- und Verhaltensweise hier auf Erden beeinflußt. Wer ein Fortleben nach dem Tode leugnet oder einfach außer Betracht läßt, wird zu einer ganz anderen Morallehre kommen als derjenige, der vom Fortleben nach dem Tode überzeugt ist. Diese Frage, die unter Freimaurern heftig debattiert wird, können wir jedoch ruhig den weiteren Überlegungen der Freimaurer überlassen.

Bevor wir diesen Abschnitt beschließen, müssen wir noch auf einige Unterschiede zwischen der Freimaurerei und den Religionen hinweisen. Jede Religion hat eine Anzahl von Glaubenswahrheiten und legt dann auch mehr oder minder Nachdruck auf die objektive Seite des religiösen Erlebnisses. Jede Religion, jede Kirche, ist heilig überzeugt, die Wahrheit zu besitzen, und fordert folglich von ihren Gläubigen, daß sie diese Lehre annehmen. Die Freimaurerei dagegen kümmert sich nur um das subjektive Erlebnis, um das persönliche Streben des einzelnen nach einem vollkommeneren, erfüllteren, würdigeren Leben und überläßt die dogmatische Begründung den Kirchen oder den Religionen.

Fast über allen Eingängen zu den Logen steht das bekannte „Gnothi seauton": „Erkenne dich selbst": Der Freimaurer muß zuerst und vor allem in sein Herz und in sich selber blicken, alle seine Gebrechen und Unzulänglichkeiten kennenlernen. Dann kann er mit Erfolg den anderen wesentlichen Ausspruch bei den Aufnahmefeierlichkeiten: „Auf dich kommt es an", begreifen lernen, um ihn zu verwirklichen und nach ihm zu leben. Es genügt nicht, das Licht zu sehen, man muß auch nach ihm streben, und das ist ein *magnum opus*, eine Lebensaufgabe, und zwar nicht nur für jeden Freimaurer, sondern auch für jeden Christen, zu welcher Kirche er auch gehören mag. „Militia est vita hominis super terram" — „Das Leben des Menschen auf dieser Erde ist Kampf", — sagte schon im Mittelalter der Niederländer Thomas a Kempis.

Häufig liest man in antifreimaurerischen christlichen Schriften, daß die Freimaurerei nur an die menschliche Anstrengung bei seinem Streben nach einem vollkommeneren Leben appelliert und somit die Hilfe der Gnade ablehnt, während doch die eigentliche Erleuchtung von Gott kommen muß. Eine derartige Bemerkung beruht auf einer Mißdeutung des echten Wesens der Freimaurerei: Sie lehnt absolut nicht ab, daß die Gnade das Allerwichtigste ist, aber es ist nicht ihre Aufgabe, darüber zu reden. Sie befaßt sich, und dies gemäß ihrer Symbolik, allein mit dem strebenden Menschen.

Die mittelalterlichen Steinmetzen trachteten danach, aus dem ungeformten Steinblock einen kubischen Stein zu machen, der zum Bau einer Kathedrale dienen konnte. Die mittelalterlichen Werkleute bauten an einer Wohnstätte Gottes, um ihn für alle Menschen erreichbar zu machen, und dazu leisteten sie die Vorarbeiten in den Bauhütten oder Logen. In der modernen Loge geschieht im übertragenen Sinne das gleiche. Auch im 20. Jahrhundert bemühen sich die Freimaurer Ordnung zu schaffen, indem sie den Rauhen Stein, ihren Charakter und ihre Persönlichkeit nämlich, zu einem brauchbaren Stück im Bau einer neuen Kathedrale formen, eines geistigen Tempels, in dem Gott für die Vielen erreichbar ist, die ihn in unserem Jahrhundert nicht finden können. Auf die Freimaurerei trifft, wenn ich diesen Vergleich wagen darf, das Wort des Ignatius zu: „Tue so, als ob alles von dir allein abhinge, aber im Vertrauen auf Gott und in der Überzeugung, daß alles von Ihm abhängt"; das erste kann jeder Freimaurer mit den Werkzeugen leisten, die ihm die Bruderschaft gewährt, das zweite kann er ruhig der religiösen Überzeugung eines jeden Bruders überlassen.

Diesen Versuch — es bleibt ein Versuch! —, den Bereich der Freimaurerei mit „Grenzpfählen" gegen das Gebiet der Religion genau abzugrenzen, können wir am besten mit einer Aussage von Mr. Zeevalking in „Maconniek Sextet" abschließen:

„Mittels ihrer Symbole und Rituale ermöglicht es die Freimaurerei, daß Menschen ganz verschiedener gesellschaftlicher und religiöser Herkunft entdecken, wie wenig sie der Sache nach voneinander verschieden sind. Damit wird deutlich, daß die Loge kaum etwas mit einer Kirche gemein hat. Wenn ich am Sonntag zur Kirche gehe, dann tue ich das, weil ich an

Gott glaube, so wie es mich das Neue Testament gelehrt hat, und ich begegne dann in der Kirche im Gebet und im Gesang — und bisweilen auch wohl in der Predigt — meinem Mitmenschen. Wenn ich jedoch in meine Loge gehe, dann geschieht das, weil ich an meine Mitmenschen glaube. Durch die Zusammenarbeit mit meinen Brüdern in der Loge, durch die Zuneigung, die sie mir entgegenbringen und durch die Unzulänglichkeiten, die sie besitzen, erkenne ich ein Stück von mir selbst, und es wird mir bewußt, daß ich einem Teil des großen Mysteriums gegenüberstehe (...). Mag die Freimaurerei auch eine esoterische Gemeinschaft sein, so ist ihre Esoterik unmittelbar auf das Leben abgestimmt und gerichtet und ihr Aufruf zur Ökumene geht über alle Mauern hinweg. Sie spornt den Menschen zum Höchsten an, wozu er berufen ist, zur Nächstenliebe, zur Ehrerbietung vor dem Schöpfer des Mikro- und des Makrokosmos und nicht zuletzt zum Ringen mit seinem größten Gegner, mit sich selbst.“

Die Idee der Stärke in der Freimaurerei

Bei der Aufnahme erfährt der Kandidat, daß drei Säulen die Weisheit, Stärke und Schönheit versinnbildlichen. Weisheit deutet auf Einsicht und Überzeugung; Stärke auf die seelische Kraft, mit der man eine Einsicht in die Tat umsetzt; Schönheit auf die Harmonie der geistigen Kräfte, von Plan und Tat, von Einsicht und Ausführung.

Wenn der Kandidat jedoch weiter eingeweiht wird, dann vernimmt er, daß die Säulen auch drei Tugenden bedeuten, die uns vertrauter sind: Glaube, Hoffnung und Liebe. *Glaube* an Gott, den Guten und Weisen, der die Menschen als Seine Kinder ansieht; an den Mitmenschen, der stets für Verbesserung und Selbstvervollkommnung empfänglich bleibt; an uns selbst, an unsere Aufrichtigkeit und die Möglichkeit, besser zu werden und anderen Gutes zu tun. *Hoffnung* auf eine bessere Zukunft, auf eine Zeit des Friedens und der Freiheit für alle Menschen und auf ein Jenseits, wo der unsterbliche Mensch glücklich sein wird. *Liebe* schließlich zu allen Menschen, auch in ihren Irrtümern, Wohltätigkeit für die Notleidenden, Nachsicht mit den Irrenden. Diese Gedanken entlehnen wir dem Buch von Albert Pike *The Meaning of Masonry*, das wiederholt nachgedruckt wurde und das der Autor selber mit dieser knappen Formulierung beschließt: „Der allein ist ein Weiser, der andere Menschen in *Liebe* beurteilt und ihren Irrtümern gnädig ist, der allein hat *Stärke*, der voller *Hoffnung* ist; und es gibt keine *Schönheit* voller Einklang und Harmonie denn im steten *Glauben* an Gott, unsere Gefährten und uns selber."

Die Freimaurer nennen einander Brüder. Dies war der große neue Name, den sich die Christen einander gegeben hatten: So wie Brüder ihr leibliches Leben den gleichen Eltern verdanken, so hatten sie das geistige Leben vom gleichen Vater im Himmel erhalten. Die Bezeichnung Bruder wurde später von allen Kloster-Orden übernommen, ebenso wie Schwester in den Schwestern-Kongregationen und -Orden, und er ist leider im Begriff, seinen mystischen Wert zu verlieren. Inzwischen haben die protestantischen Brüder von Taizé den Namen wieder aufgewertet.

So wie der Autor in „Maconniek Sextet" anmerkt: Dadurch, daß die Festigung, die Vertiefung des Verhältnisses zum Allmächtigen Baumeister des Weltalls in den Mittelpunkt gestellt wird, kam ich zu dem Schluß, daß ich meine Mitbrüder in der Loge und natürlich auch die Mitglieder der anderen Logen des Ordens Bruder nenne, weil ich in ihnen das gleichgerichtete Streben erkenne. Andererseits kann ich in bezug auf mich dasselbe erwarten. Aus der gegenseitigen Anerkennung geht dann, nach meiner Ansicht, hervor, daß wir einander Achtung für eines jeden Überzeugung, Auffassung und Meinung schuldig sind.

Die „Bruderkette", „die Chaîne d'Union", welche die Freimaurer bilden, gibt eine symbolische und ergreifende Darstellung des tiefen Bewußtseins, einander als freie Männer Bruder sein zu können.

Die drei Begriffe *Freiheit, Gleichheit* und *Brüderlichkeit* sind von den französischen Revolutionären durch Europa getragen worden. Es ging darum, frei von Tyrannen und absoluten Fürsten zu sein, auch von unterdrückenden Lehnherren und von kirchlichem Zwang, es ging um die Gleichheit der einfachen Bauern und Arbeiter gegenüber den bevorrechteten Ständen, und um eine Bruderschaft aller Menschen über Land und Meer.

Wenn man jedoch zur gründlichen Einsicht und Erkenntnis dieses Gedankens kommen will, der in französischen und wohl auch in anderen Logen mit freimaurerischem Beifall begrüßt wird, muß man tiefer schauen. Die vollwertige *Freiheit* des Menschen steht aber unerschüttert, wenn sie von der Bindung an den Allerhöchsten ausgeht und von daher ihren vollen Wert herleitet. Die *Gleichheit* aller Menschen wächst ebenso eindeutig aus der gemeinschaftlichen Herkunft als Kinder des gleichen Vaters. Und die tiefste Ursache echter *Brüderlichkeit* zwischen allen Menschen hat wieder den gleichen Grund. Nimmt man der Freimaurerei ihre geistige Einstellung, ihren Glauben an den Obersten Baumeister des Weltalls, läßt man sie in Materialismus verfallen, wie das schon in einigen Ländern früher geschah, dann ist dieser Tempel der Freiheit, Gleichheit und Brüderlichkeit auf Treibsand gebaut und hat keinen Bestand gegen Angriffe oder Stürme.

Hieraus ergibt sich von selbst die Verträglichkeit, die Toleranz. Das ist eines der bedeutendsten Merkmale der Freimaurerei, wenn nicht das bedeutendste. Waren es nicht gerade die Religionskriege und die Bürgerkriege des 17. Jahrhunderts, welche die Freimaurer zu Beginn des 18. Jahrhunderts unter der Losung zusammenführten: keine Streitgespräche mehr über die Religion und Politik, Anerkennung des Obersten Baumeisters des Weltalls als Gottesglaube und Treue gegenüber der etablierten Autorität; aber ansonsten stand es jedem frei, so zu denken und zu handeln, wie er es für gut befand. Das war nun gerade das Mittel, „durch das die Freimaurerei zu einer Stätte der Einigung und zu einem Mittelpunkt wird, um wahre Freundschaft unter Menschen zu stiften, die einander sonst ständig fremd geblieben wären", wie es die erste Pflicht der Konstitutionen von Anderson formuliert. Hieraus folgt, daß eine intolerante Freimaurerei widersprüchlich ist, aber daß gerade die Duldsamkeit ihren großen Reiz und ihren Auftrag in unserer heute so gespaltenen Zeit ausmacht.

Diese Duldsamkeit ist ein Stil nach außen, der sich auf einen tiefen innerlichen Gleichmut stützen muß. Und nur wer sich selbst völlig beherrscht, kann in aller innerlichen Ruhe auf abweichende Meinungen hören und törichtes oder närrisches Handeln mit einem Körnchen Humor aufnehmen. Wir denken hier unwillkürlich an das, was Ignatius bei seinen Exerzitien von den Teilnehmern verlangt: *indifferentia*. Es geht dabei nicht um „Gleichgültigkeit", aber der Teilnehmer muß voller Eifer und Aktivität sein und gleichmütig der Gnade Gottes sein Herz öffnen, was er auch fordern mag. Diese heilige Gleichmütigkeit ist ein sehr wertvoller Besitz, aber dafür muß ein Lehrling lange seinen Rauhen Stein behauen, und es wird auch der Geselle nicht so bald damit fertig werden, seinen kubischen Stein in den Tempel einzufügen. Es ist eine langatmige Sache, das Werk der Selbstvervollkommnung, das viel Askese, Selbstbeherrschung und Selbstüberwindung fordert. Aber diese freimaurerischen Tugenden können sich nur auf dem Grund jener aufgezeigten Toleranz entwickeln.

Eine geheime Gesellschaft — oder eine Gesellschaft mit Geheimnissen?

Nichts hat der Freimaurerei so sehr geschadet, wie die allgemein verbreitete Ansicht, sie sei eine geheime Gesellschaft. Im 18. Jahrhundert, der Zeit des Absolutismus, der aufgeklärten Despoten und der uneingeschränkten Macht regierender Fürsten, haben zahlreiche Regierungen die Freimaurerei verboten. Auch verschiedene Kirchen und kirchliche Gemeinschaften sind aus diesem Grund gegen die Freimaurerei aufgetreten. Wenn eine faschistische oder kommunistische Regierung irgendwo an die Macht kommt, ist das Verbot der Freimaurerei eine ihrer ersten Maßnahmen. Mussolini und Hitler, das Franco-Regime bis auf den heutigen Tag und alle kommunistischen Länder verbieten die Freimaurerei. In Kriegszeiten, wenn eine besondere Kontrolle der Bürger geboten ist, wird nicht selten alle Tätigkeit der Logen eingeschränkt, wie es sogar in England während der französischen Revolution geschah.

Und doch behaupten die Freimaurer, keine geheime Gesellschaft zu bilden.

Bei diesem Aspekt der Freimaurerei, müssen wir wieder, wie für so viele andere, auf ihre Geschichte zurückkommen. Der Ursprung liegt in den freien Maurergilden des Mittelalters. Diese hatten tatsächlich Geheimnisse, die sie keinem Außenstehenden mitteilten. Die Zunftgeheimnisse wurden allein an die angeschlossenen Mitglieder weitergegeben. Im Mittelalter waren viele Menschen noch nicht schriftkundig und darum wurden die Geheimnisse mündlich von Meister zu Meister weitergegeben. Etwa wie die besten Steinarten so behauen werden konnten, daß sie ohne Mörtel zu verwenden genau in das Bauwerk paßten, um so eine dauerhafte Mauer zu errichten; das Errichten der oft über zehn Meter hohen Säulen; das Spannen der Bogen und Gewölbe in den großen Höhen der gotischen Kathedralen; das Berechnen nach der *Goldenen Zahl* und dem *Goldenen Schnitt*, all das wurde nur an vertrauenswürdige Mitglieder der Gilde weitergegeben. Im 17. Jahrhundert kam in den Schottischen Logen noch hinzu, daß man die *rough masons*, die nicht fachkundig ausgebildeten Maurer und Steinmetzen, die für die gelernten Facharbeiter eine unlautere Konkurrenz bildeten, durch das Paßwort und durch geheime Zeichen ausschloß. Diese Freimaurergilden waren also geheime Gesellschaften, die an ihre Mitglieder Geheimnisse weitergaben und Profane durch Zeichen und Paßworte ausschlossen. Das ist nun in der spekulativen Freimaurerei erhalten geblieben, ohne daß dies notwendig wäre. Irgendwelche fachlichen Geheimnisse haben sich in der spekulativen Freimaurerei nicht erhalten, und eine unlautere Konkurrenz nicht fachlich ausgebildeter Maurer und Steinmetzen ist auch nicht zu befürchten. Traditionelle Gewohnheiten haben jedoch im traditionsfreudigen England ein zähes Leben. Und so mußte man daran denken, das Geheimnis auf andere Punkte anzuwenden.

Die amerikanischen Freimaurer erklären kurz entschlossen, daß sie keine geheime Gesellschaft seien. So schrieb z. B. Haywood in „More about Masonry": „Freimaurerei verbirgt ihr Bestehen nicht: Sie baut ihre Tempel auch an auffallenden Straßenecken; die Namen ihrer Mitglieder und Beamten werden veröffentlicht, sie druckt ihre Konstitutionen, Gesetze und Beschlüsse; ihre Mitglieder beteiligen sich an öffentlichen Umzügen; Logen veröffentlichen Mitteilungsblätter und Großlogen ihre Tätigkeitsberichte. Und die Bruderschaft hat sich bekanntgemacht, sich unverhüllt gezeigt und sich seit 200 Jahren in Zehntausenden von Büchern, in 40 bis 50 Sprachen, beschrieben und erklärt. Es ist eine Gesellschaft mit Geheimnissen, aber keine geheime Gesellschaft."

Die Freimaurerei hat auch keinen unbekannten Oberen. Die Verantwortlichen werden immer durch die Mitglieder für eine bestimmte Amtszeit, für ein Jahr oder für drei Jahre, selten länger als für sechs Jahre ordentlich gewählt. Von „unbedingtem Gehorsam" ist ebensowenig die Rede. Die in den Logen geführten Gespräche über Religion, Moral, soziale und wirtschaftliche Fragen, Kunst und Literatur, vertragen die volle Öffentlichkeit, wenigstens in den „regulären Logen". Wohl hat es eine Zeit gegeben, vor allem in Belgien, Frankreich und anderen romanischen Ländern, in der Mitglieder beitraten, die durch die Freimaurerei bequemer vorwärtskommen wollten. Dieser Geist scheint aber seit dem Krieg im Schwinden zu sein. Daß Freunde einander auf normale Art unterstützen, daran kann niemand Anstoß nehmen, und das gibt es auch bei anderen Gemeinschaften, so z. B. beim Rotary-Club, bei den Lions usw.

Aber welches sind dann, konkret gefragt, die Geheimnisse, die Freimaurer überhaupt haben? Es sind „Zeichen, Worte und Handgriffe", die den Kandidaten bei ihrer Aufnahme in die Bruderschaft, später bei Erhalt eines weiteren Grades, mitgeteilt werden, ebenso sind es auch die Aufnahmebräuche. Die Freimaurer meinen, daß das Überraschungsmoment bei der Aufnahme oder Initiation eine unentbehrliche Voraussetzung dafür ist, um der Atmosphäre und dem Geschehen ganz teilhaftig zu werden. Es ist treffend, daß Ignatius von Loyola in dem Buch über seine geistlichen Übungen — eine Retraite, die vier Wochen dauert — schreibt: „Für den, der die Übungen für die erste Woche erhält, ist es nützlich, nichts von dem zu wissen, was er in der zweiten Woche zu tun hat, aber er muß, um zu erlangen, was er sucht, in der ersten Woche sein Bestes so tun, als ob er in der zweiten Woche nichts Gutes mehr zu finden hoffe." Dieser Vergleich geht aber nicht ganz auf: Besser als mit Retraite sollten wir eine Initiation mit einer Priesterweihe vergleichen. Hier werden die zu Weihenden zuvor mit allen Einzelheiten der Weihe bekanntgemacht und sogar eingeübt, damit das Zeremoniell selbst gut und weihevoll ablaufen kann: Das verhindert nicht im mindesten, daß die Geweihten einen sehr starken Eindruck von der ganzen Feierlichkeit empfangen. Darum sollte, nach unserer bescheidenen Ansicht, noch über die Geheimhaltung der Initiationsbräuche vor dem Kandidaten zu sprechen sein. Wir können Verständnis aufbringen für die Überzeugung, daß die Überraschung bei der Initiation in den verschiedenen Graden ein wichtiger Faktor für das ganz persönliche Erlebnis der symbolischen Aufnahme sein *kann*. Von großer Bedeutung ist aber, daß diese Bräuche geheimgehalten werden, damit sie nicht in die Hände von Profanen fallen, die sie aus Unverständnis oder bösem Willen lächerlich finden und auch machen könnten. Hier trifft das Wort von Horaz in vollem Umfang zu: „Odi profanum vulgus et arceo."

Auch auf dem europäischen Festland ist meistens bekannt, wo die Logenhäuser stehen; in den Telefonbüchern sind die Adressen angegeben und die Behörden kennen die leitenden Männer der Logen. So wie die Mentalität einer großen Mehrheit der einfachen Bürger ist — und wir können nur hoffen und wünschen, daß sich diese Mentalität möglichst bald ändert —, ist es vielen Freimaurern nicht anzuraten, sich als solche bekanntzumachen: viele würden dadurch große geschäftliche Nachteile haben.

Die Tatsache, sich in einer geschlossenen Gesellschaft zu befinden, erlaubt es auch, daß sich die Freimaurer bei Logenarbeiten in einem vertrauten Kreis frei aussprechen können, und darauf legen sie großen Wert. Natürlich ergibt sich daraus eine besondere Verbundenheit der Freimaurer untereinander. Dagegen können weder ein Staat noch eine Kirche, die es mit der Freiheit der Untertanen ernst meinen, etwas einzuwenden haben. So legt der niederländische Freimaurer bei seiner Aufnahme zum Lehrling folgendes Gelöbnis ab: „Ich gelobe, die Verpflichtungen, die mir auf Grund der Kraft der Gesetze und Beschlüsse (des Großostens) auferlegt werden, getreu zu erfüllen und, gemäß der Eigenart des Ordens als geschlossene Gesellschaft, zu achten, was mir als Mitglied dieses Ordens anvertraut wird." Diese Verpflichtung ist als Artikel 20 in das Ordensgesetz aufgenommen.

Was man auch sagen möge, alle Freimaurer werden zugeben, daß es doch ein Geheimnis gibt, aber ein unmittelbares Geheimnis. Um einen Vergleich zu gebrauchen, den mir der gutwillige Leser verzeihen möge: Fülöp-Miller hat ein sensationelles Buch geschrieben: „Macht und Geheimnis der Jesuiten", aber darin erfaßt er das tiefste Geheimnis der Jesuiten nicht: Man muß selber lange Jahre mit voller Hingabe und Einsatzfreude Jesuit sein, um zu begreifen, was es heißt, Jesuit zu sein, jedoch ist dies auch nicht mit Worten wiederzugeben.

In seinem Buch „La Franc-maçonnerie et le divin" vermerkt Paul Naudon, daß man das Geheimnis der Freimaurer durch eine Aufnahme allein nicht erwirbt. Die Wirkung einer einmaligen Aufnahme kann unmöglich so nachhaltig in die Tiefe gehen, daß sie dauerhaft ist, und es muß ihr positive Arbeit folgen. Mehrere Freimaurer sagten mir, daß erst das wiederholte Erlebnis der Initiation ihnen nach und nach die Tiefe und Schönheit des Freimaurer-Ideals enthüllt habe. Also ebenso, meine ich, wie einem Priester die Teilnahme an einer Priesterweihe die Fülle des Erlebnisses seiner eigenen Weihe noch einmal und jedesmal tiefer erleben läßt.

Um das „Geheimnis" zu erleben, ist aber auch die Beschäftigung mit Symbolen und Ritualen unentbehrlich. Wie wir oben bereits andeuteten, haben die Psychoanalyse und das Studium der primitiven Religionen aufgezeigt, daß Symbole die universelle Sprache des Unbewußten und der tiefsten religiösen Sehnsüchte des Menschen sind! Der Positivismus des 19. Jahrhunderts meinte, alles auf rationale Begriffe zurückführen zu können. Glücklicherweise sind wir inzwischen weiser geworden. Um nur ein Beispiel zu nennen, so wählte Paul Ricoeur unlängst als Gegenstand seines philosophischen Lehrganges an der Sorbonne: „Das Symbol als Mittel der Erkenntnis." Die Freimaurerei arbeitet mit Symbolen und Ritualen und entschleiert dadurch dem andächtigen, religiösen Menschen den wahren Sinn seines Wesens, seine Abhängigkeit vom Obersten Baumeister des Weltalls, seine Zusammengehörigkeit mit anderen Menschen und sein Streben nach Selbstvervollkommnung. Das wahre „Geheimnis" des Freimaurers besteht in der persönlichen Erfahrung, der eigenen Bereicherung, dem individuellen Hochgefühl, und das kann mit keinen Worten ausgedrückt werden. Daß die Freimaurer dieses „Geheimnis" als ihren teuersten Besitz hegen, dafür sind sie nur zu loben, zu preisen und zu bewundern.

Warum keine Frauen in der Freimaurerei?

Im ersten Augenblick ist es sehr befremdend, daß Frauen in der Freimaurerei nicht zugelassen sind. Können wir das für die vorausgegangenen Jahrhunderte noch einigermaßen verstehen, im 20. Jahrhundert, dem Jahrhundert der Emanzipation der Frau, scheint das doch sehr veraltet. Geht die Freimaurerei nicht mit der Zeit?

In der Konstitution von Anderson aus dem Jahre 1723 lesen wir, daß Frauen in den Logen nicht zugelassen werden. Die Zünfte des Mittelalters nahmen keine Frauen auf. Als dann die operative zur spekulativen Freimaurerei überging, behielt man die *Old-Charges*, die *Alten Pflichten*, bei. Wir haben neben anderen Grundfragen bereits im Überfluß behandelt, warum die Freimaurerei, die einen angelsächsischen Charakter beibehalten hat, an alten Zuständen, Formeln, Bräuchen, Verpflichtungen und dergleichen mehr, festhält. So auch hier.

Selbstverständlich haben die Frauen das nicht so einfach hingenommen, vor allem seit dem 18. Jahrhundert, als Frauen häufig eine bedeutende Rolle spielten: Denken wir nur an die energische Kaiserin Maria Theresia und an Katharina die Große, die Zarin von Rußland, und vielleicht noch mehr an die adeligen Damen des 18. Jahrhunderts, die ihre Salons zu Treffpunkten aller derjenigen machten, die einen Namen hatten. Wir haben bereits darüber berichtet, daß die Frauen von Bern, die bei ihren Freimaurer-Ehemännern vergeblich nach dem Geheimnis der Bruderschaft forschten, schließlich die Gesellschaft durch den Magistrat der Stadt verbieten ließen. Mehr als einmal hat eine als Mann verkleidete Frau versucht, an einer Logenarbeit teilzunehmen; man erzählt das sogar von Maria Theresia. So ist es auch geschehen, daß die junge Tochter des irischen Lords Viscount Doneraile ungesehen eine Logenarbeit von Freimaurern miterlebt hat, und um sie zum Schweigen verpflichten zu können, hat man sie dann in die Loge aufgenommen: die erste und einzige echte Freimaurerin! Das soll uns nicht übermäßig erstaunen, denn auch der Jesuiten-Orden, der nicht wie mehrere andere Orden auch eine Frauenabteilung besitzt, hat im langen Verlauf seiner Geschichte ein weibliches Mitglied gehabt: die Tochter Kaiser Karls, Johanna, Regentin von Spanien. Was ist denn, außer der Tradition, der entscheidende Grund, um die Frauen von der Loge auszuschließen? „Das Erscheinen der Frau in der Loge würde dem Verhältnis der Brüder zueinander sowie ihrer Eintracht nicht zuträglich sein und die Offenherzigkeit würde einer Zurückhaltung weichen" (Croiset van Uchelen). Männer unter sich geben sich von Natur aus anders, als wenn Frauen an der Gesellschaft teilhaben. Das ist keine Abwertung weiblicher Beiträge zu geselligen und sogar hochgeistigen Gesprächen. Abgesehen von seltenen Ausnahmen, die alle nur die Regel bestätigen, würde die ganze Logenarbeit sicherlich anders sein, falls zahlreiche Frauen zu den Mitgliedern gehörten, auch dann, wenn man alle sexuellen Elemente ausschalten könnte. Hinzu kommt noch, daß Männer auch einmal gern unter sich sind, so wie Frauen gesellige Teestunden unter sich abhalten.

Ein Gedankengang wie der von Henry Knapp hat auch einige Bedeutung, wenn er schreibt: „Vor allem ist auch der junge Ehemann außerhalb seiner Arbeit im allgemeinen zuviel in der Gesellschaft seiner Frau und damit oft auch zwischen den großen und kleinen Problemen seiner Familie, um sich noch zu einer besonderen Persönlichkeit weiterentwickeln zu können. In der Freimaurerei jedoch verkehrt er als Einzelgänger mit anderen Einzelgängern, frei von seinem häuslichen Milieu, weniger beschwert durch den Gedanken, ‚was seine Frau nun wohl dazu sagen würde‘, und noch weniger beschwert davon, welchen Eindruck er durch sein Handeln oder seine Rede auf andere Frauen machen könnte. In der Freimaurerei ist der Mann, kurz gesagt, viel mehr er selbst."

Wenn dadurch auch die ausgesprochen männliche Atmosphäre in der Loge betont wird, so stehen die Freimaurer doch den Frauen nicht ablehnend gegenüber. In den Niederlanden ist es so, daß kein verheirateter Mann angenommen wird, wenn seine Frau mit seiner Aufnahme nicht einverstanden ist. Obendrein veranstalten die Logen mehrmals im Jahr Zusammenkünfte, zu denen auch die Frauen der Freimaurer kommen können. So bestehen an einigen Orten Abteilungen der „Vereinigung van Vrouwen von Vrijmetselaren" (V. V. V. V.).

Daß die Frauen hiermit nicht zufrieden sein wollen, kann man sich wohl a priori denken. Seit dem 18. Jahrhundert hat es daher Logen gegeben, die Frauen als Mitglieder aufnahmen. Heutzutage gibt es verschiedene sogenannte Freimaurer-Organisationen für Frauen, wenn nicht ausschließlich für Frauen, dann gemischt. Die Vereinigungen sind jedoch nicht als „regulär" anerkannt worden, und so gibt es auch keinen offiziellen Kontakt zwischen diesen Organisationen und dem Freimaurer-Orden. Damit sind wir jedoch bereits ganz bei unserem nächsten Kapitel.

9. Obödienzen und Richtungen in der heutigen Freimaurerei

Nachdem wir die wechselvolle und bewegte Geschichte der Freimaurerei von ihrem Ursprung bis etwa 1940 beschrieben haben, und nachdem wir einen Versuch zum Verständnis der dieser Bruderschaft eigenen Symbolik und Ritualistik unternommen haben und nachdem wir sie dann als eine ethisch-humanitäre Gesellschaft mit einem eigenen Lebensstil studiert haben, bleibt uns noch, die verschiedenen Richtungen und Obödienzen in der Freimaurerei und die derzeitigen genauen Verhältnisse insbesondere in den Niederlanden, Belgien und Frankreich unter die Lupe zu nehmen. Erst dann werden wir mit einiger Aussicht auf Erfolg ausreichende Maßstäbe haben, um vom katholischen Standpunkt aus ein gerechtes und objektives Werturteil zu wagen.

Die große Mannigfaltigkeit der Lehrarten und Grade

Seit der ersten Hälfte des 18. Jahrhunderts bearbeitet die Freimaurerei die drei Grade, des Lehrlings, Gesellen und Meisters. Nahezu alle freimaurerischen Schriftsteller sind sich darin einig, daß die eigentliche Freimaurerei genau aus diesen drei Graden, symbolische, blaue oder Johannisgrade genannt, besteht. Wie wir im 7. Hauptkapitel ausführlich beschrieben haben, eignen sich die symbolischen Gegebenheiten des Tempelbaus mit seinem dramatischen Geschehen beim Meistergrad zur weiteren Ausgestaltung in anderen freimaurerischen Systemen. Wir können die oben gegebene Darstellung vielleicht am besten mit einem Text aus *Freemasons Guide and Compendium* von Bernard E. Jones zusammenfassen: „Der lebendige, fruchtbare Geist des französischen Freimaurers, der die spekulative Freimaurerei aus England erhalten hatte und sie mit vielen Zusätzen zurückschenken sollte, war alsbald am Werk, um das System zu unterteilen, so daß es, als es von den britischen Freimaurern (als Grade sogenannten schottischen Ursprungs, so meint man) eingeführt wurde, in vielen Kreisen, denen es vertraut wurde, als Ergänzung der alten Zeremonien Beifall fand."

Im 19. Jahrhundert wurden diese Grade dann mit farbenfrohen Zeremonien ausgestaltet und gedeihen vor allem in den Vereinigten Staaten zu Pracht und Üppigkeit. Die Eitelkeit der Menschen hat in den Vereinigten Staaten eine Mannigfaltigkeit hervorgebracht wie sonst nirgends auf der Welt.

Die ersten drei Grade sind die symbolischen Grade, die man häufig zu Unrecht die unteren Grade nennt. Anstatt sie im Sinne der alten freimaurerischen Lehrarten *höhere* Grade zu nennen, spricht Bernard E. Jones von *Additional,* beigefügten Graden, oder von *Side Degrees,* Nebengraden.

Beschränken wir uns auf das Wesentlichste: den *Rite Français,* die York'schen und die Schottischen Grade. Die York'schen haben eigentlich nichts mit York zu tun und die Schottischen ebensowenig mit Schottland, aber es sind nun einmal die eingebürgerten Namen.

Die bekannteste Form ist die des sogenannten *Rite Français ou Moderne:*

1. Apprenti,
2. Compagnon,
3. Maître,
4. Elu, Maître Elu,
5. Grand Elu (Ecossais),
6. Chevalier d'Orient ou de l'Epée,
7. Souverain Prince Rose-Croix.

Ein System des sogenannten *York'schen Ritus,* der vor allem in den USA bearbeitet wird, besteht aus den folgenden Graden:

1. Entered Apprentice,
2. Fellow Craft,
3. Master Mason,
4. Mark Master Mason,
5. Past Master,
6. Most Excellent Master,
7. Royal Arch Mason.

Diesem folgen noch die drei *Rittergrade:*

8. Knight of the Red Cross,
9. Knight of Malta,
10. Knight Templar.

Der *Alte und Angenommene Schottische Ritus* zählt sogar nicht weniger als 33 Grade, die in den einzelnen Ländern verschiedene Namen haben. Wir halten uns an die Namen, die in Deutschland gelten, wo der Schottische Ritus auch bearbeitet wird:

Erste Abteilung: Symbolische Grade (blaue Freimaurerei)
1. Lehrling,
2. Geselle,
3. Meister.

Zweite Abteilung: Perfektions-Grade (rote Freimaurerei)
4. Geheimer Meister,
5. Vollkommener Meister,
6. Geheimer Sekretär,
7. Vorsteher und Richter,
8. Intendant der Gebäude,
9. Auserwählter Meister der Neun,
10. Erlauchter Auserwählter der Fünfzehn,
11. Erhabener Auserwählter Ritter,
12. Groß-Architekt,
13. Royal Arch (Königliches Gewölbe),
14. Großer Auserwählter Vollkommener und Erhabener Maurer.

Dritte Abteilung: Kapitel-Grade
15. Ritter des Ostens oder des Schwertes,
16. Meister von Jerusalem,
17. Ritter vom Osten und Westen,
18. Ritter vom Rosenkreuz.

Vierte Abteilung: Philosophische Grade
19. Hoher Priester oder Erhabener Schotte,
20. Obermeister aller regulären Logen,
21. Noachite (Preußischer Grad),
22. Ritter der Königlichen Axt oder Prinz von Libanon,
23. Meister des Allerheiligsten,
24. Obermeister des Allerheiligsten,
25. Ritter der ehernen Schlange,
26. Schottischer Trinitarier,
27. Obermeister des Tempels,
28. Sonnenritter,
29. Groß-Schotte des Heiligen Andreas,
30. Ritter Kadosch.

Fünfte Abteilung: Verwaltungs-Grade
31. Groß-Richter,
32. Meister des Königlichen Geheimnisses,
33. General-Groß-Inspekteur.

Die Grade vom *Königlichen Gewölbe* und des *Ritters vom Rosenkreuz* nähern sich stark religiösen Bräuchen und sind für Katholiken vielleicht schwer annehmbar. Hinzu kommt überdies noch, daß man in einigen Ländern bekennender Christ sein muß, um in bestimmte Grade aufgenommen zu werden. Das andeutende Element, das für die echte, reguläre Freimaurerei so typisch ist, so wie sie in den symbolischen Graden bearbeitet wird, geht hier teilweise verloren.

Die philosophischen Grade (19.–30.), so wie sie in Belgien und den Niederlanden bearbeitet werden, sind von Graf Goblet d'Alviella, dem belgischen Religionshistoriker, in synkretistischem Geist zu einem Spiegelbild der großen Religionen und philosophischen Systeme umgearbeitet worden. Daher stoßen diese Grade auch bei gläubigen Christen auf einen gewissen innerlichen Widerstand. Trotzdem bedeuten diese philosophischen Grade im Grunde nur Unterrichtung über eine Religion oder ein philosophisches System, und es stellt sich die Frage, ob hier im eigentlichen Sinne von einer echten Initiation gesprochen werden kann.

Als Abschluß dieser äußerst vereinfachten Übersicht über die verschiedenen Lehrarten können wir vielleicht am besten eine Stelle aus Gotthilf Schenkels Buch „Die Freimaurerei im Lichte der Religions- und Kirchengeschichte" zitieren: „Diese drei ersten Grade umschließen das Wesentliche der Freimaurerei und bilden das Gemeinsame für die Logen der ganzen Welt. (...) Über dieser gemeinsamen ‚Johannis-Maurerei' erheben sich nun die Hochgrade. Diese weisen eine große Verschiedenheit und Mannigfaltigkeit auf und verlaufen in recht verschiedenen Linien. Man kann im allgemeinen sagen, daß in den Johannisgraden das Wesentliche und Notwendige der maurerischen Symbolik beschlossen ist und daß die Hochgrade in ihren Ritualen und Symbolen viel Überflüssiges, Willkürliches, künstlich Konstruiertes und Übertriebenes haben. Deshalb werden die Hochgrade vielfach überhaupt abgelehnt."

Wer eine eingehendere Übersicht über die bearbeiteten Lehrarten wünscht, findet diese bei Ray V. Denslow: „Masonic Rites and Degrees".

Über Reguläre und Irreguläre Freimaurerei

Man bezeichnet gewöhnlich als „reguläre" Freimaurerei — obwohl viele Franzosen heftig gegen diese Auffassung protestieren — die Großlogen und Großoriente, die von den Großlogen von England, Schottland und Irland sowie den anderen angelsächsischen Großlogen anerkannt werden.

Nur diejenigen Obödienzen werden anerkannt, welche die Landmarken in Ehren halten. Wer den Obersten Baumeister des Weltalls aus den Statuten streicht, wer das Heilige Buch, für die Christen also die Bibel, aus der Loge entfernt, wer Frauen in die Loge aufnimmt usw., der kommt für die Anerkennung als „regulär" nicht in Frage.

Man nennt einen Zusammenschluß von Logen nach geographischen oder national-staatlichen Gesichtspunkten eine „Obödienz" oder „Freimaurerische Großmacht".

Die Großlogen und Großoriente, die einander anerkennen, unterhalten auch Beziehungen miteinander. Sie tauschen ihre Schriften aus, erteilen Auskünfte und vor allem besuchen sich ihre Mitglieder gegenseitig. Wer Mitglied einer „regulären" Loge ist, kann in der ganzen Welt an den Arbeiten aller anderen „regulären" Logen teilnehmen: Er wird als Bruder in den Kreis der Vertrauten aufgenommen und kann auch auf Unterstützung rechnen, falls er sie braucht.

Nach der in den USA alljährlich herausgegebenen *List of Lodges Masonic* von 1965 gibt es 108 Großlogen und Großoriente, die untereinander und fast alle mit der Großloge von England Beziehungen unterhalten und die wir also als „regulär" bezeichnen können. Von ihnen sind 49 in den 49 Staaten der USA, zu denen gewöhnlich noch die Großlogen von Puerto Rico und die der Philippinen treten; Kanada zählt neun Großlogen, Australien sieben, Großbritannien und Irland drei und Skandinavien die von Dänemark, Norwegen, Schweden, Island und Finnland. Im übrigen Europa finden wir noch den Großosten der Niederlande, die Großloge von Belgien, die Grande Loge Nationale Française in Frankreich, ferner Luxemburg, die Vereinigten Großlogen von Deutschland, Österreich, die Schweiz, den Großorient von Italien, Griechenland und die Türkei. In Lateinamerika gehören zu dieser Gruppe der anerkannten freimaurerischen Großmächte die Großlogen von Argentinien, Brasilien (zwei), Chile (zwei), Kolumbien (zwei), Costa Rica, Kuba, Ekuador, Guatemala, Mexiko (fünf), Panama, El Salvador, Dominikanische Republik und Venezuela. Schließlich gibt es noch reguläre Großlogen in Israel, Indien, China und Japan. Wenn wir richtig unterrichtet sind, arbeiten alle diese Großlogen und Großoriente in den ersten drei Graden, den Johannislogen. Die anderen freimaurerischen Systeme mit den sogenannten höheren Graden werden nicht in das Problem der Regularität einbezogen.

Als „irreguläre" freimaurerische Großmächte können wir den Großorient von Belgien, den Grand Orient und die Grande Loge von Frankreich bezeichnen. Dazu kommen noch hier und da dissidente „irreguläre Gruppen". Über die USA schreibt Ray V. Denslow in seinem Buch „Regular, Irregular and Clandestine Grand Lodges": „Die Bruderschaft in diesem Land kann mit Erstaunen vernehmen, daß die USA eine Brutstätte von irregulären und verborgenen Freimaurer-Vereinigungen sind. Dokumente beweisen, daß wir von dieser Art Organisationen mehr haben als die ganze übrige Welt zusammen."

Eine besondere Gruppe bilden die Prince Hall Neger-Großlogen, von denen es 1950 genau 38 mit 4 323 Logen gab. Die Anzahl der Mitglieder ist nicht angegeben.

Unter den gemischten Freimaurer-Vereinigungen nimmt der „Droit Humain" eine besondere Stellung ein. Er wurde 1899 in Paris von Georges Martin begründet, bildet eine internationale Gemeinschaft mit Untergruppen in etwa 30 Ländern und hat ungefähr 50 000 bis 60 000 Mitglieder. Das Besondere am „Droit Humain" ist, daß ihm sowohl Frauen als auch Männer angehören können. Eine andere Eigenart ist — schließlich wurde er in Frankreich gegründet! —, daß er kein einziges Dogma anerkennt, Gläubige und Atheisten aufnimmt und nur nach der Wahrheit strebt. Er huldigt den Grundsätzen von Freiheit, Gleichheit und Brüderlichkeit, der Gleichberechtigung von Mann und Frau und hat im übrigen viel Gemeinsames mit der üblichen Freimaurerei.

Es bestehen auch der Freimaurerei verwandte Vereinigungen ausschließlich für Frauen. Vor allem blühen sie in den USA. Wir nennen nur den Orden von *Job's Daughters* mit 85 172 Mitgliedern im Jahre 1950, den Orden der *Rainbow Girls* mit 142 761 Mitgliedern und vor allem *The Order of the Eastern Star* mit 2 625 667 Mitgliedern. Zumeist haben diese Organisationen mit Freimaurerei nicht viel zu tun. Sie vereinigen jedoch oft Frauen und Töchter von Freimaurern, leisten viel an Wohltätigkeit, gründen gesellige Clubs und haben Talent für eindrucksvolle und farbenfrohe Aufnahme-Zeremonien.

Wer noch vollständigere Aufklärung wünscht, den verweisen wir auf Harold V. B. Voorhis: „Masonic Organizations and Allied Orders and Degrees", der allein für die USA, mit den nötigen Einzelheiten, nicht weniger als 55 freimaurerische oder pseudo-freimaurerische Organisationen aufführt.

In antifreimaurerischen Schriften wird die Freimaurerei oft als eine außergewöhnliche internationale Großmacht hingestellt, welche die große Politik leitet oder sie doch merklich beeinflußt. Sie verfügt über Millionen Mitglieder, die sich durch einen furchtbaren Eid ohne Vorbehalt an sie gebunden haben und die blindlings die Befehle von „Geheimen Oberen" ausführen, die man zuweilen den „Rat der Sieben" nennt oder auf den „Patriarchen" zurückführt, den „ungekrönten Fürsten der Welt"! Zur Zeit Taxils war Albert Pike dieser geheimnisvolle, allmächtige, höchste Obere.

Eine streng international organisierte Freimaurerei ist nun reine Fantasie, geboren aus Unwissenheit und gehegt durch die Einbildung, die Angst, den Haß und dergleichen mehr. Jede Obödienz, Großloge oder Großorient ist völlig selbständig. Wohl werden freundschaftliche Beziehungen zwischen den sich anerkennenden Großlogen unterhalten; darauf beruhen ebenso oft die bissigen Angriffe zwischen feindlichen Brüdern, d. h. zwischen freimaurerischen Großmächten, die einander nicht anerkennen, und jeder wirft dem anderen vor, vom ursprünglichen, wahren Geist der Freimaurerei abgewichen zu sein. In Südamerika ist es geschehen, daß zwei Freimaurergruppen in geschlossenen Reihen gegeneinander aufmarschierten und sich eine regelrechte Feldschlacht lieferten!

Wir müssen nun unsere Aufmerksamkeit auf zwei namhafte internationale freimaurerische Organisationen richten: die „Association Maçonnique Internationale" und die „Universala Framasona Liga".

Der Schweizer Edouard Quartier-la-Tente, Großmeister der Schweizer Großloge Alpina, gründete, als Ergebnis des Freimaurer-Kongresses zu Genf 1902, ein „Internationales Büro für freimaurerische Beziehungen". Ungeachtet mancher Schwierigkeiten baute Quartier-la-Tente diese Organisation aus, bis der erste Weltkrieg ihr Wirken beendete.

Aus ihr entstand auf dem internationalen Freimaurer-Kongreß vom 19.–23. Oktober 1921 in Genf die „Association Maçonnique Internationale". Zwölf Mitglieder unterzeichneten die Statuten: Die Großoriente der Niederlande, Belgiens, Frankreichs, Italiens, Portugals und der Türkei, sowie die Großlogen von New York, Frankreich, Österreich, Spanien, Bulgarien und der Schweiz. Die Statuten waren vom Grand Orient von Frankreich ausgearbeitet und daher sehr humanitär, aber nicht freimaurerisch. Die Freimaurerei wurde als eine philanthropische, philosophische, progressistische und pazifistische Gemeinschaft hingestellt, die der Gewissensfreiheit huldigte, tolerant und freiheitsliebend war; mit keinem Wort aber wurde auf den Großen Baumeister des Weltalls, auf die Bibel oder das Heilige Buch hingewiesen. Auch waren die angelsächsischen, skandinavischen und deutschen Großlogen den Zusammenkünften ferngeblieben. Der Großloge von New York mißfiel dies, und sie schlug vor, die Grundsatzerklärung der angelsächsischen Logen zu übernehmen. Man wollte die Sache prüfen. Inzwischen traten noch die Großlogen von Luxemburg, Jugoslawien, Chile, Kolumbien, Venezuela und der Philippinen und auch die irreguläre Großloge „Zur aufgehenden Sonne", Nürnberg, der A. M. I. bei.

Plötzlich ließ die Großloge von New York am 29. August 1924 wissen, daß sie am Brüsseler Kongreß vom 25.—28. September des Jahres nicht teilnehmen würde, weil mehrere Mitglieder der A. M. I. die Landmarken nicht beachteten. Das stiftete Verwirrung auf dem Kongreß, der daraufhin einen rührseligen Brief an die Großloge von New York richtete, auf den aber nie geantwortet wurde.

Auch der Großosten der Niederlande fühlte sich dort nicht am rechten Platz. Er drang darauf, die Aufnahme der irregulären Großlcge „Zur aufgehenden Sonne" zu überprüfen. Als dies erfolglos blieb, trat auch der Großosten der Niederlande aus der A. M. I. aus. Nun blieben fast nur noch die lateinischen Großlogen übrig, die von den angelsächsischen und deutschen Großlogen nicht als regulär anerkannt waren.

Die A. M. I. betrachtete dennoch den Großosten der Niederlande als eine mögliche Brücke zu den anderen Obödienzen und konnte ihn bewegen, 1927 wieder am Kongreß teilzunehmen. Der Großosten erschien und schlug nun seinerseits dem Kongreß in Paris Ende Dezember 1927 eine Grundsatzerklärung vor, die von den Mitgliedern der A. M. I. einstimmig angenommen werden sollte. Der dritte Artikel lautete: „Die Freimaurerei erkennt die Existenz eines höheren idealen Prinzips an, auf das gewöhnlich mit der symbolischen Bezeichnung vom Obersten Baumeister des Weltalls hingewiesen wird." Hierauf folgte eine harte Diskussion. Dann stimmten 16 Mitglieder dafür und zwei, nämlich der Grand Orient von Paris und die kleine Großloge von Luxemberg, dagegen. Daraufhin zog sich der Großosten der Niederlande zum 31. Dezember 1927 endgültig aus der A. M. I. zurück. Die Vereinigung hatte danach ein unsicheres Dasein, wurde durch den zweiten Weltkrieg stark beeinträchtigt und ging 1950 endgültig ein.

Die „Universelle Freimaurerliga" entstand auf dem ersten internationalen Esperanto-Kongreß in Boulogne im Jahre 1905. Freimaurer-

Brüder, Anhänger des Esperanto aus Frankreich, Deutschland und der Schweiz, gründeten am 8. August 1905 die „Esperanto Framasona". Erst als der von der Idee begeisterte Schweizer Uhlmann die Leitung übernommen hatte, wurde die Vereinigung 1913 zur „Universala Framasona Liga" oder „Universellen Freimaurerliga" umgestaltet, die künftig unabhängig von Esperanto-Kongressen wirken sollte. Diese schwache Liga versuchte nach dem ersten Weltkrieg, die Wogen des Hasses zwischen den Völkern zu glätten. Erst 1927 bekam die Liga Auftrieb, als Brüder aus zwölf Ländern und von 16 Großlogen an ihrem Kongreß in Basel teilnahmen. Zum Kongreß der Liga 1928 in Wien erschienen sogar 700 Brüder aus 30 Großlogen.

Diese Universelle Freimaurerliga war eine Vereinigung von Freimaurern aus regulären Obödienzen, die sich das Ziel gesetzt hatte, außerhalb des Wirkens der Großlogen die Beziehungen zwischen den Brüdern zu verbessern, um damit zur Verbrüderung aller Menschen beizutragen. Es war die Zeit von Locarno, als ein internationales Streben nach Frieden und Abrüstung alle Völker erfaßt hatte. Die Liga wollte ihr Ziel durch persönliche Kontakte, durch eine gemeinsame Zeitschrift, durch Kongresse, durch Herausgabe freimaurerischer Literatur usw. erreichen. Sie enthielt sich aller Einmischung in die Angelegenheiten der Großlogen und blieb auch politisch und religiös neutral. Höhepunkt scheint der Kongreß in Amsterdam im Jahre 1929 gewesen zu sein. Es folgten noch weitere Kongresse bis 1939.

Die Liga hatte immer gegen den Argwohn der regulären Großlogen zu kämpfen. Eigentlich besaß sie keinerlei Vollmachten, und doch entschied sie über die Aufnahme von Mitgliedern, also über die „Regularität" der Logen, zu denen diese Freimaurer gehörten. Als 1933 der Nazismus hochkam und der zweite Weltkrieg die Freimaurerei auf dem europäischen Kontinent nahezu vernichtete, war es auch um die Liga geschehen. Sie versuchte nach dem Krieg zwar mehrfach, ihre Organisation neu zu beleben, führt aber ein wenig bedeutendes Dasein.

Der Besorgnis vieler über eine international organisierte Freimaurerei wollen wir eine Feststellung aus der hochgeschätzten *Coil's Masonic Encyclopedia* entgegenhalten: „Ungeachtet des äußerst wünschenswerten Zieles internationaler Beziehungen zwischen den Freimaurern in aller Welt, hat es noch nie etwas gegeben, was einer ständigen Organisation ähnlich sieht. Selbstverständlich gehören Sprachschwierigkeiten zu den ernsten Hindernissen, überdies sei dazu bemerkt, daß die *universelle* Sprache der Freimaurer, von der man früher so viel gehört hat, rein symbolisch war. Darüber hinaus besteht aber ein schwerwiegendes Hindernis, das man als internationalen freimaurerischen Zwist und Eifersucht bezeichnen könnte. Es ist die gleiche Empfindlichkeit, die eine Allgemeine Großloge der Vereinigten Staaten verhindert hat, nur zehnmal so groß.

Die Organisation der Freimaurer in den Niederlanden

Der weitaus bedeutendste ist der *Orde van Vrijmetselaren onder het Grootoosten der Nederlanden,* der seinen Hauptsitz in Den Haag, Fluwelen Burgwal 22, hat. Er arbeitet ausschließlich in den drei unteren Graden des Lehrlings, Gesellen und Meisters, auch die blauen oder Johannisgrade genannt. Wir wollen hier ausdrücklich betonen, daß die höheren Grade ihre Mitglieder zwar aus den blauen Graden rekrutieren, aber nicht das mindeste Weisungsrecht über diese drei Grade haben. Es ist sogar vorgekommen, daß der Großmeister des Ordens keinem der höheren Grade angehörte, weil er zu Recht die Freimaurerei in diesen drei uralten Graden als vollständig konstituiert ansah. Zur Zeit zählt der Orden in den Niederlanden ungefähr 6 000 Mitglieder.

Von den anderen Systemen erwähnen wir zunächst den *Orde van Vrijmetselaren onder het Hoofdkapittel in Nederland,* der in den sogenannten höheren Graden arbeitet und ausschließlich den Grad des Ritters vom Rosenkreuz verleiht. Zu dem erstgenannten Orden der Freimaurer unter dem Großosten der Niederlande muß man sich selbst anmelden, zu den anderen Graden wird man berufen. Um Ritter vom Rosenkreuz zu werden, muß man unter anderem 30 Jahre alt, ein treuer Mitarbeiter seiner Loge sein und die Wertschätzung seiner Mitbrüder genießen. In dieser Organisation arbeitet man nicht in Logen, sondern in *Kapiteln,* von denen es z. Z. etwa 30 gibt.

Wer Ritter vom Rosenkreuz ist, kann vom *Opperraad van de Aloude en Aangenomen Schotse Ritus voor het Koninkrijk der Nederlanden,* der vom 19.—33. Grad arbeitet, zur Mitgliedschaft aufgefordert werden. Diese Freimaurer arbeiten in *Areopagen,* von denen es 1964 insgesamt 8 mit 625 Mitgliedern gab. Eigentlich werden in den Niederlanden nur die folgenden Grade zuerkannt: 22. Grad: Ritter der Königlichen Axt oder Prinz von Libanon; 26. Grad: Schottischer Trinitarier; 28. Grad: Sonnenritter; 29. Grad: Groß-Schotte des Heiligen Andreas; 30. Grad:

Ritter Kadosch; 31. Grad: Großrichter; 32. Grad: Meister des Königlichen Geheimnisses; 33. Grad: General-Groß-Inspekteur.

Um 1820 hat Prinz Frederik, als Großmeister des Ordens der Freimaurer, die *Afdelingen van de Meestergrad* gestiftet, die noch immer bestehen. Nur ein Grad, der des *Auserkorenen Meisters* wird verliehen und in *Bauhütten* bearbeitet.

Als ob das noch nicht ausreichte, wird seit 1948 auch noch der Grad des Ritters vom Heiligen Königlichen Gewölbe (Royal Arch) bearbeitet, und zwar in *Kapiteln* unter dem *Grootkapittel van het Heilig Koninklijk Gewelf der Nederlanden*.

Schließlich arbeiten seit 1958 in Holland vornehmlich dort lebende Engländer in zwei Logen der *Mark Master Masons*, die zur britischen Großbehörde der *Mark Master Masons* gehören.

Der Vollständigkeit halber sei noch erwähnt, daß die gemischten Logen des „Droit Humain", mit dem Hauptsitz in Paris, in den Niederlanden etwa 1 000 Mitglieder haben. Auch bestehen gemischte Logen der Organisation des Ordens Memphis-Misraim. Zuletzt gibt es noch eine Gruppe von Freimaurern, die sich im Jahre 1961 abgetrennt hat.

Wie wir bereits oben bei den Angaben über die A. M. I. gesehen haben, nehmen die niederländischen Freimaurer eine Mittelstellung zwischen den angelsächsischen und germanischen Logen einerseits und den romanischen andererseits ein, doch sind sie immer von der englischen Großloge als „regulär" angesehen worden. Ungeachtet der „Irregularität" des Brüsseler und des Pariser Grand Orient, unterhielt der Großosten der Niederlande Beziehungen zu diesen freimaurerischen Großmächten. Der niederländische Großosten hat 1947 die Beziehungen zu diesen beiden Groß-Orienten abgebrochen, die weder den Obersten Baumeister des Weltalls anerkennen, noch die Bibel bei der Arbeit auflegen. Im Jahre 1961 hat der Großosten unter dem Druck der internationalen freimaurerischen Welt die Beziehungen zur französischen Grande Loge abbrechen müssen, weil diese auch nicht als „regulär" angesehen wird.

Doch es blieb das Verlangen nach einer Verbindung mit Belgien, besonders mit den Flamen. Der damalige niederländische Großmeister Caron versuchte in den fünfziger Jahren wiederholt, die belgischen Freimaurer in die „Regularität" zurückzubringen. Aber das werden wir im folgenden Abschnitt behandeln.

Krise in Belgien und Rückkehr zur Regularität

In den belgischen Logen hat es immer bei einem Teil der Mitglieder eine Opposition gegen die politischen Umtriebe in den Logen gegeben. Bereits 1890 beschloß die Loge in Lüttich, „sich zu einigen politischen, moralischen, religiösen oder sozialen Fragen" nicht zu äußern. 1894 zerfiel die große Brüsseler Loge „Les Amis Philanthropes" in genau zwei Teile von je 210 Mitgliedern: Die einen wollten politische Streitgespräche in der Loge führen können, die anderen wollten damit aufhören. Wenn wir den Worten eines Redners, Mitglied des Grand Orient von Belgien, glauben dürfen, dann sind heute Streitgespräche über Politik und Religion in den belgischen Logen des Grand Orient ausgeschlossen.

In Belgien gibt es den Grand Orient oder Großosten, der ausschließlich die drei unteren Grade oder Blaue Grade leitet. Der *Suprême Conseil* oder Oberste Rat übt alle Autorität über die folgenden Grade vom 4. bis zum 33. aus. Die Rituale der höheren Grade bearbeitete der bekannte Religionshistoriker Graf Goblet d'Alviella.

Es ist anzumerken, daß die belgische Freimaurerei bis vor kurzem von den angelsächsischen und germanischen Großlogen nicht als regulär anerkannt war. Die Ursache war, wie bereits gesagt, daß der Grand Orient von Brüssel 1871 den Großen Baumeister des Weltalls aus seinen Statuten gestrichen und die Bibel aus den Logen entfernt hatte. Allerdings gab es hier und da noch Logen, die an der Bibel festhielten. Nach dem zweiten Weltkrieg und besonders nach dem unseligen Schulstreit unter der liberal-sozialistischen Regierung von 1954–1958, legten sich die antiklerikalen Leidenschaften mehr und mehr. Bereits 1946 war die Katholische Volkspartei (KVP) frei von konfessionellen Einflüssen, und die Liberale Partei sollte im Jahre 1961 zur *Partei für Freiheit und Fortschritt* umgestaltet werden und ihre Reihen für Katholiken öffnen: 1959 kam zwischen den drei großen Parteien sogar ein Schulabkommen zustande.

Bei diesem Verhalt verstehen wir, daß sich viele Logen nach Anerkennung durch die freimaurerischen Großmächte sehnten. Die niederländischen Freimaurer hatten 1947 notgedrungen mit dem belgischen Großorient brechen müssen und drängten auf eine Klärung der Lage. Im September 1960 konnte der Großmeister des niederländischen Großostens, Davidson, fünf Logen zu einer getrennten Großloge vereinigen. Diese erkennen seit Dezember 1959 wieder als leitendes Prinzip den Obersten Baumeister des Weltalls an und geben der Bibel den ihr zukommenden Platz bei der Logenarbeit. Die Zahl der Logen wuchs rasch auf acht, bis 1964 auf 14, und 1966 waren es schon 18. Nach und nach wurden sie von zahlreichen Großlogen in der ganzen Welt anerkannt. In der *List of Regular Lodges Masonic* von 1964 zählen wir nicht weniger als 61 reguläre Großlogen, welche die belgische Großloge anerkennen; darunter waren jedoch noch nicht die wichtigsten von allen: die drei britischen Großlogen.

Auf Grund ihres Antrages auf Anerkennung durch die Großloge von London untersuchte der Ausschuß für allgemeine Angelegenheiten die belgische Frage. Auf der allgemeinen Sitzung vom 10. März 1965 führte der Grand Registrar aus, daß die Sache sehr sorgfältig von dem Ausschuß für allgemeine Angelegenheiten untersucht worden sei und daß keine Bedenken gegen die Anerkennung der Brüsseler Großloge beständen. Schottland hatte sie bereits erteilt, und man erwartete, daß Irland das gleiche tun werde. Der Antrag, daß die „United Grand Lodge of England" die Großloge von Belgien anerkennen möge, wurde vom Vorsitzenden des Ausschusses für allgemeine Angelegenheiten unterstützt und schließlich angenommen.

Seit Anfang 1965 haben wir also auch in Belgien eine durch die maurerischen Großmächte und vor allem durch die Großlogen von England, Schottland und Irland anerkannte Großloge, die damals 15 Logen mit über 1 500 Mitgliedern umfaßte und Ende 1966 bereits 18 Logen mit etwa 1 800 Mitgliedern hatte. Der Grand Orient von Brüssel, der früher 4 000 bis 5 000 Mitglieder zählte, hat dadurch einen kräftigen Aderlaß erlitten, und der Übergang von Logen oder Teilen von Logen zur Großloge hält noch an.

Halten wir noch fest, daß die 18 Logen dieser Großloge im Jahre 1966 in Ostende, Kortrijk (Courtrai), Gent (3), Antwerpen (2), Brüssel (7), Löwen und Hasselt und zwei unterhalb der Sprachengrenze in Lüttich und Charleroi beheimatet waren. „Womit", so sagte mir ein niederländischer Freimaurer, „auch in dieser Sache die Sprachengrenze eine Rolle zu spielen scheint."

Günstige Entwicklung in Frankreich seit dem zweiten Weltkrieg

In Frankreich gibt es drei freimaurerische Großmächte. Die bedeutendste ist der *Grand Orient* (16, Rue Cadet, Paris), der augenblicklich 18 000 bis 20 000 Mitglieder hat. Die Logen, in denen die drei unteren Grade bearbeitet werden, hängen unmittelbar von der Leitung des Grand Orient ab: seit 1871 besteht sie nicht mehr aus dem Großmeister, sondern aus einem Ordensrat von 33 Mitgliedern, die jedes Jahr im September von einer allgemeinen Versammlung gewählt werden. Die höheren Grade unterstehen dem *Grand Collège des Rites*, und zwar sowohl die vier höheren Grade der Kapitel des *Rite Français ou Rite Modern*, auch Kapitelgrade genannt, als auch die vier höchsten Grade, der Konsistorien, des *Rite Ecossais Ancien et Accepté* (30.—33. Grad).

Wie bereits berichtet, hatte der Großorient 1877 in seinen Statuten die Anerkennung des Obersten Baumeisters des Weltalls und das Auflegen der Bibel auf dem Altar freigestellt, nimmt auch Atheisten als Mitglieder auf, und ist deshalb schon 1878 „irregulär" geworden. Der Grand Orient ist immer noch die am meisten politisierende und antiklerikale freimaurerische Großmacht in Frankreich.

Die zweite Großbehörde ist die *Grande Loge* (8, Rue Puteaux, Paris), die vor zwei Jahren noch 8 000 bis 10 000 Mitglieder zählte. An ihrer Spitze steht der *Supreme Conseil du Rite Ecossais Ancien et Accepté*. Seit 1894 hat der Oberste Rat die Verwaltung der drei unteren oder Blauen Grade, die bis dahin seiner Autorität unterstanden, an die *Grande Loge* abgegeben und sich nur die höheren Schottischen Grade (4. bis 33. Grad) vorbehalten. Es hat bei der Grande Loge stets Logen gegeben, die im Namen des Obersten Baumeisters des Weltalls arbeiteten und bei der Logenarbeit die Bibel auflegten. Die Grande Loge wurde jedoch, wegen ihrer geistigen Einstellung und des Abweichens von bestimmten Bräuchen bei den Arbeiten von der Londoner Großloge nicht als „regulär" anerkannt.

Die dritte freimaurerische Großbehörde ist die *Grande Loge Nationale Française* (65, Boulevard Bineau, Neuilly), die 1910 gegründet und 1913 von der Londoner Großloge als „regulär" anerkannt wurde. Anfänglich bestand sie hauptsächlich aus Engländern, die in Frankreich lebten, und denen sich eine kleinere Zahl Franzosen angeschlossen hatte. Vor etwa 10 Jahren zählte sie kaum 1 500 Mitglieder, aber Ende 1965 waren es bereits mehr als 5 000. Sie arbeitet nicht im Schottischen Ritus, sondern im *Rite Emulation*.

Im Jahre 1965 schrieb Marius Lepage, Mitglied des Grand Orient: „Man kann versichern, daß die französische Freimaurerei, welche Obödienz es auch sei, nicht mehr in dem Sinne Politik macht, was man gewöhnlich unter diesem Begriff versteht." Und ein anonymer Freimaurer, dessen Buch „Les authentiques ,Fils de la Lumière'" wir oben bereits zitierten,

schrieb sogar über die antiklerikalste Richtung in der französischen Freimaurerei: „Der *Grand Orient* entspricht so ziemlich dem, was man sich
im Volke — und selbst bei den empörten Angehörigen der katholischen
Priesterseminare — unter einer Freimaurerorganisation vorstellt. Vor
dem Krieg triumphierte darin die combistische Richtung. Die Riten
waren auf ein Minimum zurückgeschraubt worden. Ich habe dort zu
meinem Entsetzen Brüder gesehen, die rauchend und ohne Schurz zu
tragen arbeiteten. Doch gegen 1935 gehörten dem Grand Orient bereits traditionstreue Logen an, in denen nicht politisiert wurde, und die
dem Ritual wieder die wichtige Rolle beimaßen, die sich gehört. Diese
Tendenz hat sich seither noch verstärkt. Die unverbesserlichen Alten werden allmählich, einer nach dem anderen, ins Jenseits abberufen, und die
Jungen verzichten darauf, jeden Freitag einen „curé" zu „verspeisen".
Auch Alec Mellor schrieb in seinem aufsehenerregenden Buch: „Nos
Frères Séparés, les Francs-Maçons": „Seit der Befreiung hat sich die
französische Freimaurerei unbestreitbar vom alten combistischen Geist
entfernt."

Ungeachtet dieses Meinungsumschwungs bei einem Teil der Mitglieder
des Grand Orient, hält die Mehrheit doch an den alten Vorstellungen
fest. 1958 wurden sechs Mitglieder ausgeschlossen, weil sie im Parlament
für Subventionen an die freien (d. h. kirchlichen) Schulen gestimmt
hatten. Noch beredter ist das folgende Beispiel: Marius Lepage ist einer
der bekanntesten freimaurerischen Schriftsteller Frankreichs, ein Schüler
von Oswald Wirth und von Albert Lantoine. Sein Buch „L'ordre et les
Obédiences", von dem im Jahre 1956 eine zweite Auflage erschien, zeugt
von seinen Kenntnissen über die Freimaurerei, von seiner Anhänglich-
keit an den Grand Orient und an den französischen Standpunkt hinsichtlich des Streits mit der Londoner Großloge. Zum 18. März 1961 lud er
in die Loge „Volney" zu Laval den berühmten Prediger von Notre-
Dame, Michel Riquet S. J., ein, über die Haltung der Kirche zum Atheismus zu sprechen. Viele Logenbrüder verschiedener Richtungen wohnten,
freimaurerisch bekleidet, dem Vortrag bei. Deshalb bekam Marius
Lepage Ärger mit der Leitung des Grand Orient, und der unerwartete
Erfolg war, daß Marius Lepage dem Sektengeist des Grand Orient den
Rücken kehrte und sich am 23. Juli 1963 der Grande Loge Nationale
Française anschloß, die er noch wenige Jahre zuvor verspottet hatte.

Bei der *Grande Loge* ist die Entwicklung seit dem Krieg viel einschnei-
dender gewesen. So beschloß sie 1953, wenn auch mit einer knappen
Mehrheit, den Gebrauch des Heiligen Buches in den Logen wieder zur

Pflicht zu machen. 1955 begann sie geheime Verhandlungen mit der Grande Loge Nationale Française, um zu einer Übereinkunft zu gelangen. Am 18. September 1959 beschloß sie mit 177 gegen 62 Stimmen, die Beziehungen zum französischen Grand Orient abzubrechen und sich öffentlich der Grand Loge Nationale Française anzunähern. Die Mitglieder der Grande Loge durften aber auch weiterhin die Logen des Grand Orient besuchen, was den Beschluß verwässerte. Obgleich die Leitung des „Suprême Conseil" von Frankreich, der sich aus Mitgliedern der Grande Loge zusammensetzte, und der Großmeister Doignon selber ihr Bestes taten, um allmählich die Regularität zu erreichen, widersetzten sich eine Anzahl Mitglieder der Grande Loge diesen Bemühungen. Ende 1963 setzte diese Gruppe durch, Richard Dupuy zum Großmeister zu wählen und dieser erreichte mit einer starken Mehrheit, daß am 4. September 1964 die Beziehungen zwischen der Grande Loge und dem Grand Orient wieder hergestellt wurden. Daraufhin hob der Großkommandeur Riandey vom „Suprême Conseil" das Übereinkommen aus dem Jahre 1894 auf, d. h. die Grande Loge verliert das Recht, sich zum „Rite Ecossais Ancien et Accepté" zu bekennen und ist damit aus den höheren Graden ausgeschlossen. Dadurch wurden praktisch alle Logen vor die Wahl gestellt, ob sie der Grande Loge auf ihrem neuen Kurs folgen wollen. Anscheinend nicht.

Die Folge war, daß viele Mitglieder der Grande Loge einzeln oder mit ihrer ganzen Loge zur Grande Loge Nationale Française übergingen. Auf der allgemeinen Versammlung der Grande Loge Nationale Française vom 11. Dezember 1965 gab der Großmeister, der französisch-flämische Van Hecke, der für drei Jahre wiedergewählt war, einen Bericht, in dem er u. a. sagte, daß die G L N F in den letzten drei Jahren über 1 000 neue Mitglieder geworben und 1965 allein 29 Logen angenommen habe, die zumeist von der Grande Loge gekommen seien, und daß sie nun etwa 5 000 Mitglieder zählten. Während die List of Lodges Masonic 1965 noch 48 Logen für die Grande Loge Nationale Française angab, weist dasselbe Verzeichnis für das Jahr 1966 nicht weniger als 100 Logen nach.

Inzwischen hat sich der „Suprême Conseil" selber gespalten. Eine Gruppe Abtrünniger hat einen eigenen „Suprême Conseil" für die höheren Schottischen Grade errichtet und am 11. Januar 1965 Stanislaus Bonnet zum Großkommandeur gewählt; er hat seine Mitglieder aus der „irregulären" Grande Loge rekrutiert. Daneben besteht der alte „Suprême Conseil" unter dem Großkommandeur Riandey, dessen Mitglieder aus der „regulären" Grande Loge Nationale Française kommen.

Daran wird deutlich, daß in Frankreich viele Freimaurer von neuem Streben beseelt sind und sich nach dem alten Geist der Freimaurerei und der „Regularität" sehnen.

Ob die Kirche noch länger bei ihrer Verurteilung und Ablehnung alles dessen bleiben kann, was die Bezeichnung Freimaurerei trägt, das müssen wir nun in unserem zehnten und letzten Kapitel gründlich untersuchen.

10. Bräuche und Grundsätze der regulären Freimaurerei, verglichen mit den kirchlichen Prinzipien nach dem II. Vatikanischen Konzil

In diesem Kapitel müssen wir die äußerst wichtige Frage behandeln, ob sich Freimaurerei und Christentum miteinander vereinbaren lassen. So wie bisher wollen wir zuerst alle Bedenken in vollem Umfange gelten lassen, um dann mit der notwendigen Klarheit und Präzision nach einer begründeten Antwort zu suchen. Der Weg, den wir bisher gegangen sind, mag manchem Leser lang erschienen sein, er war aber nach unserer bescheidenen Ansicht durchaus notwendig, um in das Wesen dieser so wenig bekannten Gesellschaft einzudringen. Fast alle christlichen Autoren haben sich mit den Äußerlichkeiten der Freimaurerei begnügt und begingen daher große Fehler. Wie wir noch sehen werden, entfallen viele Bedenken, wenn wir erst die echte, wahre Freimaurerei von allen Schlacken befreit, die Auswüchse und Mißbildungen ausgesondert und die Möglichkeit einer Verständigung mit dem Christentum objektiv untersucht haben. Der neue Geist in der katholischen Kirche, seit der unvergessene Papst Johannes XXIII. ihr eine neue Richtung gab, und das wunderbare II. Vatikanische Konzil haben diese Studie sehr erleichtert, um nicht zu sagen erst möglich gemacht, wie sich noch zeigen wird.

Mehrere christliche Kirchen verurteilen die Freimaurerei

Viele, sogar Freimaurer, meinen, daß allein die katholische Kirche die Freimaurerei verurteilt hat und ihren Angehörigen die Mitgliedschaft in der Loge verbietet. Im vierten und fünften Kapitel haben wir erschöpfend über die verschiedenen päpstlichen Dokumente des 18. und 19. Jahrhunderts gegen die Freimaurerei und über die Gründe dieser feierlichen Verurteilungen berichtet. Sie können gedrängt so zusammengefaßt werden: Abgesehen von antiklerikalem und politischem Wirken, erregen vor allem das Geheimnis, der Indifferentismus und der Synkretismus Anstoß; die Freimaurerei lehrt nur „eine natürliche Religion", die freimaurerischen Rituale haben gotteslästernde Passagen, und die Eide und Gelöbnisse entsprechen nicht den nach dem Sittengesetz geltenden Regeln für Eide. Aber wir wollen auch die Verurteilungen oder Stellungnahmen anderer christlicher Kirchen oder kirchlicher Gemeinschaften näher betrachten, ohne damit auf die Verurteilungen durch protestantische

Kirchen im 18. Jahrhundert zurückzukommen, die wir im vierten Kapitel behandelt haben.

Die Bischöfe der griechisch-orthodoxen Kirche untersuchten auf ihrer Versammlung am 12. Oktober 1933, anhand von Sachverständigengutachten, das Verhältnis der Freimaurerei zum Christentum. Sie bewilligten einstimmig eine Erklärung, der wir folgende Grundsätze entnehmen: Freimaurerei ist ein Wiederaufleben der alten heidnischen Mysterienkulte. „Freimaurerei ist eine Mysterienreligion, sie ist vom christlichen Glauben völlig verschieden, ihm entgegengesetzt und fremd." Zunächst sollte man meinen, daß die Freimaurerei mit jeder Religion zusammengehen könne, weil sie sich um die Religion ihrer Anhänger nicht kümmert. Aber das liegt an ihrem synkretistischen Charakter: „Wie die Mysterienkulte, trotz scheinbarer Toleranz und Anerkennung fremder Götter, zum Synkretismus führen, das Vertrauen zu anderen Religionen untergraben und allmählich ins Wanken bringen, so ist die heutige Freimaurerei; sie möchte nach und nach alle Menschen umfassen und sittlich vervollkommnen, das Erkennen der Wahrheit fördern und sich zu einer Art Über-Religion erheben, wobei sie auf alle anderen Religionen (die christliche nicht ausgenommen) als etwas Minderes herabsieht." Andererseits, so fahren die orthodoxen Bischöfe fort, verkündet die Freimaurerei eine natürliche Moral: „Während das Christentum, das als eine geoffenbarte Religion im Besitz der mit der Vernunft erfaßbaren und der darüber hinausgehenden Dogmen und Wahrheiten ist, zuerst und vor allem Glauben fordert und ihre moralische Auffassung auf die übernatürliche göttliche Gnade gründet, hat die Freimaurerei nur eine natürliche Wahrheit und bringt ihre Eingeweihten zum freien Gedanken und zur freien Forschung durch die Vernunft allein. Die Struktur ihrer Moral fußt allein auf den natürlichen Kräften des Menschen und dient nur natürlichen Zwecken." Die Bischöfe fügten noch hinzu: „Unlängst hat die Interorthodoxe Kommission, die auf dem Berge Athos zusammenkam und an der die Verantwortlichen aller unabhängigen orthodoxen Kirchen beteiligt waren, die Freimaurerei als ein falsches und antichristliches System charakterisiert."

Mit Genehmigung der Bischofskonferenz veröffentlichte dann Erzbischof Chrysostomos von Athen folgende Beschlüsse: „Die Freimaurerei kann absolut nicht mit dem Christentum in Einklang gebracht werden, weil sie eine Geheimorganisation ist, die im dunkeln und geheimen arbeitet und lehrt sowie den Rationalismus vergöttert (. . .). Daher kann einem Geistlichen nicht erlaubt werden, Mitglied dieser Gesellschaft zu werden.

Ich meine, daß jeder Geistliche, der es dennoch tut, ausgestoßen zu werden verdient. (...) Wir erklären, daß alle gläubigen Kinder der Kirche außerhalb der Freimaurerei bleiben müssen (...). Es ist unrecht, zu Christus zu gehören und Erlösung sowie seelische Vervollkommnung außer denn bei Ihm zu suchen."

Auch mehrere protestantische Kirchen und Kirchenverbände haben sich gegen die Freimaurerei ausgesprochen.

Bei den Calvinisten steht die „Christian Reformed Church" der Vereinigten Staaten mit ihren 211 000 Mitgliedern allen geheimen Verbindungen unbedingt feindlich gegenüber. Auch die Niederländische Reformierte Kirche (Dutch Reformed Church) von Süd-Afrika hat sich 1940 (und erneut 1967) gegen die Freimaurerei erklärt; sie hat angeordnet, daß alle Mitglieder, die Freimaurer geworden sind, aufgefordert werden sollen, ihre Logen zu verlassen, und daß in Zukunft kein Freimaurer mehr das Predigeramt bekleiden soll. Außer diesen beiden Gruppen haben sich die Calvinisten eigentlich nie gegen die Freimaurerei ausgesprochen. Es wird wohl so sein, daß, wie z. B. in den Niederlanden, die Zahl der Niederländisch-Reformierten, die einer Loge beitreten, sehr gering ist.

Im 6. Kapitel haben wir gesehen, daß in Deutschland und Skandinavien die Lutheraner die Freimaurerei größtenteils lutherisch beeinflußt haben, sogar soweit, daß in mehreren Großlogen nur Lutheraner aufgenommen werden. Doch es gibt auch lutherische Gruppen, die sich gegen die Freimaurerei ausgesprochen haben. In den USA lassen die Missouri-Synode und die Wisconsin-Synode der lutherischen Kirche, mit zusammen 2 500 000 Mitgliedern, keine Freimaurer zum Abendmahl zu. Die „Swedish Augustana Synod" in den USA, mit 500 000 Mitgliedern, erlaubt es ihren Geistlichen nicht, Freimaurer zu sein, und drängt auch darauf, Laien von einer Mitgliedschaft abzuhalten. Auch die „American Lutheran Church", mit 770 000 Mitgliedern, äußerte sich 1934 gegen die Freimaurerei und empfahl die Freimaurer der besonderen Sorge ihrer Geistlichen.

Kleine christliche Gemeinschaften wie die „Holiness and Pentecostal"-Gruppe, die Adventisten, die Zeugen Jehovas und die „Church of Brethren" verwerfen in der einen oder anderen Form die Freimaurerei. Andererseits erheben Methodisten, Baptisten, Presbyterianer und Episkopale keine Einwände gegen eine Mitgliedschaft in der Freimaurerei. Es gibt jedoch kleine Gruppen in diesen größeren Gemeinschaften, die es doch tun.

Bei den Methodisten haben die „Free Methodist Church" und die „Wesleyan Methodist Church", mit zusammen 94 000 Mitgliedern, Freimaurer grundsätzlich von einer Mitgliedschaft ausgeschlossen.

Obgleich die Baptisten im allgemeinen keine Einwände gegen die Freimaurerei erheben, gibt es kleinere Gemeinden, die es doch tun, so die „General Association of Regular Baptist Churches" mit 129 000 Mitgliedern.

Was die Presbyterianer angeht, so schließt die „Reformed Presbyterian Church" von Schottland, ebenso wie die von Irland, Freimaurer von der Mitgliedschaft in ihrer Kirche aus. Die „Orthodox Presbyterian Church" von Amerika verurteilte im Jahre 1942 die Freimaurerei hauptsächlich wegen ihres religiösen Indifferentismus.

Wie bekannt, hat die anglikanische Kirche nichts gegen eine Mitgliedschaft in der Freimaurerei einzuwenden. Nicht nur sind hunderttausend Anglikaner Freimaurer, sondern es gehören 17 Bischöfe und mehr als 500 Geistliche allein in England sogar zu den höchsten Graden. In den symbolischen Graden ist ihre Zahl sehr groß. Als 1951 eine Gruppe anglo-katholischer Priester und Laien beantragte, die religiöse Grundlage der Freimaurerei einmal gründlich zu untersuchen, entfesselte das einen echten Sturm. Kein Geringerer als König Georg VI., Haupt der Anglikanischen Kirche, war Großmeister der Londoner Großloge und auch Erzbischof Fisher von Canterbury war Mitglied. Der Erzbischof von York, selber kein Freimaurer, erklärte darauf, daß die Freimaurerei in England, im Gegensatz zum Kontinent, nie antiklerikal gewesen sei und daß er, da der Erzbischof von Canterbury Mitglied und ein anderer führender Anglikaner Großmeister sei, über den Geist in der Freimaurerei nicht beunruhigt sein könne.

Alle diese Einzelheiten entnehmen wir „Darkness Visible" (1952) von Walton Hannah. Wir müssen uns ferner an „Christianity and American Freemasonry" (1958/1961) von William J. Whalen erinnern, wenn wir anschließend aus katholischer Sicht die Bedenken gegen eine Mitgliedschaft in der Freimaurerei untersuchen. Allerdings müssen wir der Schlußfolgerung des grimmigen anti-freimaurerischen Schriftstellers Walton Hannah zustimmen, der von Whalen mit Vorliebe zitiert wird: „No Church that has seriously investigated the religious teachings and implications of Freemasonry has ever yet failed to condemn it": „Keine Kirche, welche die religiösen Lehren und Auswirkungen der Freimaurerei ernstlich untersucht hat, hat je versäumt, sie zu verurteilen."

Die notwendigsten Unterscheidungen

Unverständnis und falsche Beurteilung der Freimaurerei kommen zum großen Teil daher, daß man alle Formen der Freimaurerei miteinander vermischt. Es ist natürlich bequem, auf Grund der einen oder anderen Einzelerscheinung die ganze Sache zu verwerfen.

Wieviele Regime nennen sich nicht demokratisch? So kennen wir die Deutsche Demokratische Republik, die nach westlichen Begriffen ein Spottbild der Demokratie ist. Aber ganz abgesehen von den sogenannten Volksdemokratien hinter dem Eisernen Vorhang, gibt es doch zwischen den Vereinigten Staaten, Großbritannien und dem europäischen Festland, nicht zu reden von den Demokratien in Lateinamerika, manche Unterschiede in den demokratischen Formen und Auffassungen. Und sogar die britische Labour-Party mit ihrem Hang zur Verstaatlichung hat eine andere Auffassung als die Konservativen. Oder müssen wir als richtige Interpretation der Demokratie annehmen, was der eine oder andere bedeutende Demokrat behauptet? Das können wir nun ebenso auf die Freimaurerei anwenden. Es kommt auch noch eine historische Perspektive hinzu, weil einige Gegner der Freimaurerei die Zeitabschnitte miteinander vermengen. Die bekannten Schriftsteller D. Knoop und G. P. Jones schrieben mit Recht: „Im Laufe der Generationen haben die moralischen Vorschriften und das Verhalten der Freimaurerei zu den bestehenden Religionen sehr wesentliche Veränderungen erfahren."

Zuerst müssen wir einen wichtigen Unterschied zwischen „regulärer" und „irregulärer" Freimaurerei machen, wie wir es im vorhergehenden Kapitel beschrieben haben. Nach den Angaben im *Masonic Year Book 1965* werden 108 freimaurerische Großmächte mit der Anzahl ihrer Logen und Mitglieder angegeben, die „regulär" sind, obgleich einige von ihnen von den britischen Großlogen noch nicht anerkannt sind. Alle anderen freimaurerischen Vereinigungen müssen wir als „irreguläre" Freimaurerei bezeichnen. So den Grand Orient und die Grande Loge von Frankreich, den Grand Orient in Brüssel usw. In diesem Buch haben wir ihren antiklerikalen und politischen Geist eingehend beschrieben, obwohl hier seit dem letzten Weltkrieg ein Wandel zum Besseren eingetreten ist. Wir haben auch auf die Schuld der katholischen Kirche an dieser Entwicklung hingewiesen, denn diese Form der Freimaurerei besteht praktisch nur in den romanischen Ländern, in denen die katholische Religion vorherrschend ist.

Diese Großlogen oder Großoriente werden von der Mutter-Großloge in London nicht anerkannt, weil sie die *Basic Principles,* die Grundsätze der Freimaurerei, nicht befolgen: Anerkennung des Obersten Baumeisters des Weltalls, Auflegen der Bibel auf den Kubischen Stein in der Loge, Glauben an eine Unsterblichkeit, eine spiritualistische Lebensanschauung, Ausschluß von Atheisten, Verbot von Streitgesprächen über Politik und Religion in den Logen. Es ist klar, daß ein gläubiger Christ nicht Mitglied dieser Logen sein kann. Wir schließen ebenso alle anderen Arten freimaurerischer Organisationen und die ihr angeschlossenen Orden und Grade mit ihren vielen Millionen Mitgliedern aus, von denen Voorhis allein in den USA 54 benennt, unter denen auch Frauen und gemischte freimaurerische Organisationen sind.

Bei der „regulären" Freimaurerei müssen wir ferner zwischen den einzelnen Ländern unterscheiden. Wir haben gesehen, daß die Freimaurerei in den skandinavischen Ländern lutherisch geprägt ist und in gleicher Art teilweise auch noch in Deutschland besteht. In den angelsächsischen Ländern finden wir die reinste Form der Freimaurerei, aber auch hier haben wir einiges zu bemerken. So vertreten z. B. die Schottischen Grade der Südlichen Jurisdiktion in den USA in ihrer Zeitschrift *New Age* einen antiklerikalen Standpunkt, aber wir wollen deshalb nicht alle Logen in den USA über einen Kamm scheren und sie alle des Antiklerikalismus bezichtigen. Selbstverständlich wird auch die bis vor kurzem zum Grand Orient in Brüssel gehörende und gerade erst regulär gewordene Großloge von Belgien, in der wahrscheinlich noch kein einziger praktizierender Katholik und kaum ein rechtgläubiger Protestant Mitglied ist, die aber im Namen des Obersten Baumeisters des Weltalls arbeitet und die Bibel in den Logen auflegt, unmöglich gegenüber der Religion die gleiche Einstellung haben können, wie sie in den angelsächsischen Logen üblich ist. Von dem regulären *„Grande Oriente"* in Rom können wir jetzt das gleiche sagen und müssen dabei erwähnen, daß die britischen Großlogen ihn noch nicht anerkennen. Wenn daher ein Preuss oder ein Whalen, um gerade einmal diese beiden antifreimaurerischen Schriftsteller aus den USA zu zitieren, gegen die Freimaurerei zu Felde ziehen und sich dabei hauptsächlich auf die Schriftsteller Pike und Mackay aus dem 19. Jahrhundert stützen, dann müssen wir sagen, daß ihre Argumente auf die frühere Freimaurerei zutreffen, auf die heutige aber nur insoweit, als sich diese noch den Geist Pikes bewahrt hat. Wir kommen hiermit auf eine dritte und allerwichtigste Unterscheidung.

Man muß einen eindeutigen Unterschied machen zwischen den unteren oder symbolischen oder blauen Graden der Johannislogen und den höheren oder angeschlossenen Graden mit ihren bedeutenden Unterschieden in Namen, Ritualen und Geist, ob es sich dabei nun um Yorksche, Schottische oder andere Grade handelt. Weiter oben hatten wir schon manches über die höheren Grade gesagt. Wir müssen noch einmal betonen, daß die eigentliche Freimaurerei nur aus den symbolischen oder blauen Graden besteht. Wir lassen hier zur Bestätigung einige Zitate zumeist bedeutender freimaurerischer Schriftsteller folgen. Tempels, einer der markantesten belgischen Freimaurer, schreibt: „Der Grad des Meisters vermittelt den Abschluß der freimaurerischen Lehre. Die weiteren Grade sind nur Lehrmethoden." Der Amerikaner Ray Denslow, der ein ganzes Buch über die verschiedenen Rituale und Grade geschrieben hat, sagt: „Was wir als Freimaurer anerkennen, kann in den (drei) Graden der altehrwürdigen Zunftmaurerei gefunden werden, und alle anderen Rituale und Grade sind nur Ausschmückungen oder Erweiterungen der symbolischen Grade." Der Franzose Boucher schreibt am Schlusse seines bemerkenswerten Buches „La Symbolique Maçonnique": „Wir wiederholen, daß die Freimaurerei in den ersten drei Graden ‚vollständig' enthalten ist, und wir haben uns beim Studium der freimaurerischen Symbolik auf sie allein beschränkt." Dr. P. H. Pott, einer der besten Kenner der Freimaurerei in den Niederlanden, nennt die „höheren" Grade immer: „Andere freimaurerische Arbeitsweisen." Der Engländer Bernard E. Jones spricht in seinem unübertroffenen „Freemasons' Guide and Compendium" lieber von hinzugefügten als von höheren Graden: „Die hinzugefügten Grade (additional degrees) werden oft ‚höhere Grade' genannt, aber der Ausdruck wäre gerechterweise richtiger für die ‚reine, alte Freimaurerei'. Die ‚höchsten' Grade müßten stets diejenigen bleiben, welche die authentische freimaurerische Geschichte als die ältesten nachweist. Das sind die drei Grade der Zünfte." Und der Franzose Jean Tourniac meint in seinem „Symbolisme maçonnique et tradition chrétienne", daß die Freimaurerei allein aus den drei Graden besteht und der Rest nur „Eitelkeit der Eitelkeiten" sei.

Die symbolischen Grade haben in der ganzen Welt eine gemeinsame Symbolik und auch die Initiationen unterscheiden sich nur wenig voneinander; vollständig verschieden sind dagegen die Verpflichtungen und Gelöbnisse. Die höheren Grade weisen jedoch je nach Ritus und Land große Unterschiede auf. In den Vereinigten Staaten hat der bedeutende freimaurerische Quellenforscher des 19. Jahrhunderts, Alfred Pike, zahlreichen höheren Einweihungsbräuchen seinen Stempel aufgedrückt. Wie wir berichteten, hat Graf Goblet d'Alviella, Professor für Religionsgeschichte an der Freien Universität Brüssel, die Rituale der Schottischen Grade in einem Sinne bearbeitet, der bei einem gläubigen Christen auf Widerstand stößt. Der Grad des Ritters vom Rosenkreuz hat dann wieder einen ausgesprochen christlichen Charakter. Wir hören, daß die „Grande Loge Nationale Française" die Rituale der höheren Grade erneuert hat und daß auch in den Niederlanden daran gearbeitet wird, diese Rituale von synkretistischen Bestandteilen zu säubern. Daher muß bei den höheren Graden jeder Fall gesondert untersucht werden, nicht nur nach Grad und System, sondern auch nach dem einzelnen Land. Bei der blauen Freimaurerei der unteren drei Grade liegen die Verhältnisse ganz anders.

Obwohl man sagen kann, daß bei den Initiationen der unteren drei Grade jedes rein religiöse Element nahezu ausgesondert und alles auf eine symbolische Ebene gehoben ist, erleben die Mitglieder der blauen Freimaurerei doch auch Feste, bei denen das Religiöse, das Christliche sehr in den Vordergrund tritt. Wir denken vor allem an die Johannisfeste. Für Jean Tourniac sind die beiden St. Johannes-Gestalten sogar die wichtigen Berührungspunkte zwischen Kirche und Freimaurerei. Das Fest für St. Johannes den Täufer wird zur Sonnenwende, das Fest für St. Johannes den Evangelisten um die Wintersonnenwende gefeiert. (Die Feste für St. Gabriel und St. Michael an ihren Namenstagen zur Tag- und Nachtgleiche lassen wir außer acht.) Johannes der Täufer war der Wegbereiter und Künder des Lichtes, das in die Finsternis leuchtet; er sah das Licht, erkannte es gleich und trat also demütig zurück: „Er muß wachsen, ich vergehen." St. Johannes der Evangelist legte Zeugnis ab von dem Licht, das er gesehen, in dem er gelebt und an das er geglaubt hatte, und er rief die Menschen auf, das Mysterium zu erleben, das zur inneren Schau des ewigen Lichtes führen kann. Durch die Feiern zu den Sonnenwenden (zur Tag- und Nachtgleiche) erhalten die beiden St. Johannes (und die beiden Erzengel) eine geistige, aber auch eine kosmologische Bedeutung, die bezeichnend für freimaurerische Lichtsymbolik ist.

Die Frage, ob Christen diesen unteren Graden, den Johannislogen, angehören können, muß ernsthaft untersucht werden.

Gilt die kirchliche Exkommunikation für die Reguläre Freimaurerei?

Seit der Bulle „In eminenti" von 1738 bis zur Enzyklika „Humanum Genus" von 1884 haben verschiedene Päpste Bullen und Enzykliken gegen die Freimaurerei verkündet und über Katholiken, die sich der Freimaurerei anschlossen, die Exkommunikation ausgesprochen. Es ist interessant zu vermerken, daß sich Leo XIII. noch 1902 entschieden gegen die Freimaurerei ausgelassen und daß sich auch Papst Pius X. (1903—1914) gegen sie ausgesprochen hat. Seit 1914 haben die Päpste selber jedoch nicht mehr unmittelbar über die Freimaurerei gesprochen, wohl aber haben Instanzen der Kurie die früheren päpstlichen Verlautbarungen bestätigt.

Bulle (ihr Name kommt von *„bulla"*, der runden Siegelkapsel) ist der Name für eine päpstliche Urkunde, die sich von einem Breve durch ihren sehr gewichtigen Inhalt und ihren feierlichen Charakter in Form und Stil unterscheidet. Eine der berühmtesten Bullen ist „Unam sanctam" von Bonifaz VIII. von 1302. Eine Enzyklika (von *enkyklios*, das Umgehende, heute Rundschreiben) ist ein Sendschreiben des Papstes entweder an die ganze Kirche oder an die Kirche eines Landes, das besondere kirchliche oder moralische Angelegenheiten betrifft. Keine einzige Bulle oder Enzyklika ist ohne weiteres eine unfehlbare, unwiderrufliche Aussage; allerdings können sie sehr wohl unfehlbare Elemente enthalten. Eigentlich sind es päpstliche Nutzanwendungen der feststehenden allgemeinen Doktrin der Kirche auf religiöse Angelegenheiten einer bestimmten Zeit und oft eines bestimmten Landes. Wenn sich die Zeiten, die Sache, der Beweggrund oder die Gruppierung, für die sie bestimmt sind, gründlich verändern, dann kann ein späterer Papst auch einen anderen Standpunkt einnehmen. Hierzu einige Beispiele.

In der Bulle „Unam sanctam" vom 18. November 1302 erklärte Papst Bonifaz VIII., daß Christus an Petrus und an seine Nachfolger, die Päpste, die geistliche und die zeitliche Macht gegeben habe. Die geistliche Macht übt die Kirche selber aus, Könige und Kriegsleute aber die zeitliche, „so lange der Priester es will und duldet". Die geistliche Macht steht über der zeitlichen, „denn die geistliche muß die zeitliche einsetzen und richten, wenn sie nicht gut gewesen ist. Falls die zeitliche Macht abweicht, soll sie durch die geistliche Macht gerichtet werden, falls eine geringe geistliche Macht abweicht, durch eine höhere, und wenn die höchste abweicht (der Papst), dann richtet Gott allein." Jahrhundertelang hat man um die richtige Auslegung und den doktrinären

Wert der Bulle gestritten. Da man im 19. Jahrhundert darüber bereits eine vollkommen andere Meinung hatte, führten die Gegner der Verkündung päpstlicher Unfehlbarkeit diese Bulle auf dem I. Vatikanischen Konzil als Beweis dafür an, daß ein Papst irren könne und somit nicht unfehlbar sei. Am 7. September 1955 hielt Papst Pius XII. an die Teilnehmer des 10., alle fünf Jahre stattfindenden Historiker-Kongresses zu Rom eine Rede und sagte ausdrücklich zu den Auffassungen des Bonifaz hinsichtlich des Verhältnisses zwischen Kirche und Staat: „Cette conception médiévale était conditionnée par l'époque." : „Diese mittelalterliche Auffassung war von der Zeit abhängig". Und das II. Vatikanische Konzil bestimmte in der Pastoralen Konstitution „Gaudium et Spes" vom 7. Dezember 1965: „Die politische Gemeinschaft und die Kirche sind auf ihren eigenen Gebieten unabhängig voneinander und autonom" (Nr. 76, 3). Von einer sakralen Auffassung über die Gemeinschaft und den Staat ist die Kirche nun zu einer säkularisierten oder weltlichen Auffassung gekommen.

Ein zweites, uns zeitlich näheres Beispiel, das für unser Thema sehr bedeutsam ist: Im 16. Jahrhundert war der Jesuit Matteo Ricci der erste Europäer, der in China bis Peking vordringen konnte und sich vollständig in die Wesensart des chinesischen Volkes einzuleben wußte. Er dachte sich dann seine berühmte Annäherungsmethode aus. So ließ er die Christen an der Ahnenverehrung teilnehmen, die darin bestand, einmal im Jahr den verstorbenen Vorfahren Fleisch, Früchte, Räucherwerk und ein Stück Seide darzubringen, und er begründete das damit, daß die Chinesen in ihren Toten keinen Gott erkennen, noch sie anrufen oder etwas von ihnen erhoffen. Zweimal im Monat kamen die Schriftgelehrten in den Tempel, um vor den Abbildern oder dem Namen des Konfuzius und seinen Jüngern das Knie zu beugen, Kerzen und Räucherwerk anzuzünden und zu bestimmten Zeiten auch Speisen anzubieten. Weil man auch lebende Beamte auf die gleiche Weise ehrte und Konfuzius nicht als Gott verehrte, noch von ihm Gnaden erbat, erlaubte Ricci auch den Konfuzius-Kult. Bei seinem Tod waren kaum 2 700 Chinesen getauft, aber um 1700 waren es schon 300 000, von denen viele zu den Mandarinen und Gelehrten gehörten. Auf diese Art sind Chinesen höherer Stände Katholiken geworden. Aber inzwischen war der Ritenstreit entbrannt, der damit endete, daß Benedikt XIV. am 11. Juli 1742 die Bulle „Ex quo singulari" verkündete, mit der den chinesischen Christen strikt verboten wurde, weiterhin an der Verehrung ihrer Ahnen oder des Konfuzius teilzunehmen. Daran ging die Mission praktisch zugrunde. Am 8. Dezember 1939 hat jedoch die Kongregation *De Propaganda Fide* eine Anweisung erlassen, mit der sie den Christen ausdrücklich gestattet, an der Verehrung der Ahnen oder des Konfuzius teilzunehmen, da aus wiederholten Erklärungen der chinesischen Regierung hervorgehe, daß sie eine rein weltliche Bedeutung habe. Ja, in seiner Enzyklika „Princeps Pastorum", vom 28. November 1959, hat Papst Johannes XXIII. Ricci den Missionaren als Vorbild hingestellt.

Wir müssen noch daran erinnern, daß die feierliche Enzyklika „Rerum novarum" von Papst Leo XIII. aus dem Jahre 1891 durch Papst Pius XI. in seiner Enzyklika „Quadragesimo anno" aus dem Jahre 1931 den neuen Verhältnissen angepaßt wurde, ebenso wie Papst Johannes XXIII. die Soziallehre der Kirche in seiner Enzyklika „Mater et Magistra" von 1961 wieder den Welt-Problemen, u. a. den Entwicklungsländern, anpaßte.

Wir wissen, daß wir damit offene Türen einrennen. Aber viele, auch Katholiken, kennen die richtige Bedeutung und den Lehrwert einer Enzyklika oder Bulle nicht. Es geht doch wahrlich nicht darum, daß 1738 und sogar 1884 eine päpstliche Enzyklika oder Bulle die Freimaurerei verurteilt hat, daß bis auf den heutigen Tag alle Arten von Freimaurerei verurteilt sind und bleiben und daß die Mitgliedschaft in einer Loge für jeden Katholiken unmittelbar die Exkommunikation bedeutet!

Wir werden schon noch die Gründe untersuchen müssen, warum die Päpste die Freimaurerei verurteilt haben, und nur in dem Maße, in dem diese Großloge oder jener Großosten davon betroffen wird, gelten für die Katholiken auch die päpstlichen Richtlinien.

Wichtiger noch als die Verurteilungen durch vielleicht veraltete Bullen und Enzykliken sind die Bestimmungen der geltenden kirchlichen Gesetzgebung. Im Jahre 1917 erschien der Text des kirchlichen Gesetzbuches, an dem seit dem I. Vatikanischen Konzil gearbeitet worden war. Über die Freimaurerei wird da im Kanon 1065, 1240—42, 1399 und 2335 bis 2336 gesprochen. Am wichtigsten ist der Kanon 2335: „Wer Mitglied der Freimaurerei oder einer anderen derartigen Gesellschaft wird, die sich gegen die Kirche und die gesetzliche weltliche Obrigkeit verschwören, verfällt durch die Tat selber einer Exkommunikation, deren Aufhebung dem Heiligen Stuhl vorbehalten ist"[1]).

---

1) Der lateinische Text findet sich am Schluß des Buches. Es gibt auch Exkommunikationen, die ausdrücklich dem Heiligen Stuhl vorbehalten sind und deren Aufhebung noch viel schwieriger zu erlangen ist.

Halten wir zunächst einmal fest, daß der Kanon als Grund für die Exkommunikation allein die Verschwörung gegen die Kirche und die bestehende weltliche Obrigkeit nennt. Der zweite Teil mag viele erstaunen, weist aber darauf hin, daß diese Auffassung zu einer Zeit entstanden ist, als man noch die Einheit und die Zusammenarbeit von Kirche und Staat als die rechte katholische Lehre verteidigte, etwas, das von vielen katholischen Theologen und unlängst auch vom II. Vatikanischen Konzil verworfen worden ist.

Von größerer Bedeutung ist festzustellen, daß sich der Wortlaut des Kanons deutlich auf die vergangene antiklerikale und der Politik verhaftete Freimaurerei bezieht, die seit Mitte des 19. Jahrhunderts hauptsächlich in den romanischen Ländern bestand. Die „reguläre" Freimaurerei streitet weder gegen die Kirche noch gegen die bestehende weltliche Obrigkeit, wie wir oben erschöpfend dargelegt haben. Darüber hinaus haben seit 1870 oder in späteren Jahren die Londoner Großloge und die der Mutter-Großloge angeschlossenen Großlogen in der ganzen Welt alle Beziehungen zu den „irregulären" Logen abgebrochen und sich stets geweigert, sie anzuerkennen. Die reguläre Freimaurerei hat im Augenblick fast sechs Millionen Mitglieder in der ganzen Welt, während die Mitgliederzahl der antiklerikalen Logen vielleicht 60 000 kaum übersteigt. Es wäre nun eine falsche Auslegung des kirchlichen Kanons, eine Weltorganisation von der Verurteilung durch die Kirche treffen zu lassen, weil ein Prozent der Mitglieder Abtrünnige sind, die dazu noch von der großen Weltorganisation nicht anerkannt werden. Mit anderen Worten, persönlich meinen wir, daß der kirchliche Bannstrahl nicht den regulären Logen gilt.

Bevor wir zu diesem wichtigen Schluß kamen, haben wir mehrere Theologen und Kirchenrechtler nach ihrer Ansicht gefragt; sie waren alle derselben Auffassung. Kürzlich hörten wir, daß vier bedeutende Kardinal-Erzbischöfe Westeuropas einigen Freimaurern, die sich zum Katholizismus bekehrten oder ihn wieder ausüben wollten, erlaubten, in den Logen zu verbleiben, und zwar unter dem Vorbehalt, daß sie dann austreten, wenn irgend etwas gefordert oder getan werden sollte, was sich mit katholischen Grundsätzen nicht vereinbaren läßt. Wir persönlich kennen mehrere Katholiken, die es mit ihrem Glauben ernst nehmen und doch Freimaurer sind.

Selbst wenn ein Katholik, Mitglied der regulären Freimaurerei, nicht exkommuniziert ist, dann ist damit noch nicht die Frage beantwortet, ob ein Katholik Freimaurer werden kann oder soll. Bevor wir hierauf eine Antwort versuchen, müssen wir erst bestimmte Verlautbarungen des II. Vatikanischen Konzils, die für unser Thema von großer Bedeutung sind, kennenlernen.

Die Verlautbarungen des Zweiten Vatikanischen Konzils leiten einen neuen Abschnitt in der Geschichte der Kirche ein

Es ist wohl unnötig darzulegen, daß das Vatikanum II ein anderes Bild bietet als alle voraufgegangenen zwanzig Kirchenversammlungen. Als Johannes XXIII., der kaum drei Monate nach seiner Wahl das Konzil ankündigte, es nach fast vierjähriger gründlicher Vorbereitung am 11. November 1962 eröffnete, stellte er nicht die Verkündung neuer Glaubenssätze, sondern ein *aggiornamento*, eine Anpassung der Kirche an die derzeitigen bestehenden Zustände zur Aufgabe. Nach dem Tod von Papst Johannes, zwischen der ersten und zweiten Session oder Sitzungsperiode, ging sein Nachfolger Papst Paul VI. auf dem eingeschlagenen Weg weiter und erklärte auf der Schlußsitzung am 8. Dezember 1965, daß sich die Kirche in den früheren Jahrhunderten und vor allem im 19. und 20. Jahrhundert von der Welt und der profanen Kultur entfernt und deshalb im Vatikanum II, mehr als in einem früheren Konzil, wieder Kontakt und Annäherung gesucht habe.

Wir wollen die bedeutendsten Verlautbarungen des Konzils, die mittelbar oder unmittelbar das in diesem Buch behandelte Thema berühren und uns die neue Einstellung der Kirche gegenüber der Freimaurerei nachempfinden lassen, gleich zusammenfassen.

In der feierlichen Sitzung des II. Vatikanischen Konzils vom 7. Dezember 1965 wurde die Pastorale Konstitution „Gaudium et Spes" über die Kirche in der Welt unserer Zeit gebilligt und verkündet. In ihr betont das Konzil nachdrücklich das höchste Recht des Gewissens: „Im Innern seines Gewissens entdeckt der Mensch ein Gesetz, das er sich nicht selbst gegeben hat, dem er aber gehorchen muß. Die Stimme dieses Gesetzes spornt ihn fortlaufend an, das Gute zu lieben und zu tun, das Böse zu vermeiden. Im rechten Augenblick sagt sie seinem Herzen: Tu dies, meide jenes. Denn der Mensch hat ein Gesetz, das von Gott seinem Herzen eingeschrieben ist, dem zu gehorchen eben seine Würde ist und gemäß dem er gerichtet wird. Das Gewissen ist die verborgenste Mitte und das Heiligtum im Menschen, wo er allein ist mit Gott, dessen Stimme in seinem Innersten zu hören ist. Im Gewissen erkennt man in wunderbarer Weise jenes Gesetz, das in der Liebe zu Gott und dem Nächsten seine Erfüllung hat (Nr. 16).

Um diesem Gewissen immer folgen zu können, muß der Mensch frei entscheiden und handeln können: Aber nur frei kann der Mensch sich zum Guten hinwenden. Und diese Freiheit schätzen unsere Zeitgenossen hoch und erstreben sie leidenschaftlich (Nr. 17). Das Konzil verurteilt darum auch alle Arten von Zwang und Gewalt, welche die Persönlichkeit verletzen, und darunter können wir auch die frühere Inquisition einstufen (Nr. 27, 3).

Natürlich entbindet uns diese Haltung nicht von der Pflicht, immer und überall nach der Wahrheit und dem Guten zu streben und die Frohe Botschaft zu verbreiten. Man muß jedoch unterscheiden zwischen dem Irrtum, der immer zu verwerfen ist, und dem Irrenden, der seine Würde als Person stets behält, auch wenn ihn falsche oder weniger richtige religiöse Auffassungen belasten. Gott allein ist der Richter und Prüfer der Herzen; darum verbietet er uns, über die innere Schuld von irgend jemandem zu urteilen (Nr. 28, 2).

Während die Kirche früher, so z. B. in dem berühmten „Syllabus", als Irrtum noch eine These verurteilen konnte wie: „80. Der Papst von Rom kann und soll sich mit dem Fortschritt, dem Liberalismus und der modernen Kultur versöhnen und befreunden", bestätigt das Vatikanum II, auf der Linie von Teilhard de Chardin, weitherzig die moderne Wissenschaft, den technischen Fortschritt und die weltlichen Wirklichkeiten in einem wahrhaft optimistischen Geist: „Wenn wir Autonomie der irdischen Wirklichkeiten so verstehen, daß die geschaffenen Dinge und auch die Gesellschaften ihre eigenen Gesetze und Werte haben, die der Mensch schrittweise erkennen, gebrauchen und gestalten muß, dann ist es durchaus berechtigt, diese Autonomie zu fordern. Das ist nicht nur eine Forderung der Menschen unserer Zeit, sondern entspricht auch dem Willen des Schöpfers. Durch ihr Geschaffensein selber nämlich haben alle Einzelwirklichkeiten ihren festen Eigenstand, ihre eigene Wahrheit, ihre eigene Vortrefflichkeit sowie ihre Eigengesetzlichkeit und ihre eigenen Ordnungen, die der Mensch unter Anerkennung der den einzelnen Wissenschaften und Techniken eigenen Methode achten muß. Vorausgesetzt, daß die methodische Forschung in allen Wissensbereichen in einer wirklichen wissenschaftlichen Weise und gemäß den Normen der Sittlichkeit vorgeht, wird sie niemals in einen echten Konflikt mit dem Glauben kommen, weil die Wirklichkeiten des profanen Bereichs und die des Glaubens in demselben Gott ihren Ursprung haben. Ja, wer bescheiden und ausdauernd die Geheimnisse der Wirklichkeit zu erforschen versucht, wird, auch wenn er sich dessen nicht bewußt ist, von Dem an der Hand geführt, der alle Wirklichkeit trägt und sie in sein Eigensein einsetzt. Deshalb sind gewisse Geisteshaltungen, die einst auch unter Christen wegen eines unzulänglichen Verständnisses für die legitime Autonomie der Wissenschaft vorkamen, zu bedauern. Durch die dadurch entfachten Streitigkeiten und Auseinandersetzungen schufen sie in der Mentalität vieler die Überzeugung von einem Widerspruch zwischen Glauben und Wissenschaft (Nr. 36, 2)."

Während Papst Gregor XVI. in seiner Enzyklika „Mirari Vos" von 1832 gegen die modernen Freiheiten zu Felde zog, lesen wir jetzt in dieser bemerkenswerten Konstitution: „Damit ist auch gefordert, daß der Mensch unter Wahrung der sittlichen Ordnung und des Gemeinnutzes frei nach der Wahrheit forschen, seine Meinung äußern und verbreiten und die Kunst nach seiner Wahl pflegen kann; schließlich, daß er wahrheitsgemäß über öffentliche Vorgänge unterrichtet werde (Nr. 59, 4)."

Und zum Abschluß verkündet das Konzil seinen Glauben an eine internationale Bruderschaft aller Menschen und erklärt sich zu einem Dialog mit allen bereit, und zwar nicht nur mit denjenigen, die abweichende Meinungen vertreten, sondern sogar mit denjenigen, welche die Kirche rundheraus bekämpfen: „Der Wunsch nach einem solchen Dialog, geführt einzig aus Liebe zur Wahrheit und unter Wahrung angemessener Diskretion, schließt unsererseits niemanden aus, weder jene, die hohe Güter der Humanität pflegen, deren Urheber aber noch nicht anerkennen, noch jene, die Gegner der Kirche sind und sie auf verschiedene Weise verfolgen. Da Gott der Vater Ursprung und Ziel aller ist, sind wir alle dazu berufen, Brüder zu sein. Und darum können und müssen wir aus derselben menschlichen und göttlichen Berufung ohne Gewalt und ohne Hintergedanken zum Aufbau einer wahrhaft friedlichen Welt zusammenarbeiten (Nr. 92, 5)."

Während die pastorale Konstitution „Gaudium et Spes" fortwährend auf die Gewissensfreiheit — eigentlich eine alte christliche Wahrheit — zurückkommt und die Religionsfreiheit kaum berührt, handelt die Erklärung „Dignitatis humanae", die ebenfalls am 7. Dezember 1965 verkündet wurde, ausdrücklich und ausschließlich von der Religionsfreiheit. Hier werden Töne angeschlagen, die vielen Katholiken ungewohnt in den Ohren klingen.

Gleich zu Beginn sagt die Erklärung: „Das Vatikanische Konzil erklärt, daß die menschliche Person das Recht auf religiöse Freiheit hat. Diese

Freiheit besteht darin, daß alle Menschen frei sein müssen von jedem Zwang sowohl von seiten einzelner wie gesellschaftlicher Gruppen, wie jeglicher menschlichen Gewalt, so daß in religiösen Dingen niemand gezwungen wird, gegen sein Gewissen zu handeln, noch daran gehindert wird, privat und öffentlich, als einzelner oder in Verbindung mit anderen — innerhalb der gebührenden Grenzen — nach seinem Gewissen zu handeln. Ferner erklärt das Konzil, das Recht auf religiöse Freiheit sei in Wahrheit auf die Würde der menschlichen Person selber gegründet, so wie sie durch das geoffenbarte Wort Gottes und durch die Vernunft selbst anerkannt wird. Dieses Recht der menschlichen Person auf religiöse Freiheit muß in der rechtlichen Ordnung der Gesellschaft so anerkannt werden, daß es zum bürgerlichen Recht wird (Nr. 2, 1)."

In den voraufgegangenen Kapiteln haben wir bereits gehört, daß die Freimaurer leidenschaftliche Sucher nach der Wahrheit sind. In seiner Erklärung betont das Konzil die sittliche Verpflichtung eines jeden Menschen, nach der Wahrheit zu suchen: „Weil die Menschen Personen sind, d. h. mit Vernunft und freiem Willen begabt und damit auch zu persönlicher Verantwortung erhoben, werden alle — ihrer Würde gemäß — von ihrem eigenen Wesen gedrängt und zugleich durch eine moralische Pflicht gehalten, die Wahrheit zu suchen, vor allem jene Wahrheit, welche die Religion betrifft (Nr. 2, 2)." Und weiter: „Deshalb hat ein jeder die Pflicht und also auch das Recht, die Wahrheit im Bereich der Religion zu suchen, um sich in Klugheit unter Anwendung geeigneter Mittel und Wege rechte und wahre Gewissensurteile zu bilden (Nr. 3, 1)."

Mit Bezug auf die Rolle des Staates erklärt das Konzil: „Hieraus folgt, daß es für die öffentliche Gewalt ein Unrecht wäre, den Bürgern durch Zwang oder auf andere Weise das Bekenntnis oder die Verwerfung irgendeiner Religion aufzuerlegen oder jemand daran zu hindern, sich einer religiösen Gemeinschaft anzuschließen oder sie zu verlassen. Um so mehr wird gegen den Willen Gottes und gegen die geheiligten Rechte der Person und der Völkerfamilie gehandelt, wenn auf irgendeine Weise Gewalt angewendet wird zur Zerstörung oder Behinderung der Religion, sei es im ganzen Menschengeschlecht oder in irgendeinem Lande oder in einer bestimmten Gemeinschaft (Nr. 6)." Damit verwirft das Konzil die Idee einer Staatsreligion, wie sie seit Kaiser Theodosius (380—392) bis zur Französischen Revolution gegolten hat, und eigentlich noch einige Jahrzehnte länger, in Spanien sogar bis in unsere Tage.

Der großer Kenner dieser Frage, John Courtney Murray S. J., schrieb hierüber: „Das 19. Jahrhundert sah in dem Bruch mit dieser Auffassung der Heiligkeit von Gemeinschaft und Staat einen Schritt zu seiner Säkularisierung. (...) Die Heiligkeit von Gemeinschaft und Staat ist jetzt, als archaisch, überholt. Die Regierung ist kein *defensor fidei,* kein Verteidiger des Glaubens mehr. Ihre Pflichten und Rechte erstrecken sich nicht nur auf das, was man lange Zeit die *cura religionis* nannte, eine unmittelbare Sorge um die Religion selber oder um die Einheit der Kirche innerhalb der Christenheit oder des Nationalstaates. Die Aufgabe des Staates in dieser Frage ist weltlich, d. h. sie beschränkt sich auf die Sorge um eine freie Religionsausübung in der Gemeinschaft."

Theologisch gesehen ist der Glaubensakt ein freier Willensakt, und deshalb ist die Stellungnahme der Kirche nicht so revolutionär, wie es auf den ersten Blick scheinen mag: „Es ist ein Hauptbestandteil der katholischen Lehre, in Gottes Wort enthalten und von den Vätern ständig verkündet, daß der Mensch freiwillig durch seinen Glauben dem Rufe Gottes folgen muß, daß dementsprechend niemand gegen seinen Willen zur Annahme des Glaubens gezwungen werden darf (Nr. 10)."

Aus allen diesen Betrachtungen zieht das Konzil einen doppelten Schluß: „Zweifellos verlangen die Menschen unseres Zeitalters danach, die Religion privat und öffentlich in Freiheit bekennen zu können; bekanntlich ist die Religionsfreiheit auch in den meisten Verfassungen schon zum bürgerlichen Recht erklärt, und sie wird in internationalen Dokumenten feierlich anerkannt (Nr. 15)", und das Konzil „begrüßt dies mit Freude". Weiter heißt es im Zusammenhang mit den heutigen Zuständen in der ganzen Welt: „Denn es ist eine offene Tatsache, daß alle Völker immer mehr eine Einheit werden, daß Menschen verschiedener Kultur und Religion enger miteinander in Beziehung kommen und daß das Bewußtsein der eigenen Verantwortlichkeit im Wachsen begriffen ist. Damit nun friedliche Beziehungen und Eintracht in der Menschheit entstehen und gefestigt werden, ist es erforderlich, daß überall auf Erden die Religionsfreiheit einen wirksamen Rechtsschutz genießt und daß die höchsten Pflichten und Rechte des Menschen, ihr religiöses Leben in der Gesellschaft in Freiheit zu gestalten, wohl beachtet werden (Nr. 15)."

Zum Schluß wollen wir noch einige bedeutende Äußerungen aus der kurzen Erklärung „Nostra aetate" über die Haltung der Kirche gegenüber den nicht christlichen Religionen, die am 28. Oktober 1965 ausgefertigt wurde, herausgreifen, damit wir zugleich ihre Stellung zur Freimaurerei besser erkennen, die keine Religion ist, wohl aber ein ethisches System. In früheren Jahrhunderten ist die Religion oft eine der Hauptursachen blutiger Kriege gewesen. Die spekulative Freimaurerei ist entstanden, als Christen dieser Religionskriege überdrüssig waren. Nun stellt das Konzil die Religionen als das starke Band hin, das alle Menschen vereinigt.

Das ist fürwahr eine kopernikanische Umwälzung.

Zunächst umreißt das Konzil das Problem: „Die Menschen erwarten von den verschiedenen Religionen Antwort auf die ungelösten Rätsel des menschlichen Daseins, die heute wie von je die Herzen der Menschen im tiefsten bewegen: Was ist der Mensch? Was ist Sinn und Ziel unseres Lebens? Was ist das Gute, was die Sünde? Woher kommt das Leid, und welchen Sinn hat es? Was ist der Weg zum wahren Glück? Was ist der Tod, das Gericht und die Vergeltung nach dem Tode? Und schließlich: Was ist jenes letzte und unsagbare Geheimnis unserer Existenz, aus dem wir kommen und wohin wir gehen? (Nr. 1)."

Noch bevor das Konzil über den Islam und das jüdische Volk spricht, die dem Christentum soviel näher stehen, noch bevor es auf Hinduismus, Buddhismus und ähnliche Religionen eingeht, erklärt es mit einer bemerkenswerten geistigen Aufgeschlossenheit: „Die katholische Kirche lehnt nichts von alledem ab, was in diesen Religionen wahr und heilig ist. Mit aufrichtigem Ernst betrachtet sie jene Handlungs- und Lebensweisen, jene Vorschriften und Lehren, die zwar in manchem von dem abweichen, was sie selber für wahr hält und lehrt, doch nicht selten einen Strahl jener Wahrheit erkennen lassen, die alle Menschen erleuchtet. Unablässig aber verkündet sie und muß sie verkündigen Christus, der ist ‚der Weg, die Wahrheit und das Leben' (Joh. 14, 6), in dem die Menschen die Erfüllung des religiösen Lebens finden, in dem Gott alle mit sich versöhnt hat. Deshalb mahnt sie ihre Söhne, daß sie mit Klugheit und Liebe, durch Gespräch und Zusammenarbeit mit den Bekennern anderer Religionen sowie durch ihr Zeugnis des christlichen Glaubens und Lebens jene geistlichen und sittlichen Güter und auch die sozial-kulturellen Werte, die sich bei ihnen finden, anerkennen, wahren und fördern (Nr. 2)."

So wie es die Freimaurerei in ethischem Sinne formuliert — man lese beispielsweise die erste der „Alten Pflichten" von Anderson —, so erklärt das Konzil am Ende dieses kurzen konziliarischen Dokumentes: „Wir können aber Gott, den Vater aller Menschen, nicht anrufen, wenn wir irgendwelchen Menschen, die ja alle nach dem Ebenbild Gottes geschaffen sind, die brüderliche Haltung verweigern. Das Verhalten des Menschen zu Gott dem Vater und sein Verhalten zu den Menschenbrüdern stehen in so engem Zusammenhang, daß die Schrift sagt: ‚Wer keine

Liebe hat, der kennt Gott nicht' (1. Joh. 4, 8). So wird also jeder Theorie oder Praxis jenes Fundament entzogen, das zwischen Mensch und Mensch, zwischen Volk und Volk bezüglich der Menschenwürde und der daraus fließenden Rechte Unterschiede macht. Deshalb verwirft die Kirche jede Diskriminierung eines Menschen oder jeden Gewaltakt gegen ihn um seiner Rasse oder Farbe, seines Standes oder seiner Religion willen, weil dies dem Geist Christi widerspricht. Und dementsprechend ruft die Heilige Synode, den Spuren der heiligen Apostel Petrus und Paulus folgend, die Gläubigen mit leidenschaftlichem Ernst dazu auf, daß sie ,einen guten Wandel unter den Völkern führen' (1. Petr. 2, 12) und womöglich, soviel an ihnen liegt, mit allen Menschen Frieden halten, so daß sie in Wahrheit Söhne des Vaters sind, der im Himmel ist."

Im Lichte dieser Konzilsbeschlüsse, die den Grund für Freiheit, Gleichheit und Brüderlichkeit unter allen Völkern legen, den Hauptanliegen gerade der Freimaurerei, wollen wir nun die Vorbehalte von christlicher Seite gegen diese Gemeinschaft untersuchen. Zuerst aber müssen wir noch eine unbillige Forderung zurückweisen.

Eine unbillige Forderung katholischer antifreimaurerischer Schriftsteller

Seit der ersten Verurteilung der Freimaurerei durch den Papst Clemens XII. im Jahre 1738 hat es, abgesehen von vielen hundert bischöflichen Dokumenten, mehr als 200 Interventionen der Päpste gegeben, die sich in der einen oder anderen Weise auf die Freimaurerei und die geheimen Gesellschaften beziehen (Caprile). Man kann nun nicht erwarten, daß eine neutrale Weltorganisation, der beizutreten die Katholiken durch eine Exkommunikation abgehalten werden und die wiederholt von der Kirche verurteilt wurde, keine einzige antikatholische Tendenz aufweist! Wir meinen, falls eine Mitgliedschaft mehr oder minder denkbar ist, dann können die letzten Hindernisse nur durch eine aktive Teilnahme von Katholiken am Logenleben beseitigt werden. Einige Beispiele mögen das verdeutlichen.

Oben haben wir gesehen, daß in der Vereinigten Großloge von England 1964 die feierliche Verpflichtung der Freimaurer dergestalt verändert wurde, daß sie nun auch für Christen viel annehmbarer ist. 1962—1963 hat sich die englische Großloge erneut hinsichtlich der Beisetzung von Freimaurern genau festgelegt, um jede Gefahr des Synkretismus zu vermeiden. Diese Korrekturen und Anpassungen sind nur möglich gewesen, weil zahlreiche gläubige Anglikaner und viele anglikanische Priester und Bischöfe englischen Logen angehören.

In Skandinavien, und zum geringen Teil auch in Deutschland, haben die lutherischen Bischöfe und Pfarrer sogar einen solchen Einfluß auf die Freimaurerei ausgeübt, daß man bis vor kurzem von lutherischer Gesinnung sein mußte, um in eine Loge aufgenommen zu werden, was eigentlich dem echten Geist der Freimaurerei widerstreitet.

Wir haben ferner gesehen, daß bereits um die Mitte des 18. Jahrhunderts niederländische gläubige Calvinisten die für einen Christen schwer vertretbare Verpflichtung in ein gewöhnliches Gelöbnis umgewandelt haben, wogegen man, so meinen wir, keine grundsätzlichen Bedenken haben kann.

Im Schottischen Ritus hat der 30. Grad, Ritter Kadosch, ebenso einige symbolische Handlungen, die einen Katholiken stören können. Dieser Grad spielt auf die Unterdrückung und Beseitigung des Ordens der Templer durch König Philipp IV., den Schönen, von Frankreich und Clemens V., Papst zu Avignon, zu Beginn des 14. Jahrhunderts an. So muß der Kandidat eine Königskrone und eine päpstliche Tiara zertreten, um die Tat von Philipp IV. und Papst Clemens V. zu mißbilligen. Der Kandidat kann jedoch, wegen des Bedeutungsvollen in der Freimaurerei, auch alle königliche und päpstliche Macht meinen und mit den Füßen treten. Unlängst hat nun die „Grande Loge Nationale Française", der mehrere gläubige Protestanten angehören, beschlossen, das Ritual von Willermoz und Joseph de Maistre aus dem 18. Jahrhundert für den Grad des Ritters Kadosch wieder einzuführen; diese Einweihung ist, nach Aussage eines katholischen Freimaurers, für einen Katholiken durchaus annehmbar.

Im Jahre 1907 begründete Sir Baden-Powell of Gilwell das Scouting, die Pfadfinderei. Früher hatte man fälschlich behauptet, daß Baden-Powell ein Freimaurer war und daß er die Pfadfinderei nach dem Vorbild der Freimaurerei eingerichtet habe. Dies sind zwei Behauptungen, die noch in vielen Büchern stehen und ein zähes Leben haben. Wie dem auch sei, Baden-Powell war ein Anglikaner, ein Protestant, und deshalb war es Katholiken anfänglich verboten, Mitglied der Pfadfinder zu werden. Glücklicherweise hat die Kirche ihre Haltung bald geändert, und wir wissen alle, wieviel Gutes diese Bewegung an der Jugend, gleich welchen religiösen Bekenntnisses, getan hat.

Im Jahre 1905 stiftete Paul P. Harris in Chicago den ersten Rotary-Club. 1911 kam diese Bewegung nach Europa und hat sich seitdem fast über die

ganze Welt verbreitet. Es ist eine internationale, überkonfessionelle Vereinigung von Angehörigen der verschiedensten Berufe, aus denen jeweils
nur ein Vertreter aufgenommen wird. Die Absicht ist, durch freundschaftliche Beziehungen untereinander sowohl das ethische Verhalten in
Leben und Beruf als auch das internationale Streben nach Frieden zu
fördern. Zuerst war die katholische Kirche streng ablehnend und noch
am 20. Dezember 1950 fertigte das Heilige Offizium in Rom ein Dekret
aus, in dem es den Geistlichen verbot, Mitglied des Rotary-Clubs zu werden, und die Laien warnend auf den Kanon 684 des Kirchlichen Gesetzbuches hinwies, der die Katholiken auffordert, nicht einer Vereinigung
beizutreten, die sich der kirchlichen Aufsicht zu entziehen sucht. Aber
schon einige Zeit vor dem II. Vatikanischen Konzil waren in vielen Ländern Katholiken Mitglieder des Rotary-Clubs. Es ist doch selbstverständlich, daß die Statuten und Richtlinien, sobald ein Teil der Mitglieder
katholisch ist, so gefaßt werden, daß sie bei gläubigen Katholiken keinen
Anstoß erregen.

Verweilen wir bei einem letzten Beispiel, das uns, als Kirchenhistoriker,
sehr wertvoll ist. In der ganzen Kirchengeschichte und sicher auch in der
ganzen Missionsgeschichte ist uns die Haltung von Papst Gregor I., dem
Großen, um 600, die weitestgehende, verständnisvollste und vernünftig-
ste. Bis dahin hatte sich die Kirche im Mittelmeergebiet vor allem durch
das Umherziehen der Händler und Soldaten verbreitet. Um das Jahr 600
jedoch schickte Papst Gregor den bekannten Augustinus mit 40 Beglei-
tern nach England, um dieses von heidnischen Angeln und Sachsen
eroberte Land zu bekehren. Der römische Abgesandte stand alsbald vor
schweren Entschlüssen und erbat vom Papst Richtlinien. Die Antwort
lautete wörtlich: „Die Götzentempel muß man mit Weihwasser bespren-
gen, in ihnen Altäre aufrichten und in diesen Reliquien unterbringen.
Falls die Tempel gut gebaut sind, empfiehlt es sich, sie dem Teufelskult
zu entziehen und in den Dienst des wahren Gottes zu stellen. (. . .)
Und weil sie gewohnt sind, bei ihren Teufelsopfern viele Ochsen zu
schlachten, ist es dienlich, für das Volk ebenfalls eine Feier ungefähr in
dieser Form einzuführen. Am Tage der Kirchweihe oder zum Fest der
Heiligen Märtyrer, deren Reliquien dort ruhen, mögen sie rund um die
zu Kirchen verwandelten Tempel Laubhütten bauen und religiöse Gast-
mähler veranstalten. Sie sollen die Rinder nicht mehr zur Ehre des Teufels schlachten, sondern zur Ehre Gottes und für den eigenen Gebrauch;
wenn sie gesättigt sind, sollen sie dem Spender aller Güter danken. (. . .)
Denn es ist nicht möglich, einem trotzigen Herzen alles auf einmal weg-

zunehmen. Wer einen hohen Berg besteigen will, der tut es nicht in Sprüngen, sondern schrittweise und langsam." Das germanische Wort „God", das doch einen sehr unklaren Gottesbegriff enthielt, wurde zum Namen den dreieinigen Gottes. Das höchste kirchliche Fest, Ostern, heißt englisch *Easter* und im deutschen *Ostern*, nach der Frühlingsgöttin Eostre, deren Fest es ersetzt hat. Sicherlich werden die gerade bekehrten Germanen ihr Christentum mit vielen heidnischen Motiven vermengt haben, aber damit begnügte sich die Kirche. In späteren Jahrhunderten ängstigte der Synkretismus die Kirche außergewöhnlich, so z. B. im chinesischen Ritenstreit. Aus den oben angeführten Texten des II. Vatikanum ist ersichtlich, daß die Kirche nun die umfassendere Auffassung Papst Gregors teilt.

Abschließend möchten wir gern den katholischen Verantwortlichen die Schlußfolgerung aus einem Artikel des anglikanischen Geistlichen und Freimaurers J. L. C. Dart mitteilen, die er in „Theology" 1951 als Antwort auf einen Angriff von Walton Hannah veröffentlichte: „Es gibt Menschen, sogar in England, die den religiösen Charakter der Freimaurerei bedauern und diesen zerstören möchten, damit Großlogen und Großoriente zusammenarbeiten können. Andere wollen ernsthaft die gnostischen Grundzüge erhalten, die Hannah der regulären Freimaurerei zuschreibt. Es gibt Menschen, die aus der Freimaurerei eine neue Religion machen wollen. Zur Zeit wollen die Großlogen mit ihnen nichts zu tun haben, aber so etwas wie eine öffentliche Verurteilung der Bruderschaft würde den destruktiven Kräften in die Hände spielen. Das trifft erst recht für das Festland zu. Die päpstliche Bulle verwandelte Großlogen in Großoriente und machte sie zu den erbitterten Feinden der Kirche, die sie heute noch sind. Gott verhüte, daß dies in England passieren sollte. Der Weg, dem zu begegnen, ist nicht, ein Scherbengericht über die Freimaurerei zu halten, sondern Geistliche und fromme Laien müssen ihre Mitglieder werden, damit sie nicht den Feinden der Religion in die Hände fällt. Lohnt sich diese Mühe? Freimaurerei ist zweifellos eine der vitalsten Einrichtungen in der heutigen Welt. Ihr Wachstum ist eindrucksvoll. Allein schon durch die Großloge von England werden jährlich mehr als hundert neue Logen errichtet. Warum sollten wir diese begeisterten Menschen in die Arme des Teufels treiben und eine Gemeinschaft, die in unseren Tagen eine der am besten organisierten Kräfte im Dienst des Guten ist, in Feinde der Kirche verwandeln?" Und er schloß mit einem Aufschrei: „Ich bin ein Katholik und ein Priester. Wenn ich glaubte, daß mich die Freimaurerei kompromittiert, sei es wegen der

Bindung an meinen Retter, sei es durch meine Loyalität gegenüber Seiner Kirche, dann würde ich sie wie eine Klapperschlange abschütteln. Aber ich weiß, daß ich es nicht tue, und ich weiß, worüber ich spreche."

Die wesentlichsten Bedenken gegen die Freimaurerei

Obschon wir im Verlauf unseres Buches die meisten Einwände gegen die Freimaurerei bereits behandelt haben, wollen wir doch die wesentlichsten Bedenken noch einmal betrachten.

Das erste Bedenken ist das „Geheimnis". Nach Alec Mellor, in seinem Buch „Nos Frères séparés, les Francs-maçons" ist es so, daß kein einziges anderes Element eine fortdauernde Verurteilung durch die Kirche ausreichend begründet. Und worin besteht das Geheimnis? Nicht in einem schrecklichen Geheimnis, das für den Staat oder die Kirche oder die guten Sitten eine große Gefahr darstellt. Tourniac umschreibt es so: „Ihr ‚Geheimnis', in den Landmarken festgelegt, falls es zuweilen eine Vorsichtsmaßregel ist (man möge sich eines Abschnitts aus der jüngsten Vergangenheit erinnern — gemeint ist die Verfolgung unter Hitler), ist vor allem eine Disziplin, die nicht ohne Vorteil ist. Mehr noch, sie ist hauptsächlich das Symbol der inneren Verwirklichung, die eigentlich nicht mitzuteilen und nicht auszudrücken ist." Wir haben oben diesen Aspekt der Freimaurerei ausführlich untersucht und verweisen darauf. Daraus kann man gleichfalls ersehen, daß die Freimaurerei keine geheime Gesellschaft ist, eher eine Gesellschaft mit Geheimnissen oder, noch besser, eine geschlossene Gesellschaft.

Ein zweites Bedenken, das vor allem in katholischen Ländern vorgebracht wird, war und ist immer noch das politische, antiklerikale und laizistische Wirken der Logen. Dies ist auch der einzige Grund, den der Kanon 2335 des kirchlichen Gesetzbuches für die Exkommunikation von Logenbrüdern angibt. Wir meinen oben bereits ausreichend erklärt zu haben, daß die echte, die „reguläre" Freimaurerei, „Streitgespräche über Religion und Politik" in den Logen verbietet. Unlängst noch, im Jahre 1961, hat die Grande Loge Nationale Française in einer programmatischen Erklärung festgelegt, daß sie „insbesondere alles das verbietet, was als eine Verschwörung gegen die Kirche oder gesetzliche bürgerliche Ordnung angesehen werden könnte". Auch die Vereinigten Großlogen von Deutschland unterstrichen noch einmal auf ihrem Konvent am 29. September 1962, daß „Streitgespräche über Religion und Politik in den

Logen unterbleiben müssen, und besonders auch alles, was als Verschwörung gegen Kirche und Staat angesehen werden kann".

Wie aber verhält sich heute die „irreguläre" Freimaurerei? In seinem Buch „Shibboleth" schreibt J. Corneloup, der im französischen Grand Orient ein hohes Amt bekleidet: „Sicher, die Freimaurerei ist nicht dazu da, um sich in den Kampf der Parteien einzumischen, noch um sich in die Arena des Wahlkampfes zu begeben. (. . .) Aber die Freimaurerei interessiert sich dafür und kann sich gesetzmäßig mit den Angelegenheiten des Landes in dem Maße beschäftigen, in dem es im Guten oder im Bösen um das erhabene Ziel geht, dem sie nachstrebt. (. . .) Vor allem und zuerst muß die Freimaurerei dadurch, daß sie Menschen erzieht, auch Bürger erziehen. (. . .) Aber kann man einen Bürger bessern, indem man ihn, wie das in bestimmten Ländern geschieht, gewissenhaft von allem fernhält, was mit Politik zu tun hat, und ihn dem einseitigen Einfluß der Presse, der Versammlungen und der Parteien überläßt?" Mit anderen Worten, die Freimaurerei soll ihren Mitgliedern eine staatsbürgerliche Ausbildung geben und damit eigentlich doch Politik treiben. Andererseits erklärte K. Bruynseels, Mitglied des Großorients von Belgien, Anfang 1966 bei einem Vortrag in Brüssel, daß von der Freimaurerei keine Parolen — sei es auf politischem, sei es auf religiösem Gebiet — ausgehen. Jedenfalls erklärten uns hochstehende Freimaurer in Belgien und Frankreich, daß der Großorient in beiden Ländern noch sehr antiklerikal sei. Ein anderes Bedenken, welches früher sehr ernst genommen wurde, ist die Gefahr des Indifferentismus. Indem man Menschen verschiedener Religionen zusammenbringt, läuft man Gefahr, in eine verschwommene, dogmenlose Religiosität zu verfallen, was der Verspottung echter Religion gleichkommt. Dies war der erste Grund, den Papst Clemens XII. für seine Verurteilung im Jahre 1738 angab. Die kirchlichen Ansichten in diesem Punkt haben sich in letzter Zeit sehr gewandelt, wie wir noch im vorigen Abschnitt mit Bezug auf die Pfadfinder und den Rotary-Club gesehen haben. Auch die Äußerungen des Vatikanum II lassen es nun zu, den katholischen Standpunkt dem anderer Christen oder Nichtchristen offen zu konfrontieren. Darum meinen wir, daß dieser Vorbehalt in unseren Tagen nicht mehr gilt.

Ein viel wichtigerer und nach unserer Meinung der bedeutsamste Vorbehalt gegen die Freimaurerei ist jedoch die Gefahr des Synkretismus. Sicher, die Freimaurerei ist ein ethisches System und keine Religon, das steht unverrückbar fest; damit entfallen viele Einwände, die z. B. Hannah und Whalen machen. Man ist aber stets geneigt, in die Rituale allerlei religiöse Elemente aus heidnischen Mysterien und aus der jüdischen sowie der christlichen Religion zu übernehmen. In den Ritualen der höheren Schottischen Grade bestimmter Länder ist dies allzu deutlich, und darum sind sie meistens für einen gläubigen Christen kaum anzunehmen. Glücklicherweise sind die symbolischen, die unteren Grade, auf diesem Gebiet viel unverfälschter geblieben. Andererseits hat die Kirche nicht mehr die unüberwindliche Abscheu vor allem, was etwas mit anderen Religionen zu tun hat. Absichtlich haben wir dazu die Verordnungen des II. Vatikanischen Konzils zitiert. Und haben nicht Papst Paul VI. und der anglikanische Erzbischof Ramsay von Canterbury am 24. März 1966 in Rom im Beisein aller Kurienkardinäle in Sankt-Paul-außerhalb-der-Mauern eine gemeinsame Gebetstunde gehalten? So haben auch die niederländischen Fernsehteilnehmer sehen können, wie beim Begräbnis des katholischen Bischofs von S'Hertogenbosch, Mgr. Beckers, am 14. Mai 1966 der evangelische Prediger N. K. van den Akker bei der Einsegnung in Anwesenheit des gesamten niederländischen Episkopats ein Gebet für den Verstorbenen gesprochen hat. Gemeinsamer Gottesdienst von Christen verschiedener Bekenntnisse war früher für die katholische Kirche undenkbar. Jetzt scheint man zur Aufgeschlossenheit aus der Zeit Gregors I., des Großen, zurückgekehrt zu sein. Darum meinen wir, wenn in einigen Ländern in den Ritualen der symbolischen Freimaurerei noch der eine oder andere bedenkliche Text vorkommt, daß sich dies bei einer Mitgliedschaft praktizierender Katholiken ändern würde. Wir haben schon gesagt, daß nach unserer persönlichen Meinung in den Ritualen des Ordens der Freimaurer unter dem Großosten der Niederlande nichts vorkommt, woran ein gläubiger Katholik Anstoß nehmen könnte.

Mehr als einmal habe ich in Gesprächen mit Freimaurern zu hören bekommen: Wir haben die gleiche Achtung vor allen Religionen, für uns haben alle Religionen den gleichen Wert. Das letztere kann ein Mißverständnis hervorrufen. Es ist klar, daß jemand, der wirklich glaubt, möge er nun Katholik, Calvinist, Mohammedaner oder was auch immer sein, seine eigene Religion als die einzig wahre ansieht; sobald das nicht mehr der Fall ist, stellt sich ihm die Gewissensfrage, ob er die Religion nicht wechseln muß. Aber jeder, welcher Religion er auch sei, muß seinem Gewissen folgen: Das ist für ihn das höchste Gebot. Und in diesem Sinne können wir darin übereinstimmen, daß es für einen Freimaurer ohne Bedeutung ist, zu welcher Religion jemand gehört, wenn dieser sich ihnen anschließen will.

Es wäre sehr unbillig, bei der Freimaurerei allein nur die Bedenken und möglichen Einwände aufzuzählen und nichts über ihre positiven Seiten zu sagen. Freimaurerei ist eine ethische Gesellschaft, die ihre Mitglieder auf sittlichem Gebiet veredeln will. Der vorsitzende Meister einer Londoner Loge sagte, daß alle Mitglieder seiner Loge seit ihrer Aufnahme durch rege Mitarbeit bessere und edlere Menschen geworden wären. Die Wohltätigkeit, die Unterstützung der Notleidenden und Behinderten durch die Freimaurer, auch wenn sie hauptsächlich denen zukommt, die den Freimaurern nahestehen, ist ausreichend bekannt. Die Toleranz, die Achtung vor der Meinung Andersdenkender, das Anerkennen der freien Meinungsäußerung und der Freiheit *tout court*, sind ausgesprochene Tugenden eines Freimaurers. Ja, sie nennen ihre Gesellschaft nicht nur Bruderschaft, sondern sie nennen sich auch untereinander „Bruder" und betrachten einander auch als Brüder. Wenn ich eine persönliche Erfahrung mitteilen darf: Ich habe reichlich Gelegenheit gehabt, während einiger Monate täglich etliche Stunden in einem rein freimaurerischen Kreis zu leben; nun, ich kann nur bezeugen, daß ich lediglich noch in einigen religiösen Gemeinschaften einen so freundlichen, sympathischen, prächtigen, verständnisvollen, um es mit einem Wort zu sagen, brüderlichen Umgang in einer vollen geistigen Offenheit, einem Sinn für Humor und Scherz sowie einem feinen Gefühl für Takt erlebt habe, die für Geist und Gemüt geradezu erfrischend waren. Das Witzige war, daß ich das auch dann noch empfand, als ich in ihren Büchern, die sie mir ohne Einschränkung und spontan zur Einsicht gaben, ärgste Schimpfkanonaden gegen den Orden lesen konnte, dem anzugehören ich stolz bin[1]).

Als letzten Punkt müssen wir noch etwas erwähnen, und das wird zahlreiche Katholiken mit ihrer klassischen ablehnenden Haltung gegenüber allem, was mit Freimaurerei zu tun hat, in Erstaunen versetzen. Es

---

1) Das Klügste, das ich in einem freimaurerischen Buch über die Jesuiten gelesen habe, steht in der letzten Ausgabe der „Masonic Encyclopedia" von Henry Wilson Cooil (1961). Hier folgt, was man u. a. unter dem Begriff „Jesuiten" zu lesen bekommt: „Die Literatur über Freimaurerei enthält viele Hinweise auf die Jesuiten; sie spielen dort mancherlei Rollen und werden dem Leser unter vielen Gesichtspunkten vorgestellt, vorteilhaft und unvorteilhaft. Einige bezeichnen die Jesuiten als Feinde der Freimaurerei; andere sagen, daß die Freimaurer die Feinde der Jesuiten seien. Wieder andere behaupten sogar, daß die Jesuiten die Freimaurerei begründet hätten, um damit ihrer eigenen Sache zu dienen; wieder andere, daß die Freimaurer den Jesuiten-Orden gegründet hätten; und einige sagen schließlich, daß beide, die Freimaurer und die Jesuiten, von Übel seien und ausgerottet werden müßten."

kommt ab und zu vor, daß ein katholisch Getaufter, der sich später der Religion entfremdete, durch die Freimaurerei und die Arbeit in der Loge zu seinem Glauben zurückfindet. Yves Marsaudon, ein international bekannter bedeutender Vertreter der französischen „Grande Loge" beschreibt in seinem Buch „De l'initiation maçonnique à l'orthodoxie chrétienne" wie er, katholisch erzogen, den Glauben durch die Freimaurerei wieder gefunden hat: „Während wir nur schwer annehmen können, daß ein so langer Weg ohne Willen und Hilfe des Göttlichen Geistes seine Krönung finden kann, sind wir doch überzeugt, daß die progressive Initiation, zu der uns die Freimaurerei führte, wunderbar zu dieser innerlichen Umbildung beigetragen hat." Er widmet sein Buch übrigens dem großen Freimaurer Edouard Gamas, „der nach vielen Jahren der Selbstbeobachtung und Forschung, wie von selbst, nach zahlreichen und leidenschaftlichen Versuchen, zum Glauben seiner Kinderjahre zurückgekehrt ist, ohne die Freimaurerei zu verlassen." Persönlich haben wir ein Dutzend französische Freimaurer kennengelernt, die (auf's neue) katholisch geworden sind. Andere, so versicherte mir ein französischer Jesuit, wollten wohl auch wieder katholisch werden, aber sie hätten so viel Freude und Unterstützung durch ihre Freimaurer-Freunde, daß sie dieses Ideal nicht aufgeben wollten, wenn die Kirche dies nach Kanon 2335 verlangt. Anstatt eine Schule des Atheismus zu sein, wie sich viele Katholiken immer noch die Freimaurerei vorstellen, macht sie diese Sucher nach der Wahrheit zu besseren und edleren Menschen und eröffnet ihnen ein rein empfundenes Christentum.

Bemerkenswert ist, was Jean Tourniac Ende 1965 in seinem Buch „Symbolisme maçonnique et tradition chrétienne" berichtet. Wiederholt zeigt er in seinem Buch, wie bereichernd die Vereinigung von freimaurerischen Symbolen und christlicher Liturgie ist, ja, daß die freimaurerische Ritualistik eigentlich außerhalb des Christentums ihre Tiefe verliert und auch nur so erklärt werden kann. In seinem Buch taucht sogar der folgende Gedanke auf: Würde die echte Freimaurerei, die zu ihrem Ursprung zurückgekehrt ist, nicht eine Hilfe für die Kirche sein können, damit der ganze Inhalt ihrer Botschaft, ihre ausgesprochen liturgischen Feierlichkeiten und ihr Hunger nach einem kontemplativen Leben mehr Früchte tragen? Im Vorwort dieses Buches schreibt Jean Palou: „Jean Tourniac zeigt uns, was die Freimaurer verloren haben, als sich die Kirche von ihnen trennte, und worauf die Kirche freiwillig verzichtet hat, als sie diese Menschen guten Willens und der Liebe zu getrennten Brüdern gemacht hat." Diese Menschen guten Willens, diese getrennten Brüder,

sind im Augenblick fast sechs Millionen und gehören zu einem beacht-
lichen Teil zur Elite der Welt.

Kommt die Ökumene?

Die ökumenische Bewegung, die Papst Johannes XXIII. angeregt hat,
ist auch für die Freimaurerei eine „Herausforderung" geworden — wenn
wir dieses Wort des großen Kulturhistorikers Arnold J. Toynbee gebrauchen dürfen —, auf die sie positiv oder negativ „antworten" muß.
Daß das Vatikanum II die Freimaurer in der ganzen Welt nicht unberührt gelassen hat, mögen einige Beispiele verdeutlichen.
In der Vorbereitungszeit des Vatikanum II, als Rom in weitem Rahmen
Informationen und Vorschläge einholte, sandte der Großorient von Haiti
am 26. Mai 1962 ein langes und erschütterndes Bittschreiben an die prä-
konziliare Zentralkommission in Rom. In diesem Brief gab der Großorient von Haiti einen knappen aber gründlichen Überblick über die
Ziele, Richtungen und Organisationen der Freimaurerei. Wir können
hier nur einige Sätze herausnehmen, die unmittelbar das Thema dieses
Abschnittes angehen. „Heiliger Vater. (. . .) Im Hinblick auf einen gerechten und urteilsfähigen Kanon, dürfen wir uns die Freiheit nehmen,
wir Freimaurer der Obödienz von Haiti, Euch ehrerbietigst den Fall
der Freimaurerei vorzutragen, welche kraft der Verordnungen mehrerer
römischer Päpste, Eurer berühmten Vorgänger, von der Exkommunikation betroffen ist. Wir denken nun nicht daran, diese Äußerungen vom
Standpunkt der kirchlichen Lehre aus zu bekämpfen und noch weniger,
den Ansichten des Heiligen Stuhles, von dem sie ausgingen, zu widersprechen. Der Kanon 2335 verurteilt den, der sich einer freimaurerischen
Sekte oder einer ähnlichen Organisation zuwendet, die sich gegen die
Kirche und die gesetzliche bürgerliche Ordnung verschwört'. (. . .) Besonders geht uns an, was sich auf die ‚gesetzliche bürgerliche Ordnung'
bezieht, denn das Staatsoberhaupt von Haiti ist nach unseren allgemeinen
Statuten rechtmäßiger Großprotektor unseres Ordens. Nach 138 Jahren
freimaurerischer Tätigkeit können wir uns ferner stolz darauf berufen,
nie die Kirche oder die weltliche Macht bekämpft, nie unmittelbar oder
mittelbar den katholischen Glauben angegriffen und noch weniger versucht zu haben, die Sache und die Lehre der Kirche zu untergraben.
(. . .) Um gewisse andere Organisationen zu treffen, deren Grundsätze
des Handelns als verurteilungswürdig angesehen werden, hat der Heilige
Stuhl auch uns getroffen. (. . .) Wir bekennen uns zu Gott, in dem wir

den Großen Baumeister des Weltalls erkennen, und wir glauben an die Wirklichkeit eines Fortlebens im Jenseits. (. . .) In dieser Zeit, da eine hochschlagende Flut alle menschlichen Werte mit sich zu reißen droht oder zumindest willens scheint, sie im großen Schmelztiegel eines trockenen Materialismus versinken zu lassen, müssen alle Kräfte des Lichtes, angesichts der aufkommenden Finsternis, gemeinschaftlich Front machen gegen die gemeinsame Gefahr; sie müssen sich notwendig einander annähern, um zu streiten und zu überwinden. Die Freimaurerei und die Kirche verfolgen, jeweils in ihrer Sphäre, das gleiche Ziel. Sie sind natürliche Verbündete, die nicht ohne Nachteil getrennt wirken können. Das Hindernis der Exkommunikation kann, nach unserer bescheidenen Ansicht, für uns und alle ähnlichen Institutionen, deren Leben und Richtlinien nicht unter die Bestimmungen des Artikels 2335 des kirchlichen Gesetzbuches fallen, aufgehoben werden, ohne daß die Kirche darunter leidet. (. . .) Gebe Gott, daß diese Bitte, die wir Euch voller Vertrauen vortragen, Eure Hohe und Väterliche Aufmerksamkeit findet. So würden Eure abgewiesenen Söhne von Haiti, die unter einem unglücklichen Zustand leiden, für den sie nicht verantwortlich sind, durch das inbrünstig ersehnte Ergebnis die Wahrheit dessen erfassen, was Ihr als vornehmstes Ziel des Konzils angekündigt habt: die weitere Entwicklung des katholischen Glaubens, die sittliche Erneuerung des christlichen Lebens der Gläubigen, die Anpassung der kirchlichen Ordnung an die Nöte und Methoden unserer Zeit." Die Bittschrift war vom Großmeister, zwei deputierten Großmeistern und dem Großsekretär unterzeichnet.

Im Jahre 1964 veröffentlichte der Großmeister der Philippinen in der freimaurerischen Zeitschrift *The Cable Tow* einen Aufruf, um eine Annäherung an die katholische Kirche zu suchen: „Im Augenblick müssen wir hoffen, daß die Freimaurer ihre Gedanken nicht darauf richten, sich gegen die römisch-katholische Kirche ‚zu verteidigen', sondern darauf, ihren eigenen Standpunkt genau zu bestimmen. Die Verdächtigung zerstört die guten Beziehungen. Es ist nicht der Zweck dieses Artikels, die Methoden für eine genaue Bestimmung unseres Standpunktes anzugeben, sondern nur klarzumachen, daß wir den ersten Schritt tun müssen, wenn wir danach trachten, die Grundlage für eine harmonische Koexistenz mit der katholischen Kirche zu legen. Falls dieser erste Schritt nicht glückt, müssen wir einen zweiten und dritten und noch weitere tun, bis endlich alle Gründe der Verwirrung beseitigt sind. Erst dann werden die heutigen Differenzen ausgeräumt sein."

Zu Beginn des Jahres 1964 erschien das, wir können wohl sagen, aufsehenerregende Buch „L'oecuménisme vu par un francmaçon de tradition", geschrieben von keinem geringeren als Yves Marsaudon, „Staatsminister" des Obersten Rates von Frankreich, und versehen mit einem Vorwort von Charles Riandey, Souveräner Großkommandeur desselben Obersten Rates. Das Buch ist dem Gedenken an Angelo Roncalli gewidmet, (...) „Jean XXIII, qui a daigné nous accorder Sa Bénédiction, Sa Compréhension et Sa Protection", und an Paul VI. Es ist offensichtlich unter dem Eindruck der ersten beiden Sitzungsperioden des Vatikanum II und der Pilgerfahrt Papst Paul VI. in das Heilige Land geschrieben. Gleich zu Beginn schreibt der Autor: „Wir sollten nicht unberührt bleiben von einem so bedeutsamen Vorgang wie dem Ökumenismus, der morgen die Vereinigung von 900 Millionen Christen und einen wichtigen Schritt zur Einheit aller Menschen bedeuten kann, dem obersten Ziel der Freimaurerei." Er endet mit einem etwas pathetischen Aufruf: „Freimaurer, meine Brüder (...) In diesem Augenblick, da das Christentum zu seinem Ursprung zurückkehrt, da Paul VI. in die Fußstapfen Christi tritt, da die Arbeiter-Priester in Demut wirken, (...) muß der Freimaurer diese gewaltige Institution, die echt freimaurerisch ist, klar erfassen. Das Christentum ist etwas anderes als die Zugehörigkeit zu einer bestimmten Kirche. Das Wesen des Freimaurers und das eines gläubigen Christen widerstreiten einander sowieso nicht (...).

Von ganzem Herzen wünschen wir daher viel Glück und gutes Gelingen den dreitausend katholischen Bischöfen, die im kommenden September in Rom anwesend sind oder vertreten werden, ferner ihren orthodoxen Glaubensbrüdern, und zwar für die anstehende Vereinigung mit ihnen, dann allen Christen, die dieses Namens würdig sind, und schließlich auch Papst Paul VI. und allen Menschen, die guten Willens sind. Das möge der Zusammenschluß des Christentums in der modernen Welt werden, den sich Johannes XXIII. so sehr wünschte. Dann, ihr Ritter vom Rosenkreuz und ihr alle über die Oberfläche der Erde verstreuten Brüder, glückliche oder unglückliche, werden wir hoffen können, endlich das verlorene Wort wieder zu finden! Dies zur Ehre des Großen Baumeisters des Weltalls."

In seinem Buch „Shibboleth", das zu Beginn des Jahres 1965 erschien, äußerte sich jedoch J. Corneloup, hoher Würdenträger des französischen Grand Orient, vollkommen ablehnend gegen die ökumenische Annäherung an die Kirche.

Erfreulich war die Reaktion in den Niederlanden. In „Maçonniek Sextet" schrieb Mr. H. Zeevalking von einem klaren freimaurerischen Standpunkt aus: „Zu lange haben sich Kirche und Loge in unserer Kultur gestritten und feindlich gegenüber gestanden. Es ist höchste Zeit, miteinander zu gehen, um einander möglichst zu ergänzen. Wenn man in der Kirche über die Ökumene spricht, ist es gut zu wissen, daß es oft unmittelbar neben der Kirchentür einen Ort gibt, wo man für die Ökumene arbeiten kann: die Loge, den Ort, an dem die Ökumene Wirklichkeit geworden ist, weil man dort einerseits sucht, was Menschen unterschiedlicher Lebensanschauung vereinigt, und andererseits beseitigt, was sie trennen könnte. Für Vorurteil, Mißtrauen und Unverträglichkeit ist im Bereich der Loge kein Platz."

Was hat schließlich das Vatikanum II für die Freimaurerei erbracht? Im Dezember 1962 forderte Mgr. Mendez Arceo, Bischof von Cuernavaca in Mexiko, die Konzilsväter auf, die Haltung der Kirche gegenüber der Freimaurerei zu berichtigen: „Der eigentliche Ursprung der Freimaurerei ist nicht antichristlich gewesen, und es fehlt nicht an feststehenden, wenn auch kleinen Anzeichen, daß eine gewisse Versöhnung mit der Kirche möglich ist. Die Redlichkeit beider Seiten und die Geschichte, die schließlich doch die Lehrmeisterin des Lebens ist, sollten viel dazu beitragen können, um diese bedauernswerte Trennung zu überwinden. Unsere barmherzige Mutter, die Kirche, muß, geleitet vom Heiligen Geist, den Weg suchen."

In der zweiten Sitzungsperiode kam derselbe Mgr. Mendez Arceo am 20. November 1963 bei der Debatte über den Ökumenismus noch einmal auf die gleiche Frage zurück: „Wie ich im vorigen Jahr gesagt habe, ist die Bruderschaft, die Menschen verschiedener Religionen vereinigt, von großer Bedeutung und sie ist, was die Geschichtsschreibung anzeigt, vom Ursprung her christlich und sie ist und wirkt noch immer in gewissem Grade christlich. Die mehrfach gegen sie verhängten kirchlichen Strafen sollten wir überprüfen, um nicht gegen den Willen des Herrn das Böse zusammen mit dem Guten aus der Kirche auszuschließen. Er lehrte uns, das Unkraut wachsen zu lassen, um nicht gleichzeitig das Korn auszureißen. Ich meine die Bruderschaft der Freimaurer, in der es nicht wenige Antichristen gibt, aber in der auch sehr viele den geoffenbarten Gott anerkennen, Christen genannt werden und die sich keinesfalls gegen die Kirche und die weltliche Obrigkeit verschwören. Unter ihnen sind viele, die auf einen Spruch der Kirche warten."

Im Jahre 1964 hat dieser Bischof noch ein drittes Mal in die gleiche Kerbe geschlagen. Aber die Konzilsväter, so tolerant und so ökumenisch sie auch eingestellt waren, haben aus Unwissenheit nicht darauf reagiert. Zwischen der zweiten und dritten Sitzungsperiode, im Laufe des Jahres 1964, schickte ein Priester, der in den Fragen der Freimaurerei besonders bewandert ist, eine Bittschrift an Papst Paul VI. Nach einem kurzen Exposé über die kirchliche Gesetzgebung hinsichtlich der Freimaurerei und ihrer Anwendung und nach einer zusammenfassenden Darstellung der verschiedenen Richtungen innerhalb der Freimaurerei schloß er: „In diesem Augenblick, da man sieht, daß sich, wie der Heilige Vater bemerkte, in der Welt ein militanter Atheismus organisiert, würde es schade sein, wenn die Kirche den guten Willen einer Weltorganisation von fünf bis sechs Millionen Mitgliedern mißachtete, die sich zum Glauben an Gott und die biblische Offenbarung bekennen, im Gegensatz zu denen, die im Grand Orient einem Laizismus nachstreben. (...) Ich kann persönlich bezeugen, daß eine gewisse Zahl von Katholiken durch Nachdenken über die tiefe christliche Bedeutung der Zeremonien und des Rituals der mittelalterlichen Gilden und Kathedralenbauer, welche die Freimaurerei ererbt und bewahrt hat, den Weg zur Mutterkirche zurückgefunden haben. Sollte der Fall eintreten, daß es für angebracht erachtet wird, zu beschließen, diese heikle Frage zu behandeln, dann würde ich wünschen, dies erst nach einer ernsthaften Untersuchung bei denen zu unternehmen, die sich objektiv und konkret mit diesem Problem befaßt haben. Dabei scheint es mir das Klügste zu sein, den Kanon 2335 bestehen zu lassen, aber dahingehend zu präzisieren, daß er im Geist der Instruktion des Heiligen Offiziums vom 10. Mai 1884 zu interpretieren ist und daß es den Bischöfen zusteht, für ihre eigene Diözese zu beschließen, welche Organisationen von diesem Kanon betroffen oder nicht betroffen werden. Die „Grande Loge Nationale Francaise" (Neuilly), die „United Grand Lodge of England" und die „Vereinigten Großlogen von Deutschland" genügen den Erfordernissen für eine günstige Beurteilung.

Das Konzil hat sich über die Freimaurerei nicht geäußert. Sein Dekret über den Ökumenismus, seine pastorale Konstitution über die Kirche in der heutigen Welt und seine Erklärungen über die nichtchristlichen Religionen und die Religionsfreiheit beweisen jedoch eine derartige Aufgeschlossenheit, daß wir das Beste erhoffen dürfen. Der Index wurde endgültig aufgehoben, das Heilige Offizium gründlich umgestaltet und eine Kommission von mehr als hundert Beratern ist eifrig damit beschäftigt, das kirchliche Gesetzbuch den Entschließungen und Richtlinien des II. Vatikanischen Konzils anzupassen. Wenn wir eine Voraussage wagen dürfen — was für einen Historiker doppelt gefährlich ist! —, würden wir sagen: In absehbarer Zeit, in einigen Jahren kommt es auch zwischen der katholischen Kirche und der Freimaurerei zur Ökumene.

SCHLUSSBETRACHTUNG

Was kann in unseren Tagen jemanden veranlassen, Freimaurer zu werden, und wie können wir uns einen Freimaurer konkret vorstellen? Ein erstes, sehr wesentliches Merkmal ist das Clubleben. Ist es für Männer nicht verlockend, alle 14 Tage oder einmal im Monat die gleichen Freunde in einem vertrauten Kreis zu treffen, in dem man sich frei aussprechen kann? Nichts ist für die Außenwelt bestimmt, nichts gelangt in die Presse oder wird durch Horcher oder Klatschsüchtige nach draußen getragen. Hier kann man unbesorgt über alle Probleme und Zeitereignisse reden und diskutieren: nur Streitgespräche über Politik und Religion sind verpönt. Man achtet eines jeden Überzeugung; niemand trachtet danach, den anderen zum eigenen Standpunkt zu bekehren. Hier sind auch alle gleich. Ob man ein reicher Bankier, ein hochgelahrter Professor, ein bedeutender Politiker, ein Groß- oder Kleinhändler, ein Handwerker oder Lehrer ist, alle verkehren untereinander wie mit Ihresgleichen. Für Männer niederen Standes hat dieser Umgang natürlich etwas Anziehendes, während Leute aus gehobener Schicht einmal ihre steife Art ablegen und sich ungezwungen mit dem Mann aus dem Volk unterhalten können. Nach Aufnahmen und Johannisfesten, Zusammenkünften und Vorträgen folgt zuweilen ein gemeinsames Mahl, bei dem man, mit den nötigen freimaurerischen Gebräuchen, sein Glas erhebt und Tafelreden hält und sich an einer wohlgedeckten Tafel gütlich tun kann. Geselligkeit kann die brüderliche Verbundenheit nur noch erhöhen. Wir verstehen, daß hier Freundschaftsbande fürs Leben geschmiedet werden. Ergänzen wir noch, daß sich die Männer wegen der Abwesenheit von Frauen freier und ungezwungener begegnen. Man versteht, daß die Freimaurer das Männliche ihrer Bruderschaft erhalten wollen.

Eine Folge solch brüderlichen Verhaltens ist die Hilfe für notleidende und schwer getroffene Freunde. Schulen für Waisen und körperbehinderte Kinder, Krankenhäuser und Altenheime oder materielle Unterstützung leidgeprüfter Brüder sind in vielen Ländern selbstverständlich. Natürlich gilt die Hilfe zunächst den eigenen Brüdern und deren Familien. Als es noch keine Sozialgesetze gab, bedeutete die Mitgliedschaft bei den Freimaurern oft eine Art Sozialversicherung. Man hat mir versichert, daß in den Vereinigten Staaten, wo die Sozialgesetzgebung den europäischen Stand keineswegs erreicht hat, dies noch immer die Freimaurerei besonders anziehend macht. Daß die Freimaurer sich einander auch sonst zu helfen trachten und einander die Wege ebnen, kann niemanden wundern und ebensowenig verärgern. Man versteht aber auch, daß dies zu Postenjägerei und Vetternwirtschaft führen kann. In Belgien, Frankreich und anderswo, wie auch in Belgisch-Kongo und Niederländisch-Indien, bedeutete früher die Zugehörigkeit zur Bruderschaft mit einiger Sicherheit Protektion. In unseren Tagen verschwinden diese Auswüchse eines an sich sympathischen Zuges allmählich.

Diese ersten beiden Merkmale kann man jedoch auch bei anderen Gruppen finden: Der Rotary-Club und die Lions unterscheiden sich in diesen beiden Punkten nicht so sehr von der Freimaurerei. Es gibt jedoch noch ein drittes Merkmal, das bedeutendste — was nicht heißen soll, daß die Mehrheit der Freimaurer es so empfindet! — nämlich, ein ethisches Streben nach Höherem. Die Freimaurerei trachtet danach, die tiefe Sehnsucht der Menschen nach dem besseren und vollkommeneren Menschen zu fördern; das bezieht sich sowohl auf Selbsterkenntnis und Selbstbeherrschung, als auch auf das Verhältnis zum Mitmenschen und zu Gott. Der Mensch ist in seinem tiefsten Innern ein religiöses Wesen. Selbst wenn er nicht einer bestimmten Kirche angehört, möchte er doch diesen Wesenskern beleben und erweitern. Daher kommt es, daß Männer, die in ihrer eigenen Religion keine vollständige Erfüllung finden oder keiner Religion anhängen, sich stärker zur Freimaurerei hingezogen fühlen. Selbstverständlich drängen sich dieser ethischen Lehre, die keine Religion ist und sein will, dann doch gelegentlich religiöse Merkmale auf. Im Verlauf des über zweieinhalb Jahrhunderte langen Bestehens der Freimaurerei ist das nur allzu sichtbar geworden.

Wer jedoch ein treuer Gläubiger und aufrechter Bekenner seiner eigenen Religion ist, der entgeht dieser Verirrung. So haben sich Lutheraner, Calvinisten, Anglikaner, Presbyterianer und andere nachhaltig mit Erfolg bemüht, die Freimaurerei von jedem Makel des Synkretismus freizuhalten. Die Grenze zwischen ethischer Lehre und Religion ist nicht immer leicht zu ziehen, und wir haben oft den Eindruck, daß die Freimaurerei gleichsam auf des Messers Schneide steht und bei der geringsten unglücklichen Bewegung in den Synkretismus gerät. Uns erscheint es verständlich, daß nur die Anwesenheit gläubiger Christen in den Reihen der Freimaurer diese vor Verirrungen im religiösen Sinn bewahren kann. Deshalb ist es zu bedauern, daß sich Katholiken dieser Bruderschaft so lange ferngehalten haben.

Die Feindseligkeit der katholischen Kirche hat freilich in den Ländern mit einer katholischen Mehrheit, — also *grosso modo,* den lateinischen

Ländern — eine scharfe Reaktion der Freimaurerei ausgelöst. Jahrzehntelang hatten Freimaurer die Führung des Antiklerikalismus übernommen und waren bestrebt, einen laizistischen Geist zu verbreiten; sie haben die ganze Politik beeinflußt und es auf einen harten Kampf der Freisinnigen gegen die Kirche ankommen lassen. Diese Zeiten sind glücklicherweise größtenteils vorbei, wenn auch noch nicht in allen Ländern. Wir müssen jedoch vorwärtsblicken und die Hypothek, die das Verhältnis der Kirche zur Freimaurerei belastet hat, endgültig abtragen.

Heimliche Verschwörung, wie es das kirchliche Gesetzbuch nennt, gehört ebensowenig wie Fanatismus zum echten freimaurerischen Geist. Verträglichkeit, Achtung vor der Meinung und Überzeugung des anderen, das sind charakteristische freimaurerische Tugenden, die wir heute mehr denn je brauchen.

Zur Zeit ist in der Freimaurerei ein vollständiger Wandel im Gange. Überall kann man lesen oder bekommt man zu hören, daß die jungen Freimaurer zusammen mit einem Teil der älteren, einen anderen, eigentlich reineren freimaurerischen Geist haben, als viele Freimaurer-Veteranen. Der neue Geist von Aufgeschlossenheit und Toleranz findet Zustimmung und Würdigung. In Frankreich z. B. wird der rituellen und ethischen Arbeit mehr und mehr Wert beigemessen, während die neue geistige Strömung zunehmend die materialistische und atheistische aufhält. Besonders in Deutschland, aber auch in Belgien, ist seit einigen Jahren eine derartige Entwicklung wahrzunehmen. Sogar in den Vereinigten Staaten nimmt der Sinn für die echte Freimaurer-Arbeit zu. Das sind sehr erfreuliche Zeichen.

Andererseits hat das II. Vatikanische Konzil sich unmißverständlich für eine verstehende, tolerante Haltung gegenüber anderen Kirchen, Religionen und Lebensanschauungen ausgesprochen und das Gute in ihnen anerkannt und gepriesen. Entschlossen erklärte sich das Vatikanum II für die Zusammenarbeit mit der heutigen Welt, so wie sie wirklich ist, bricht also mit einer mißtrauischen und ablehnenden Haltung gegenüber den Wissenschaften und bestimmten Kulturströmungen, die vor mehr als drei Jahrhunderten mit dem Fall Galilei einsetzte und im 19. Jahrhundert ihren Höhepunkt erreichte. Die Zeiten haben sich gründlich geändert. Uns winkt die Zukunft.

Da ist das *Kairos*, wie die Griechen sagen würden, das ist der *tempus acceptabile*, wovon die lateinische Liturgie singt, das ist die Zeit des Gesprächs und Dialogs, des Verstehens und der Würdigung, der Annäherung und des Zusammenwirkens.

HAUPTSÄCHLICH BENUTZTE LITERATUR

De achtbare Loge La Vertu in het Oosten Leiden 1757-1957, verzorgd door de maçonnieke stichting „Ritus en Tempelbouw". Den Haag, 1957.

Die Allgemeine Freimaurerliga. Ihr Wollen und Wirken (Schriften der Allgemeinen Freimaurerliga, Nr. 4). Wien, 1930.

Les authentiques „Fils de la Lumière", par + + +. Paris, 1961.

A.V., *La franc-maçonnerie gantoise*. s.l., 1953.

BARTIER, J., *Théodore Verhaegen, la franc-maçonnerie et les sociétés politiques*, in *Revue de l'Université de Bruxelles*, 16 (1963-64), 137-234.

BAYLOT, J., *Dossier français de la franc-maçonnerie régulière*, (Coll. : Le Pour et le Contre). Paris, 1965.

BERTELOOT, J., *La franc-maçonnerie et l'Eglise catholique*, 2 dln. Lausanne-Paris-Bruxelles, 1947.

IDEM, *Les francs-maçons devant l'histoire*, I : *Origine et diversité*. Lausanne - Paris-Bruxelles, 1949.

BOERENBEKER, E.A., *Het Nederlandse rituaal van de graad van Soeverein Prins van het Rozekruis*, in *Het Rozekruis*, 39 (1965) 153-164.

BONNEVILLE, N. DE, *Les Jésuites chassés de la Maçonnerie et leur poignard brisé par les Maçons*, 2 dln. Londres, 1788.

BOUCHER, J., *La symbolique maçonnique*. Paris, 1953.

CAPRILE, G., s.j. *I Documenti Pontifici intorno alla Massoneria*, in *La Civiltà Cattolica*, 109 n° 3 (1958) 167-176, 504-517.

CHEVALIER, P., *Les ducs sous l'Acacia ou les premiers pas de la Franc-Maçonnerie française 1725-1743* (Coll. : Bibliothèque d'histoire de la philosophie). Paris, 1964.

CHEVILLON, C., *Le vrai visage de la franc-maçonnerie*. Ascèse - Apostolat - Culture. Lyon, 1959.

CLEMENT, F., *Contribution à l'étude des hauts grades de la franc-maçonnerie et particulièrement à l'histoire du Rite Ecossais Ancien et Accepté en Belgique*. Bruxelles, 1937.

IDEM, *Histoire de la Franc-Maçonnerie belge au XIXe siècle*, 2 dln. Bruxelles, 1948-1949.

COIL, H. W., *A comprehensive view of freemasonry*. New York, 1954.

IDEM, *Masonic Encyclopedia*. New York, 1961.

COLINON, M., *L'Eglise en face de la franc-maçonnerie* (Bibl. : Ecclesia, 2). Paris, 1954.

The collected „Prestonian Lectures" 1925-1960, edited by H. CARR. London, 1965.

CORDIER, A., *Histoire de l'Ordre Maçonnique en Belgique*. Mons, 1854.

CORNELOUP, J., *Shibboleth. De la franc-maçonnerie de grand-papa à la franc-maçonnerie de nos petits-fils* (Coll. : Le Pour et le Contre). Paris, 1965.

IDEM, *Universalisme et franc-maçonnerie*. Hier-Aujourd'hui. Paris, 1963.

COVEY CRUMP, W.W., *The Hiramic Tradition. A survey of hypotheses concerning it*. s.l., 1934.

CROISET VAN UCHELEN, B., *Twee rooms-katholieke Grootmeesters in Engeland*, in *Thoth*, 8 (1958) 82-84.

DENSLOW, R.V., *Freemasonry in the Eastern Hemisphere.* Trenton, 1954.

IDEM, *Freemasonry in the Western Hemisphere.* Trenton, 1953.

IDEM, *Masonic Rites and Degrees.* s.l., 1955.

IDEM, *Regular, irregular and clandestine Grand Lodges, A study in foreign recognitions.* Washington, 1956.

DEWAR, J., *The unlocked Secret. Freemasonry examined.* London, 1966.

DIERICKX, M., *De vrijmetselarij op nieuwe wegen,* in *Streven,* 16 (1962-63) 401-411.

IDEM, *De Franse vrijmetselarij en het oecumenisme,* in *Streven,* 19 (1965-66) 249-253.

IDEM, *Vrijmetselarij en christendom,* in *Streven,* 19 (1965-66) 584-586.

IDEM, *Gelijktijdige bullen tegen de Broederschap van de vrijmetselaren en tegen praktijken van de jezuïeten,* in *Thoth,* 17 (1966) 47-56.

DOMINICUS, J., *De Vrijmetselarij.* Den Bosch, 1961, 3e uitg.

DOODKORTE, J.J., *De invloed van de vrijmetselarij op de geschiedenis der laatste tweehonderd jaar.* Antwerpen, 1952.

DUCHAINE, P., *La franc-maçonnerie belge au XVIIIe siècle.* Bruxelles, 1911.

ENDRES, F.C., *Het geheim van de vrijmetselaar.* Den Haag, 1929.

IDEM, *Die Symbole des Freimaurers.* Stuttgart, 1952.

IDEM, *Universelle Freimaurerei. Eine Uebersicht.* Hannover, 1951.

F.G., *Les loges militaires et leur influence sur l'essor de la franc-maçonnerie en Belgique,* in *Bulletin du Suprême Conseil de Belgique,* nos 67-68 (1949-50) 105-175.

FAUBEL, A.F.L., *Een en ander betreffende de geestelijke en organieke ontwikkeling der Orde.* 's-Gravenhage, 1950, 1955 (onver. herdruk).

IDEM, *De Vrijmetselarij. Oorsprong, wezen en doel.* 's-Gravenhage, 1946, 3e uitg.

FEUILLETTE, R.C., *Précis de l'histoire du Grand Orient de France.* Paris, 1928.

FROIDCOURT, G. DE, *François Charles, Comte de Velbruck, prince-évêque de Liège, franc maçon.* Luik, 1936.

GALESTIN, A.A., *Mijn maçonnieke geloofsbelijdenis.* 's-Gravenhage, 1951, 3e uitg.

GLICK, C., *A treasury of masonic thought.* London, (1961).

GOBLET D'ALVIELLA, Cte, *La migration des Symboles.* Paris, 1891.

IDEM, *Des origines du grade de Maître dans la franc-maçonnerie.* Bruxelles, 1907.

IDEM, *Quelques réflexions sur les origines de la franc-maçonnerie templière.* Bruxelles, 1904.

IDEM, *Souvenirs de cinquante années de vie maçonnique en Belgique (1870-1920).* Bruxelles, 1923.

GOULD, R.F., *History of Freemasonry, revised, edited and brought up to date by H. Poole,* 4 dln. Chicago, 1952, 3e uitg.

La Grande Loge Nationale Française et l'Eglise Catholique. Neuilly-sur-Seine, 1963.

GREINER, G., *German Freemasonry in the present era,* in *Ars quatuor Coronatorum,* 9 (1896) 55-82.

GROOT, A. DE, *Baden-Powell-Vrijmetselarij-Padvinderij,* in *Thoth,* 14 (1963) 44-46.

GRUBER, H., s.j., *La vrai solution des questions fondamentales concernant la* franc-maçonnerie, in *Revue internationale des Sociétés Secrètes*, I.A. n° 3, mars 1912, 177-198.

HANNAH, W., *Christian by degrees. Masonic religion revealed in the light of faith*. London, 1954.

IDEM, *Darkness Visible*. London, 1952.

HAYWOOD, H.L., *Freemasonry and Roman Catholicism*. Chicago, 1943.

HEADINGS, M.J., *French Freemasonry under the third Republic*. Baltimore, 1949.

HENKE, O., *Die Freimaurerei in Deutschland mit einem Abriss der allgemeinen Geschichte der Freimaurerei* (Bücherei für Freimaurer, 1). Berlin, 1907.

Honderd-vijf-en-zeventig jaren Nederlandsche Vrijmetselarij. Amsterdam, 1931.

HUTIN, S., *Les francs-maçons* (Le temps qui court, 19). Paris, 1960.

IDEM, *Les sociétés secrètes* (Que sais-je ? 515). Paris, 1960.

De instellingen, historien, wetten, ampten, orders, reglementen en gewoonten van de zeer voortreffelijke Broederschap der Aengenomene Vrije Metselaers, versamelt uyt hare generale gedenkschriften en overleveringen van vele ewen. Uyt het Engelsch vertaelt door Johan KUENEN. 's-Gravenhage, 1735.

L'Invocation du Gr:. Arch:. de l'U:. dans les loges dépendant du Grand Orient de Belgique. Bruxelles, 1935.

JANSSEN VAN RAAY, J.F., *Verschillen tussen de Nederlandse en Engelse ritualen*, in *Thoth* (mrnr.), 13 (1962) 67-77.

JONES, B.E., *Freemasons' guide and compendium*. London, 1965, 11e druk.

KERSSEMAKERS, A., *Vrijmetselarij en jodendom. Traditionele inhoud. Moderne ontaarding en invloed*. Oisterwijk, (1939).

KLINKHAMER, J.M., *Onze symbolen in het geometrisch licht gezien*. 's-Gravenhage, 1924.

KLOPPENBURG, B., *A Maconerea no Brasil, Orientaçao para os Catolicos* (Vozes en defesa da fé, Estudo N° 5). Petropolis, 1961, 4e uitg.

KLOSS, G., *Geschichte der Freimaurerei in Frankreich (1725-1830)*, 2 dln. Darmstadt, 1852.

KNOOP, D. and G.P. JONES, *The genesis of Freemasonry* (Publications of the University of Manchester. CCXCIX). Manchester, 1947.

IIDEM, *An introduction to Freemasonry*. Manchester, 1937.

IIDEM, *Vrijmetselarij en het begrip natuurlijke godsdienst* in Thoth, 12 (1961) 47-65.

KNOOP, D., G.P. JONES, D. HAMER, *The early masonic catechisms*. Manchester, 1943, 1963, 2e uitg.

IIDEM, *The two earliest masonic Mss. The Regius Ms. The Cooke Ms*. Manchester, 1938.

IIDEM, *Early masonic pamphlets*. Manchester, 1945.

KUÉSS, G.R., *Die grossen deutschen Historiker der Freimaurerei. Ein Betrag zur Geschichte der Freimaurerei* (Die blaue Reihe, Heft 7). Hamburg, (1959).

IDEM, *Die Vorgeschichte der Freimaurerei im Lichte der englischen Forschung* (Die blaue Reihe, Heft 11). Hamburg, (1961).

KUÉSS, G.R., SCHEICHELDAUER, *200 Jahre Freimaurerei in Oesterreich, Zum 175. Geburtstag der Grossloge*. Wien, 1959.

LANTOINE, A., *Histoire de la franc-maçonnerie française*, 3 dln. Paris, 1927-35.

IDEM, *Lettre au Souverain Pontife*, Préface par Oswald Wirth. Paris, 1937.

Lappas, A., *La Masonería Argentina a través de sus hombres*. Buenos Aires, 1958.

Ledré, C., *La franc-maçonnerie* (Coll. : Je sais, Je crois). Paris, 1956.

De Leerling Vrijmetselaar, Handleiding voor de Nederlandse Vrijmetselaar. 's-Gravenhage, 1964.

Lefranc, F., *Le voile levé pour les curieux, ou le secret de la Révolution révélé à l'aide de la Franc-Maçonnerie*. Paris, 1791.

Lennhoff, E., *Die Freimaurer*. Zürich, 1929, 2e uitg.

Lennhoff, E., en O. Posner, *Internationales Freimaurerlexikon*. Zürich, 1932, 1965, 2e uitg.

Lepage, M., *L'ordre et les obédiences. Histoire et doctrine de la Franc-Maçonnerie*. Laval, 1961, 3e uitg.

Ligou, D., *Frédéric Desmons et la franc-maçonnerie sous la 3e République*. Paris, 1966.

List of Regular Lodges Masonic 1965. Bloomington, 1965.

Loo, P. J. van, *Inleiding tot de geschiedenis van de vrijmetselarij*. Den Haag, 1948.

Idem, *De Oude Plichten* (Studiebladen, n° 13, 1950). Den Haag, 1950.

Idem, *Onze ritualen voor 1700*, in *Thoth*, 1 (1950) 65-82.

Luquet, G.H., *La franc-maçonnerie et l'état en France au XVIIIe siècle* (Coll. : Le Pour et le Contre). Paris, 1963.

Maarschalk, H., *Geschiedenis van de Orde der Vrijmetselaren in Nederland, onderhoorige koloniën en landen*. Breda, 1872.

Maçonnieke levensbeschouwing. Een verzameling bijdragen van leden van de Orde der Vrijmetselaren onder het Grootoosten der Nederlanden, in opdracht van het hoofdbestuur dier Orde bijeengebracht door G.J. Sierenberg De Boer. Bussum, 1961.

Mallie, L., *La maçonnerie belge*. Bruxelles, 1906.

Mariel, P., *Rituels des Sociétés Secrètes, Carbonari, Compagnonnage, Franc-Maçonnerie, Rose-Croix, Templiers, Maçonnerie féminine*. Paris 1961.

Marquès-Rivière, J., *Les rituels secrets de la franc-maçonnerie*. Paris, 1941.

Marsaudon, Y., *De l'initiation maçonnique à l'orthodoxie chrétienne* (Coll. : Histoire et Tradition). Paris, 1965.

Idem, *L'œcuménisme vu par un franc-maçon de tradition* (Coll. : Le Pour et le Contre). Paris, 1964.

Marteau, P., *Politik und Zustände in den drei altpreusischen Grosslogen und der Kampf der christlichen mit dem humanistischen Prinzip*, Frankfurt a.M., 1906.

Masonic Year Book for 1965. London, 1966.

Mellor, A., *La Charte inconnue de la franc-maçonnerie chrétienne*. Paris, 1965.

Idem, *La franc-maçonnerie à l'heure du choix*. Paris, 1963.

Idem, *Nos frères séparés, les francs-maçons*. Paris, 1961.

Morayta, M., *Masonería Español. Paginas de su Historia*. Ampliaciones y refutaciones de M. Carlavilla. „Mauricio Karl". Madrid, 1956.

Mounier, J.J., *Over den invloed op de Fransche Omwenteling welken men toegeschreven heeft aan de Philosophen, aan de Vrije-Metzelaren en aan de Illuminaten*. Uit het Frans vert. Franeker, 1802.

NAUDON, P., *La Franc-maçonnerie* (Coll. : „Que sais-je ?" n° 1064). Paris, 1963.

IDEM, *La franc-maçonnerie et le Divin*. Histoire philosophique de la franc-maçonnerie à l'égard du sentiment religieux (Coll. : Histoire et Tradition). Paris, 1960.

IDEM, *Histoire et rituels des hauts grades maçonniques*. Le Rite Ecossais Ancien et Accepté (Coll. : Histoire et Tradition). Paris, 1966.

IDEM, *L'humanisme maçonnique*. Essai sur l'existentialisme initiatique. Paris, 1962.

IDEM, *Les loges de saint Jean et la philosophie ésotérique de la connaissance* (Coll. : Histoire et Tradition). Paris, 1957.

IDEM, *Les origines religieuses et corporatives de la franc-maçonnerie. L'influence des Templiers*. Paris, 1953.

NORMANN, H., *Die Freimaurerei in England und Amerika* (Coll. : Bücherei für Freimaurer, 2). Berlin, (1907).

NYS, E., *Idées modernes, droit international et franc-maçonnerie*. Bruxelles-Paris, 1908.

PEYREFITTE, R., *Les fils de la lumière*, roman. Paris, 1961.

PICK, F.L., en G.N. KNIGHT, *The pocket history of freemasonry*. London, 1953.

PIKE, A., *The meaning of masonry*. Washington, 1924.

IDEM, *Morals and Dogma of the Ancient and Accepted Scottish Rite of Freemasonry*. Charleston, 1871 [1], 1906 [2], 1927 [3].

POSTMA, C., *Prins Frederik der Nederlanden 1797-1881, een vorstelijk burger in de 19e eeuw*. 's-Gravenzande, (1961).

POTT, P.H., *Andere maçonnieke werkwijzen*, in *Thoth*, 14 (1963) 36-57.

IDEM, *De methode van de koninklijke kunst*, in *Thoth*, 4, (1954) 73-85.

IDEM, *De vijf reizen van de Candidaat-Gezel*, in *Thoth*, 10 (1959) 17-32.

PREUSS, A., *Etude sur la franc-maçonnerie américaine*. Traduit par A. Barrault. Paris, 1908.

A Reply of Freemasonry in behalf of humanity to the encyclical letter „Humanum Genus" of the Pope Leo XIII. Charleston, 1884, Reprint.

RUNKEL, F., *Geschichte der Freimaurerei in Deutschland*, 3 dln. Berlin, 1932.

SCHELDEN, B. Van der, *La franc-maçonnerie belge sous le régime autrichien (1721-1794)*. Etude historique et critique (Coll. : Univ. Lv., Recueil trav. hist. phil., 2e ser., 1). Louvain, 1923.

SCHENKEL, G., *Die Freimaurerei im Lichte der Religions- und Kirchengeschichte*. Gotha, 1926.

SCHMID, J.J. von, *Die Zauberflöte*. Assen, 1956.

SCHOUWINK, J.B., *De geestelijke waarde van de vrijmetselarij*. Den Haag, 1950.

SERBANESCO, G., *Histoire de la franc-maçonnerie universelle, son rituel, son symbolisme*, 3 dln. Paris, 1963-1965.

SINGER, A., *Der Kampf Roms gegen die Freimaurerei*. Leipzig, 1925.

SLOTHOUWER, J.G., *Inleiding tot de symboliek der vrijmetselarij*. Den Haag, 1947.

Statuten en reglement van de Orde van Vrijmetselaren onder de Opperraad van de drie en dertigste en laatste graad van de Aloude en Aangenomen Schotse ritus voor het Koninkrijk der Nederlanden, s.l., 1960.

STEFFENS, M., *Freimaurer in Deutschland*. Bilanz eines Vierteljahrtausends. Frankfurt, 1966.

TAUTE, R., *Die katholische Geistlichkeit und die Freimaurer* (Coll. : Bücherei für Freimaurer, 23/24). Berlin, 1909, 3e uitg.

TEMPELS, P., *Les francs-maçons*. Bruxelles, 1888, 1e uitg., 1953, 4e uitg.

UHLMANN, F., *Leitfaden der Freimaurerei* (Coll. : Bücherreihe der Allg. Freimaurer-Liga, n° 7a). Basel, 1933.

The U.S. MASONS. *A pictorial essay in color*, in *Life*, october 8, 1956.

VISSER SMITS, D. DE, *Vrijmetselarij. Geschiedenis, maatschappelijke betekenis en doel*. s.l., 1931.

VOORHIS, H.V.B., *Masonic organization and allied Orders and Degrees*. s.l., 1952.

Vrijmetselaar Zijn. Een maçonniek sextet. Beschouwingen van Vrijmetselaren uitgeg. in opdracht van de stichting „Fama Fraternitas". Bussum, 1964.

Vrijmetselarij 1756-1956, uitgeg. in opdracht van het Hoofdbestuur der Orde van Vrijmetselaren onder het Grootoosten der Nederlanden ter gelegenheid van het 200-jarig bestaan dier Orde op 26 december 1956. Bussum, (1957).

WHALEN, W.J., *Christianity and American freemasonry*. Milwaukee, 1961, 4e uitg.

Het Wetboek van Du Bois. Le Code de Du Bois. 's-Gravenhage, 1761, Reprint 1959.

Wetboek der Hoge Graden van de Orde van VV∴.MM∴. onder het Hoofdkapittel in Nederland. s'-Gravenhage, 1951.

WIRTH, O., *La franc-maçonnerie rendue intelligible à ses adeptes*, 3 dln. Ed. du Symbolisme, 1962-1963.

WRIGHT, D., *Roman catholicism and freemasonry*. London, 1922.

ZALCE Y RODRIGUEZ, L. J. *Apuntes para la historia de la masonería en México*, 2 dln. Mexico, 1950.

ZEEVALKING, H.J., *Sint Jan, schutspatroon der Orde*, in *Thoth, 11 (1960) 9-16*.

IDEM, *De betekenis van Johannes de Evangelist voor de moderne vrijmetselarij*, in *Thoth, 13 (1962) 44-49*.

IDEM, *Vrijmetselarij, Een Westeuropees cultuurverschijnsel*. 's-Gravenhage, 1965.

ZEIJLEMAKER JZN, JB., *De Waarde van de mens*. Beschouwingen van vrijmetselaren. Bussum, 1963.

Anlage 1: *Basic Principles for Grand Lodge Recognition*
(seit 1929)

1. Regularity of origin, i.e. each Grand Lodge shall have been established lawfully by a duly recognised Grand Lodge or by three or more regularly constituted Lodges.

2. That a belief in the Grand Architect of the Universe and His revealed will shall be an essential qualification for membership.

3. That all initiates shall take their obligation on or in full view of the open Volume of the Sacred Law, by which is meant the revelation from above which is binding on the conscience of the particular individual who is being initiated.

4. That the membership of the Grand Lodge and individual Lodges shall be composed exclusively of men; and that each Grand Lodge shall have no masonic intercourse of any kind with mixed Lodges of bodies which admit women to membership.

5. That the Grand Lodge shall have sovereign jurisdiction over the Lodges under his control; i.e. that is shall be a responsible, independent, selfgoverning organization, with sole and indisputed authority over the Craft of symbolic degrees (entered apprentice, fellow craft and master mason) within its jurisdiction; and shall not in any way be subject to, or divide such authority with a Supreme Council or other Power claiming any control or supervision over those degrees.

6. That the three Great Lights of Free Masonry (namely the Volume of the Sacred Law, the Square and the Compasses) shall always be exhibited when the Grand Lodge or its subordinate Lodges are at work, the chief of these being the Volume of the Sacred Law.

7. That the discussion of religion and politics within the Lodge shall be strictly prohibited.

8. That the principles of the ancient Landmarks, customs and usages of the Craft shall be strictly observed.

(*Masonic Year Book for 1965*, p. 772)

Anlage 2: *Préceptes Maçonniques*

(Oben steht: A.˙.L.˙.G.˙.D.˙.G.˙.A.˙.D.˙.L'U.˙.
Links: Force, Sagesse, Tolérance — Vertu   — Vertu
Rechts: Liberté, Egalité, Fraternité — Progrès) rnité — Progrès)

Ton premier devoir est de croire à l'existence de Dieu et à l'immortalité de l'âme.

Ton premier hommage appartien au G.˙.A.˙.D.˙.l'U.˙., ce Dieu, créateur du monde, qui est l'auteur de nos jours.

Conserve toujours ton âme dans un état pur pour paraître dignement devant le Juge suprême, afin de recevoir dans le ciel le fruit de tes bienfaits ici-bas.

Respecte la religion quelle qu'elle soit, c'est celle de tes pères.

Combats les passions, prends garde d'y succomber, et sois toujours honnête homme.

Si la Fortune te favorise, n'en abuse pas, songe que tout doit finir ici bas, car ce monde n'est qu'un passage.

Sois charitable par ta fortune et par tes conseils, ne repousse pas les malheureux.

Respecte la vieillesse, pour être respecté toi même, puisque c'est elle qui a abritée la jeunesse.

Sois le soutien de la veuve et de l'orphelin, le guide des voyageurs étrangers, car ces personnes sont sacrées pour toi.

Aime ton prochain et plus particulièrement tes F.˙., ne sois point flatteur avec eux, donne leur au contraire des conseils conformes à la raison.

Apprends à distinguer un vrai F.˙. et ne te laisse pas corrompre.

N'abandonne jamais les F.˙. au moment de danger, les secourir, c'est un de tes premiers devoirs.

Sois sans haine et sans rancune envers ceux qui t'ont offensé, fais au contraire le bien pour le bien lui-même.

Préviens les querelles, et que la justice soit toujours de ton côté, afin que tu ne sois jamais en défaut.

Ecoute toujours la voix de la conscience qui ne peut jamais te tromper, c'est le seul moyen d'être toujours honnête homme.

Aime le travail c'est à quoi nous sommes appelés sur cette terre jusqu'à la fin de nos jours.

Ne rougis en aucune circonstance de ta profession, mais veille à l'exercer avec probité.

Ne te glorifie pas des honneurs ni de la gloire de ce monde, sois toujours bon et sincère avec tous.

Respecte les femmes, n'abuse pas de leur faiblesse, crains au contraire de les déshonorer.

Si Dieu te donne une compagne, sois bon époux et bon père, surtout sois fidèle à celle à qui tu as donné ton nom.

Instruis tes enfants dans les sentiments d'amour et d'humanité, fais qu'à bonne heure ils reconnaissent notre institution digne de ses mérites.

Donne leur de bons principes par les exemples, afin qu'ils te respectent jusqu'à la mort.

Sois discret et fidèle à tes serments, plutôt souffrir que d'y manquer, puisque tu as juré sur le symbole de l'honneur.

Sois fidèle et dévoué à la patrie au péril même de tes jours.

Ne juge pas légèrement les actions des hommes, c'est au G∴A∴ de sonder les cœurs et à apprécier son ouvrage.

En observant fidèlement tous ces préceptes, tu seras toujours un bon et digne F∴M∴

(A. Lantoine : „La Franc-Maçonnerie" in :
Histoire générale des religions, Tome IV,
Paris, 1947, bl. 280)

Anlage 3: *Code Maçonnique*
　　　　(Loi morale de la Franc-Maçonnerie universelle)

Adore le G. Arch. de l'Univers.
Aime ton prochain.
Ne fais point de mal.
Fais du bien.
Laisse parler les hommes.
Le vrai culte du G. Arch. consiste dans les bonnes mœurs.
Fais donc le bien pour l'amour du bien lui-même.
Tiens toujours ton âme dans un état pur pour paraître dignement devant le G. Arch., qui est Dieu.
Estime les bons, plains les faibles, fuis les méchants, mais ne hais personne.

Parle sobrement avec les grands, prudemment avec tes égaux, sincèrement avec tes amis, doucement avec les petits, tendrement avec les pauvres.

Ne flatte point ton frère, c'est une trahison; si ton frère te flatte, crains qu'il ne te corrompe.

Ecoute toujours la voix de ta conscience.

Sois le père des pauvres : chaque soupir que ta dureté leur arrachera, augmentera le nombre des malédictions qui tomberont sur ta tête.

Respecte l'étranger voyageur, aide-le, sa personne est sacrée pour toi.

Evite les querelles, préviens les insultes, mets toujours la raison de ton coté.

Respecte les femmes; n'abuse jamais de leur faiblesse, et meurs plutôt que de les déshonorer.

Si le G. Arch. te donne un fils, remercie-le; mais tremble sur le dépôt qu'il te confie ! sois pour cet enfant l'image de la Divinité.

Fais que jusqu'à dix ans il te craigne, que jusqu'à vingt ans il t'aime, que jusqu'à la mort il te respecte.

Jusqu'à dix ans sois son maître.

Jusqu'à vingt ans son père.

Jusqu'à la mort son ami.

Pense à lui donner de bons principes plutôt que de belles manières; qu'il te doive une droiture éclairée, et non pas une frivole élégance.

Fais-le honnête homme plutót qu'habile homme.

Si tu rougis de ton état, c'est orgueil; songe que ce n'est pas ta place qui t'honore ou te dégrade, mais la façon dont tu l'exerces.

Lis et profite, vois et imite, réfléchis et travaille, rapporte tout à l'utilité de tes frères, c'est travailler pour toi-même.

Sois content de tout, partout et avec tout.

Réjouis-toi dans la justice, courrouce-toi contre l'iniquité, souffre sans te plaindre.

Ne juge pas légèrement les actions des hommes, ne blâme point, et loue encore moins; c'est au G. Arch. de l'Univers qui sonde les cœurs à apprécier son ouvrage.

(A. Lantoine : „La Franc-Maçonnerie" in :
Histoire générale des religions, Tome IV,
Paris, 1947, bl. 302)

Anlage 4: *Stellungnahme der Grande Loge Nationale Française*

„Pour éviter toute équivoque, la Grande Loge Nationale Française, à Neuilly, seule Maçonnerie en France reconnue par toute la Maçonnerie Universelle Régulière, précise qu'il ne peut y avoir de Maçonnerie „Régulière" en dehors des principes „ne varietur" suivants :

„Croyance en Dieu, personne divine, Grand Architecte de l'Univers.

„Croyance en sa volonté révélée et exprimée dans le volume de la Sainte Loi.

„Croyance en l'immortalité de l'âme.

„Par contre, elle interdit, dans ses Loges, toute discussion ou polémique d'ordre social, politique ou religieux.

„Les rites qu'elle gouverne se réfèrent, comme ceux des Maçons opératifs, au symbolisme traditionnel du métier et de l'Art Royal. Unissant dans le temps et dans l'espace l'Orient et l'Occident, ils puisent aux sources scripturaires inspirées de l'Ancien et du Nouveau Testament.

„Toutes les „obligations" de ses membres et de sa hiérarchie sont prises en „présence du Dieu tout-puissant" sur le volume de la Sainte Loi, correspondant à leur croyance.

„La Grande Loge Nationale Française (Neuilly) ne vise, par le travail selon les anciens rituels de l'Ordre, qu'au perfectionnement moral et spirituel de ses Membres et à la pratique d'une charité fraternelle, active et vivifiante. Elle entend donc rester totalement étrangère aux discussions et luttes qui ne la concernent d'aucune façon. Particulièrement, elle s'interdit tout ce qui pourrait être considéré comme une machination contre une Eglise ou les pouvoirs civils légitimes.

„Elle ne peut cependant que se réjouir de voir naître un climat de meilleure compréhension entre ceux qui, en toutes circonstances, placent leur seul espoir en Dieu".

(Le Figaro, 27 octobre 1961)

Canon 2335. Nomen dantes sectae massonicae aliisve eiusdem generis associationibus quae contra Ecclesiam vel legitimas civiles potestates machinantur, contrahunt ipso facto excommunicationem Sedi Apostolicae simpliciter reservatam.

Canon 2336. § 1. Clerici qui delictum commiserunt de quo in can. 2334, 2335 praeter poenas citatis canonibus statutas, poena suspensionis vel privationis ipsius beneficii, officii, dignitatis, pensionis aut muneris, si qua forte in Ecclesia habeant; religiosi autem privatione officii et vocis activae ac passivae aliisque poenis ad normam constitutionum plectantur.

§ 2 Insuper clerici et religiosi nomen dantes sectae massonicae, aliisque similibus associationibus denuntiari debent Sacrae Congregationi S. Officii.

Siehe auch Canon 1065, 1240—1242 und 1399.

REGISTER

Zusammengestellt von *H. O. Bock*, Bamberg

Aalst 54
„ABAW" 19, 36
(s. a. Gr. BdW und OBdW)
Aberdeen-Handschr. 23
Abgehen v. Gottesbegr. 88
Abkürzungen 138
Abraham 24
Absolutismus 66, 76, 156
Achtung 216
(s. a. Überzeugung)
Accepted 28
Adamson 29
Adelige 28
Adonis 127
Adoptionsloge 154
Adventist 183
Aerssen Beijeren, van 57
Afterloge 101
Ägypten 24
Ahiman Rezon 45
Ahnenkult 190, 191
Akademie f. Lit. u. Kunst 56
Akazie 127, 137

Alchimie 52
Alfrink, Kardinal 15
Allegorien 17, 119, 128
Allusive Handlung 141
Altar in d. Kirche 18
Altar i. d. Loge 123
„Alte Pflichten" 36, 23, 24
    siehe auch „Pflichten"
Altersheim 214
d'Alviella, Goblet 83, 127, 167, 188
Amadeus v. Savoyen 99
Anderson, James 31, 32, 48, 90
Andeutungen i. d. Fr-ei 139
Anerkennung 13, 145, 168
angels. Logen 186
Angenommene Maurer 28
Anglikaner 36, 50, 77, 184, 192, 215,
    216
Anordnungen, neue 142
Antients 45, 46, 59, 128
Antifreimr. 95, 100, 101, 184
Antikirchlich 11
Anti-Klerikal 91, 98, 100, 181, 203,
    204, 216

d'Antin, Herzog 48, 49, 61
Antipäpstlich 91
Antireligiös 75
Antwerpen 19, 54
Arbeitstafel 123
Arbeitsweise mr. 13, 141
Architekt 27
Archiv frmr. 75
Archiv i. Rom 63, 75
Argentinien 168
Aristoteles 153
Ashmole 28
Association maconique Internat.
  (AMI) 170
Atheist 5, 12, 89, 111, 186
Atheist. Strömung 216
Atholl 45
Aubigny, Schloß 48
Auchinleck 28
Aufgeschlossenheit 216
Aufklärung 29, 30, 151
Auflegen d. B. 106
Aufnahmearbeit 20, 214
Aufnahmebestimmungen, neue 1730:
  44
Aufnahmebräuche, Rituale 120, 125,
  126, 159
Aufseher 124
Aufstieg v. Finsternis zum Licht 125
Ausschmückung 187
Ausschuß f. d. Konstitution
  Andersons 34
Aussprache, freie 214
Australien 168

Bänder 137
Baptisten 183, 184
Barruel 100
Basic Principles 186, 223
Batavia 58
Baugedanke s. Tempelbau
Baugilden 19

Bauhütte 21, 121
Bauhütten-Symbole 143
Baukunst 29, 136
Baumeister s. ABAW
Baumeisterlegende 126
Bauré, Bankier in Genf 49
Bautätigkeit, Ende 18, 27
Beamte der Loge 123
Beckett, Thomas 47, 127
Bedenken gegen Fr-ei 203
Bedürftige 214
Beförderung 125
Begräbniszeremonien 151, 153, 199
Belgien 12, 14, 66, 75, 78, 82, 98, 168,
  175, 214, 215, 216
Belgische Großloge 78
Benedikt XIV. 61, 63
Bentinck 57
Bergen 54
Bern 62
Berteloot, J. 11, 47
Betrüger 52, 53
Beziehungen international 170
Beziehungen zueinander 168
Bibel 135, 137, 186, 223
Bibel auflegen 106
Bibelforschung 92
Bibelzitate 122, 127
Bijoux 137
Bischöfe 75
Blau 137
Blaue Maurerei s. Symbol.
  Logen/Maurerei
Blücher 53
Boas 123
Boetzelaer, von 57
Du Bois 57
Bordeaux 48
Boston 59
Boswell, John 28
Brabant 54
Brand, Irokese 60

Brasilien 168
Brauchtum um 1730 41
Brijl 14
Broederschap van Frije Metselaren der
    Bataafsche Republ. 58
Bruder 187
Bruderkette 121, 156
Brüderlichkeit 131, 156, 199, 214
Brudermahl 214
Brudername 156, 206
Bruderschaft 11, 19, 20, 29
Bruderschaft aller Menschen 195, 211
Bruderschaften 17
Brügge 54
Brunetière 120
Brüssel 120
Buch d. Hl. Ges. 24, 106, 143, 145
Buddhismus 11, 198
Bulle 18, 50, 63, 64, 66, 69, 189
    (s. a. Enzyklika)
Bürgerkriege 157
Bürgertum 76
Bürgerwehr 18

C siehe auch K
Cagliostro 52
Calvinisten 116, 183, 200, 215
Canons 228
Carbonari 77
Cavour 84
Chapelot Weinhdl. 49, 61
Chaplai 108
Charges, old 23, 24
Chartre, Herzog von 49
Chaudfontaine 56
Chevalier 48
Chile 168
China 168
Christen 167
Christlich 35, 39
„Christl. Fr-ei" 110
Christl. Lehre 74

Christl. Religion 205
    s. a. Religion
Christentum und Fr-ei 181
Christus 127, 128
Clemens XII. 50, 61, 63, 199, 204
Clermont, Graf 49
Compagnonnages 20
Company of Freemasons 28
    (1655 The Comp. of the Mason
    = echte operative Maurerei) 28
Consalvi, Kard. 77
Constitution, alte 23, 25
    Ahiman Rezon 45
    Anderson 1738 33, 142, 149
    irische 1730 35
    „neue" v. Anderson 1723 32, 33
Constitutionsvorlage Payne 1720: 32
Cook-Handschr. 23, 33, 37
Cooke Handschrift 23
Cordier de Saint-Firmin 73
Corneloup 204, 210
Corsini Kard. 67
Costa Rica 168
Coustos John 58, 68, 71, 72
Cowan 26
Cox, Daniel 58
Crispi 96
Cromwell 47

Dänemark 112, 113, 168
Dalberg 73
Dalkeith 42
Danton 50
Defacqz 83
Definition der Fr-ei 17
Deismus 34, 36, 82, 149
Deismus, franz. 36
Demokratie 185
Den Haag 9,
Den Haag 1721: 51, 56, 57
Denslow 187
Dermott 45

Derwentwater 47, 48
Desaguliers 32, 41, 48, 56
Desmoulier, Camille 50
Deutsch. frmr. Schriftst. 12
Deutscher Großlogenbund 111
Deutschland 41, 52, 110, 186, 208, 216
Devaux 73
Dezentrale Arbeit der Freimaurerei 44
Dialog 5, 6, 216
Dignitatis humanae 195
Dogmatik 139, 150
Dombau 154
Dominikanische Republik 168
Dreieck 138
Dreieinigkeit 23
„Drei Punkte" 138
Dreyfußaffaire 96
Droit humain 169, 174
Dünkirchen 1721: 47

Edinburgh 22, 26, 28, 41
Eid 20, 24, 30, 41, 42, 62, 68, 70, 101, 107, 109, 132, 134, 135, 181, 187, 199, 200
Einverständnis d. Ehefrau 163
Einweihung 121, 125
Eitelkeit 164, 187
Ekuador 168
Elias 25
El Salvador 168
Emanuel 130
émigrés 79
Emulation 56
England 21, 168
engl. Schriftst. 12
Entered Apprentice 26
Entwicklung
    i. deutsch. Landen 51
    i. Frankreich 47
    i. Großbritannien 44, 45, 104
    i. Niederlande 53, 56
    i. USA 58, 106

des Menschen 17
i. 18. Jahrh. 44
Enzyklika
    Humanum genus 1884: 88, 92, 189
    In eminenti 1738: 63, 64, 189
    Mirari Vos 80, 83, 95
    Non abiamo bisogno 98
    Providas 69
    Quanta cura 85, 86
    Rerum novarum 92, 191
Episkopale 183
Erhebung 125
Erkennungszeichen 25, 26, 143
Erklärung 132
Erlebnis 125
Esoterik 74, 155
Ethische Lehre 11, 215
Ethisches Verhalten 203
Ethische Verpflichtung 20
Euklid 24
Exkommunikation 5, 98, 189, 203

Fachwissen 18
Fahne 18
Fanatismus 216
Farben 137
Faschismus 158
Feindseligkeit kath. Kirche 215
Feldlogen 54, 59
Fellow craft = Gildengeselle 26
Fellow = Freimaurergrad
Ferdinand VII 99
Feste 214
Feste d. Zünfte 18
„Fiches" 97
Fichte 53
Finnland 168
Firrao 67
Flandern 17, 54
Fleury Kardinal 49, 50, 61, 66
Florenz 19, 67, 70
Folkes, Martin 67
Fortleben n. Tod 152, 153

Franc Maçon 63
Franklin, Benjamin 58
Frankreich 14, 12, 19, 36, 66, 70, 75, 96, 98, 129, 176, 216,
Franz Karl von Velbruck Fürstbisch. 56
Franz v. Lothringen 51, 58
Franz. Republik 7, 6, 78, 79
Franz. Schriftsteller 12
Frauenabwesenheit 29, 30, 214
Frauenfrage 106, 145, 162, 163, 186
Frauenlogen 54
Freemason = Freiheiten 23
Freemason = Nichtoperative Brr. 28
Freemason-Hall 46
Freemason (symb.) 28, 29
Freestone 22, 25
Freestone-Mason = Freemason 22, 23
Freier Mann 143
Freiheiten 6, 7, 14, 18, 23, 79, 131, 156, 199
Freundestreffen 214
Friedrich I König v. Schweden 1738: 62
Friedrich Kronprinz 51
Friedrich II. Kg. v. Pr. 61
Friedrich Prinz d. Niederlande 114
Friesland 61
Fürstbistum 77
Fußboden 124

„G", Buchstabe 124
St. Gabriel 188
de Gages 54, 55
Gambetta 90
Garibaldi 84
Gaudium et spes 193, 195
Gebet 24, 35, 108, 130
„Geheim" 214
Geheimhaltung 20, 143
Geheimnis 62, 65, 70, 125, 132, 139, 144, 158, 161, 181, 203
Gehorsam, unbedingter 159
Geistige Bewegung 9, 14

Geistliche als Mitglieder 28, 50, 63, 72, 73, 104, 184, 200
Gelöbnis 132, 136, 181
Gelves, de 73
Genf 61, 62
Gent 53, 54
Geometrie 24, 120, 124
Georg IV. 104
Geschichte der Freimaurerei 7, 9, 13, 24
Geschichte, legendär 24
Gesellen 17, 18, 20, 24, 26, 123, 126
Geselligkeit 30, 214
Gesellschaft, geheime 158, 203
Gesellschaft, geschlossene 12, 160, 203
Gesellschaft mit Geheimnissen 203
Gesetzbuch der Kirche 191, 212
Gespräche 216
Gewissen 11, 126, 193, 194, 205
Gewissensfreiheit 5, 11, 195
Gewölbe 128
Gian, Gastone 61
Gilden 17, 18, 120
Glauben 155, 197
Glauben an Gott 74
Glaubensgemeinschaft, protestantische 107
Gleichheit 131, 143, 156, 199, 214
Gleichnisse 119
Gnade 154
Gnostik 202
Goethe 52, 53
Göttl. Licht 129
Göttl. Wahrheit 129
Golgatha 131
Gotik 27, 29
Gott 23, 35, 124, 143, 145, 155, 215
Gottesdienst, gemeinsam 205
Gottesglaube 50, 101, 137, 145
Gotteskindschaft 110
Gottlose 89
Grad 18. Ritter v. Rosenkreuz 130, 131
Grade allg. 132, 143

Grade drei 39, 41, 106
Grade höhere 45
Grade zwei 30
Grande Loge de France 82, 90, 146
  168, 177, 185
Grande Loge Nationale Francaise
  146, 168, 177, 188, 212, 200, 203,
  227
Grandidier 19
Grand Lodge of all England 45
Grand Lodge of Free and Accepted
  Masons of the old Institution 45
Grand Lodge Provinciale von Paris
  49, 81
Grand Lodge, The United
  siehe unter United
Grand Orient de France 50, 58, 75,
  78, 81, 111, 114, 131, 144, 146,
  168, 176
Gran Logia Española 99
Gran Orient Española 99
Gregor I 201
Gregor XVI 80, 195
Greinemann, Dominikaner 56
Grenzen 215
Griechenland 168
Griech. Orthod. Kirche 182
Griff 20, 159
Großbeamte 39
Großbritanien 44, 51, 104, 168
Große Landesloge der Fr. von
  Deutschland 110
Große Landesloge von Sachsen 111
Große Loge der Sieben Vereinigten
  Niederlande 57
Große Loge von Hamburg 111
Große Mutterloge des Ekl. Bundes
  in Frankfurt/M. 111
Große National-Mutterloge Zu den
  Drei Weltkugeln 110
Großer Baumeister des Weltalls 88,
  135
Groß-Kophta 53
Großloge 145

Großloge Deutsche Bruderkette Leip-
  zig 111
Großlogenhandschrift 34
Großlogen in USA 107
Großloge Royal York gen. Zur Freund-
  schaft 110
Großloge von Belgien 186
Großloge von London 31
Großloge Zur aufgehenden Sonne 171
Großloge Zur Eintracht Darmstadt
  111
Großloge Zur Sonne 111
Großmeister 143
Großmeister, katholische in England
  32, 46
Großorientverfassung 1899: 82
Großorient von Belgien 82, 88, 168,
  175, 185, 186
Großorient von Rom 186
Großosten der Niederlande 14, 114
Gruber, Pater 11, 102
Gründe für Beitritt v. Nichtfrei-
  maurern 28
Gründe f. Bullen 64, 69, 78, 92
Gruß 20
Guatemala 168
Gugomos, von 52

Haiti 208
Hallam, Henry 13
Halsbandaffaire 53
Hamburg 1737: 51, 62
Hamilton Alex. 28
Hammer 126, 136
Handeln sittl. 137
Handgriff 20
Handschriften 23
Handwerk 146
Handwerker 120
Handzeichen 20
Hannover 63
Hardenberg 53
Harding 108

Harmonie 155
Harmonie, universelle 13
Haupthütte 19
Hautfarbe 14
Haydn 53
Heilige 34
Heilige, Vier Gekrönte 19
Heiliges Officium 63
Herder 53
Herkules 127
Hermes 24
Herrscherhaus 113
Hilfe 214
Hilfszeichen frmr. 60
Hinduimus 198
Hiram Abif 127, 143
Hiram Deutung n. Pott 129
Historiker 5
Hitler 112, 158
Hochgrade 110, 113, 114, 128, 129,
   130, 168, 187
Hochzeitsriten 119
Höchste Grade 187
Höllenpapst 102
Hollands Könige 55, 61
Howart, Thomas 32
„Humanitäre Freimaurerei" 111
Humanität 11, 110, 111
Humanitätsideal 152
Humbeeck, van 88, 89
Hund, Frh. von 32, 52

Iberische Halbinsel 58, 68, 72, 99
Ignatius von Loyola 154, 157, 159
Illuminatenorden 52
Index 212
Indien 168
Indifferentismus 157, 181, 204
Initiationsriten 13, 120, 125, 151
Inquisition 99, 194
INRI 131
Institute, frmr. 106
International organisierte Frei-
   maurerei 170

Internationales Büro f. freimaureri-
   sche Beziehungen 170
Irland 44, 134, 168
Irrglaube 185
Irrwege 75
Isabella 99
Islam 11
Island 168
Israel 168
Italien 68, 75, 78, 91, 96, 168, 183

Jahresbezeichnung 138
Jakin 163
Jakob Stuart 48
Jakobiner 37, 101
Jakobiten 47
Jakobiten-Loge 47, 48
Japan 168
Jaques De Molay 127
Jaques, Maitre 20
Jesuiten 11, 90, 161
Jesuitenorden 11, 64, 71, 162, 206
Jesuslehre 113
Johannes XXIII 181, 192, 208
Johannisfest 188, 214
Johannisgestalten 188
Johannismaurerei
   s. Symbolische Logen
Johnson 52
Jones, Bernh. 124, 187
Joseph Bonaparte 82
Joseph II., Kaiser 53, 55
Jouin 103
Juden 11, 57, 198
Judenfreimaurerei 103
Jüdische Grade 129
Jüdische Religion 205
Junge Freimaurerei 216
Juwelen 137

K siehe auch C
Kairos 216
Kammer, mittlere 122
Kampf gegen Kirche und Religion 12
(s. a. „Thron und Altar")

Kanada 168
Kanon, Freimr. betr. 19, 228
Karitatives Wirken 18, 22, 106, 108, 116
Karl I (Stuart) 47, 127
Karl X 79
Karl XIII 113
Karl Philipp v. d. Pfalz 62
Katechismus 138
Katechismusfragen 138
Katholiken 7, 9, 12, 55, 57, 67, 113, 207, 215
Katholiken als Mitgl. erwünscht 205
Kathol. Freimaurerei 48
Kathol. Schriftsteller 12
Kelle 137
Kent, Herzog 46
Ketzerverfolgung 66
Kilwinning 22
Kinder 214
Kirche, Angehörigkeit 215
Kirche, ihre Schuld 185
Kirche, kathol. 5, 12, 61, 76
Kirchenausschluß 5
Kirchenbau 18, 19
Kirchenstaat 77, 87
Kirchweihfeste 201
Kitt 137
Kloss 115
Klubleben 30, 39, 214
Klu Klux Klan 109
Knight 47
Knoop u. Jones 17
Kölner Urkunde 78
König, Kardinal 5
Königliche Kunst (KK) 19, 125, 136, 138, 146
Kolumbien 168
Kommunismus 158
Konfession 215
Kongreß, antifrmr., 1896 Triest 102
Konstitution s. u. C
Konvent Virginia 59

Konvent Wilhelmsbad 52, 74
Konzil, frmr. in Neapel 87
Konzil, Vatikanisches s. u. V.
Kornähre 137
Kranke 18
Krankenhäuser 214
Kriege 21
Kuba 168
Kubischer Stein 124, 136
Kultur 14
Kulturkampf i. Deutschland 92

Laaken, van der 7
Lacorne, Tanzmeister 49
Lächerlichkeit 168
Lästerer 13, 98
Laizistisch 203, 216
Lalande 50
Lamennais 79, 80
Landmarken 123, 142, 143, 144, 146, 152, 168, 171, 203
Lantoine 49
Lateinische Länder 75, 216
Lausanner Konferenz 1875 88
Lebenskunst 125
Lebensphilosophie 119
Lebensregeln 150
Lebensstil 142
Legenden 13, 20, 24, 25, 143
Lehrarten 130, 164
Lehrling 17, 18, 20, 24, 26, 123, 126
Lehrmethode 187
Lennhoff 104
Leo XII 77
Leo XIII 58, 88, 91, 95, 189
Lepage 177
Lepper 68
Lessing 53
Liberalismus 76
Liberti Muratori 63
Lichtbringer 127
Lichter, drei Große 123
Lichter, drei Kleine 123

Lichtsucher 152
Liebe 74, 155
Lions 159, 215
Literatur, kathol. 5
Littré 90
Liturgie, christl. 207
Livorno 61
Lobredner 13
Locarno 172
Lockerung kirchl. Gesetze 98
Lodge/Loge 21, 121
Löwen 54, 56
Logen:
    Aux trois Canons Wien 51
    L'Amitié 73
    L'Anglaire 48
    Drei Disteln 72
    Friedr. z. d. drei Balken 73
    irreguläre 8
    Le Parfait Contentement 61
    La Egalité 56, 73
    La Intelligence 56, 73
    La Parfaite Union 48, 73
    La Rennes 73
    La Sincérité 73
    Neuf Soeurs Paris 50, 73
    Reguläre 8, 88
    Saint John 60
    Saint Thomas 47
    Z. Beständigkeit 73
    Z. gekrönt. Hoffnung 73
Logenarbeiten 13, 124
Logenleben, engl. 36, 42, 43
Loo, P. J. van 9, 14, 42
Louis Napoleon 114
Louis-Philippe Bürgerkönig 80, 82
Ludwig XVIII 79
Lüttich 55, 56
Lutheraner 215
Luther. Religion 183
Luxemburg 54
Luzifer 127

Mackay 142, 186
Magnan, Marschall 82
Mahl 214
Mahy, Kanonikus 73
Makrokosmos 140
Manichäismus 101
Mannheim 62
Mardauson, Ives 210
Maria Theresia 51, 54, 62
The Masonic Institution for old
    People 106
Masonry 24
Masons of the lodge 22
Maßstab 21, 126, 136
Master Mason 21
Master of the Lodge 22
Master of the Works 21
Materialistische Strömung 157, 216
Matthew, Thomas 45
Maurergilde 17, 18, 21, 22, 26, 158
Maurerhandwerk 120
Maurer-Hof, Loge z. Straßburg 19
Maurer, reisende 18
Maurerwort 25, 26
Mazzini 83
Mc Kisty 60
Mechelen 54
Mehrdeutigkeit 140
Meißel 126, 136
Meister 18, 123
Meisterbrüder des Mittelalters 18
Meistergrad 126, 129
Meisterstück 18
Meister v. Stuhl 121, 123
Meisterwort 127
Mellor, Alec 7, 11, 14, 66
Memphis Misraim 174
Merkmale der Freimaurerei 214
Merkmale der Zünfte 18
Merkur 24
Michael, St. 188
Mikrokosmos 142
Militärlogen 54, 59
Mißtrauen 63
Mißverständnis 7

Mithras 127
Mitmenschen 155, 161, 215
Mittelalter 120
Moderns 45, 46, 59
Mönche 55, 72, 120
Mörtel 19
Mohammedaner 63
Monita sacra 102
Mons 53, 54
Monsterbund 79
Montague 32
Moral 133, 182
Morgan 60, 106
Moss W. E. 67
Mozart 53
Mündl. Überlieferung 158
Murat, Prinz 82
Muratori 63
Mussolini 158
Mysterienbund 152
Mysterien d. Altertums 125, 182, 205
Mysterium 120
Mystery = Beruf 27
Mystizismus 51, 52
Mythen 13, 127

Nachteile 160
„Im Namen des . . ." 88
Namen (Decknamen) 52
Namur 54
Napoleon 76, 82
Napoleon III 82
Nationalismus 76
Naturalismus 93
Naudon, Paul 47, 161
Nebengrade 165
Negerfrage 39, 109
Nichtchristl. Religion/Kirche 197
Nichtmaurer 28, 29
Nichtverkündigung der Bullen 66, 72
Niederer Stand 214
Niederlande 14, 19, 38, 53, 56, 78,
    114, 147, 168, 173, 215
Niederländ. Gr. Loge 57, 119

Niederländ. Großosten
    (s. Großosten)
Niederländ. Reformierte Kirche 183
Nievelt, van 14
Noah 24, 25
Nonnen 120
Norden 123
Norfolk, Herzog 58
Norwegen 112, 113, 168
Nostra aetate 197
Notleidende 214

Oberster Baumeister des Weltalls
    (s. a. ABaW u. GBdW)
    19, 36, 106, 126, 138, 145, 150, 157,
    186
Oberster Rat des AASR
    in Frankreich 81, 179
    in Niederlande 148
Objektivität 8
Österreich 51, 168
„Old Charges" 23
Operative Maurerei 22, 27, 39, 120
Oranier 61
Orden 12, 144
Orden Eastern Star 169
Orden, Jobs Daughters 169
Orden, kathol. 90, 97, 156
Orden, Rainbow Girls 169
Osiris 127
Ostern 122
Ottoboni, Kard. 63
Owen, John 29

Päpste 75
Palladismus 102
Paris 19, 61
Paßworte 20, 25, 26, 158
Paul VI 210
Payne, George 32
Pennell 35, 41
Petre, Lord 46
Peyrat 90

Pfadfinder 200, 204
Pflichten, Alte 23, 24
Anderson 1. u. 3. 38
Anderson 4., 5., 6. 39
gegen Gott 33
gegen Staat 36
ethische 20
soziale 20
Philadelphia 58
Philippe-Egalité 49
Philippinen 168, 209
Philosophen 89, 100
Philosophen, frmr. 51, 53
philosophische Grade 167
Pike, Albert 88, 170, 186
Pius IX. 84, 85, 86
Pius X. 189
Pius XII. 190
Polen 68
Politik 78, 82, 83, 181, 192, 214
politisches Wirken der Frmr. 75
Polizeiverfolgung 49
Portugal 68
Possen 41
Presbyterianer 34, 183, 184, 215
Price, Henry 59
Prichard 41, 100
Priester 72
Prince Hall Neger Gr. L. 169
Privilegien 18
Protektion 159, 215
Protestantismus 70
Puerto Rico 168
Punkte, Drei 138
Punkte, Fünf 25
Pythagoras 24

Quatuor Coronati 19
Quatuor Coronati Lodge 47, 67, 68

Radclyffe 47
Rademacher 57
Ramsay, Michael 48
Ramsay v. Canterbury 205

Raphael 131
Rasse 14
Rationalisten 115, 119, 154, 182
Rauher Stein 124
Ravenna 77
Reaktion der Frauen 162
Reaktion der Freimaurerei 66, 71, 216
Reaktion der kathol. Kirche 5, 8
Rebell 37, 38
Recht 137
Redner 124
Reformation prot. 21, 33
Reformierte Kirche 183
Regensburg 19
Regierungen mit Freimaurern 96, 97, 110
Regius-Handschr. 23, 37
Regulär 8, 88, 106, 168, 185, 186, 192, 203
Regularitätsgrundsätze 145
Reinheit der Frmrei 128
Reinheit der kathol. Lehre 65, 75
Reisemerkmale 18
Reißbrett 21
Religiöse Elemente 11, 13
Religiöse Freiheit 13, 195, 197
Religiöse Gebote 20
Religion 12, 14, 121, 122, 125, 148, 150, 153, 214, 215
Religion, geoffenbarte 35, 36
Religion, kathol. 36, 38
Religion, natürliche 35
Religionshistoriker 119
Religionskriege 157, 198
Religionsstudien 161
Renaissance 27, 29
Republik, III. franz. 82, 89
Revision d. Standpunktes d. kath. Kirche 5, 8
Revolution, franz. 50
La Revue nouvelle 5
Riandey, Charl. 210
Ricciardi 87
Richmond 48

Richtschnur 136
Riquet, Mich. 11, 14
Rite AASR 130, 165
Rite de Perfection 130
Rite francaise 130, 165
Riten 119, 154, 161
Ritterromantik 51
Ritual 13, 17, 25, 115, 139
Ritus en Tempelbouw 115
Rivalität in Großbritannien 45
Rival, Kardinal 77
Römer und Traube 31
Rom, stuartfeindl. Logen 63
Romanische Lande 75, 185, 192
Rosa, protest. Theologe 52
Roscoe, Pouna 143
Rose am Kreuz 131
Rosenkreuzer 29
Rosetten 137
Rot 137
Rotary 159, 200, 204, 215
rough mason 23, 158
roughstone mason 23
Royal Arch 45, 128
Royal Masonic Hospital 106
Royal Masonic Instit.
    f. Boys 106
    f. Girls 106
Royal York 111

Säulen 24
Säulen J u. B. 132
Saint-Blaise 19
Saint-Léon, Martin 20
Salomon 20, 125
Sansculotten 75
Satanskult 11, 12, 102
Sayer, Anthony 31, 32
Ségur, de 101
Selbstbeherrschung 215
Selbsterkenntnis 153, 215
Senkblei 124, 136, 138
Shaw Statuten 22, 26
Shriner 108

Sieyès 50
Singer, Arthur 71
Skandinavien 112, 168, 186, 200
Sklaven 39
Sohn der Witwe 25
Sokrates 125
Sonnensystem 127
Soubise, Père 20
Soziale Verpflichtung 20
Spa 56
Spanien 68, 99, 196
Spekulative Maurerei 27
Spinola 63
Spiritualistische Lebensanschauung
    186
Sprache des Unbewußten 161
Suche nach Wahrheit 196
Süden 123
Sündenfall 128
Suenens, Kardinal 15
Suprem. (s. Oberster Rat)
Sussex, Herzog von 46, 47, 104
Swedenborg 113
Syllabus 194
Symbol 13, 17, 119, 139, 143, 154,
    161, 207
Symbol, esoter. 26
Symbol. Grade (s. Symb. Logen)
Symbolische Logen/Maurerei
    109, 126, 128, 131, 136, 167,
    187, 188, 205
Sympathische Züge der Fr. 215
Synkretismus 66, 127, 181, 182, 188,
    199, 204, 215
Systeme 130

Schärpen 137
Schaffner 124
Scharnhorst 53
Schatzmeister 124
Schiller 52
Schönheit 8, 25, 123, 155
Schottland 21, 22, 25, 26, 45, 88, 168,
    186

Schott. Freimaurerei 47
Schott. Grade 48, 114, 187, 188, 205
Schott. Ritus 88, 109, 165, 200
(s. auch Rite AASR)
Schrepfer 52
Schriftsteller, deutsche 12
Schriftsteller, engl. 12
Schriftsteller, frmr. 12, 44
Schriftsteller, gegnerische 11
Schriftsteller, kathol. 12
Schriftsteller, Urteil darüber 12
Schuff, Kapuziner 56
Schulen 108, 214
Schutzbulle f. Maurer 18, 19
Schutzpatron 18
Schwarz 137
Schweden 62, 112, 113, 168
Schwed. Handschr. 33
Schwed. System 113
Schweiz 168
Schwur 132

Staatsaufgaben 197
Staatsreligion 196
Stärke 8, 25, 123, 155
Stassard, de 82, 83
Statuten 18
Stein, Frh. v. 53
Stein, kubischer 123, 124
Stein, rauher 124, 138, 154
Steinmetzen 17, 19, 21, 22
Steinmetzhandwerk 120
Stern 5
Stern, zackiger 124
Stosch, Baron 67
Strafen 133
Strafen des Eides 133
Straßburg 19
Streitgespräche, Politik und Religion
106, 145, 186, 203, 214
Stuart 37, 47, 71
Studentenbräuche 41
Stukeley 29

Tafelloge 214
Taxil, Leo 68, 101
Tempelarbeit 124
Tempelbau 24, 126
Tempel, erster (Salomon) 20, 24,
120, 122, 126, 130, 140
Tempel, zweiter (Zerubabel) 24, 130
Tempel, dritter (Christi) 130
Tempelritter 101
Templer 200
Templerbund 52
Tempus acceptabile 216
Teppich 123
Thomas a Kempis 154
Thoth 24
„Thron u. Altar", Verschwör.
dagegen 192
Tillmore 109
Toleranz d. Fr. 8, 13, 156, 157, 206,
216
Toleranz d. Kirche u. d. Staates 36,
216
v. Tongeren, Heinr. 117
Tories 59
Torrubia 72
Toscana 61, 67, 68
Totenriten 119
Tour de France 20
Tourniac, Jean 53, 54, 187, 188, 203,
207
Tradition 13, 44, 159
Trauerfeier 153
Trennung v. Kirche und Staat 76, 79,
81
Trinken 70, 71
Türkei 63, 168

Uchelen 14
Übergriffe 116
Überraschungsmoment 159
Überzeugung achten 5, 13, 214, 216
Ultras 79
Unabhängigkeitserklärung 59
Unbedingter Gehorsam 159

Unbekannte Obere 52, 101, 159
Unbilligkeit kath. antifrmr. Schrift-
  steller 199
The United Grand Lodge of Antient
  Free and Accepted Masons of
  England 8, 46, 104, 212
Universala Framasona Liga 170
Universelle Freimaurer Liga 171
Unsterblichkeit 74, 137, 143, 146,
  152, 186
Unterbrechung v. 1717–1720: 32
Unterschied zw. Lehrart England und
  Schottland 26
Unterstützung 18, 22, 214
Unwissenheit 212
Urkirche 40
USA 58, 106, 107, 168, 216

Valenciennes 48
Vatikan. Konzil I 87, 190, 191, 211
Vatikan. Konzil II 5, 8, 11, 13, 181,
  190, 193, 204, 208, 216
Vaugham, Diana 102
Velbruck, siehe Franz Karl von
Venezuela 168
Veranlassung Fr. zu werden 24
Verbote s. Verfolgung
Verbrüderungsidee 152
Vereinigte Großlogen von Deutsch-
  land 168, 203, 212
Vereinigte Großlogen von England
  siehe United
Vereinigte Staaten v. Amerika
  siehe USA
Vereinsleben 115
Verfolgung der Freimaurerei 49, 51,
  53, 56, 57, 61, 72, 112, 158
Vergleiche mit anderen Vereinigungen
  215
Verhaegen, Theod. 82, 83
Vernunft 151
Verpflichtung 20, 132
Verrat 127
Verräter 37

Verräterschrift 41, 44, 100
Verschwörer 128
Verurteilung der Kirchen d. Fr-ei 183
  der Fr-ei d. Kirche 93
Verviers 56
Vervollkommnung 141, 182, 205, 215
Verzierungen 137
Viereck, längl. 123
Viktor Emanuel I. 84
Viktor Emanuel II. 84
Violett 137
Völkerkundler 119
Voltaire 50, 69, 73, 150
Vorbereitender Bruder 124
Vorhof 122
Vorschriften 24
Vorschriften f. Nichtmaurer 28
Vorsitzender Meister 12
Vorträge 214
Vorzimmer 6

Wachhabender 124
Wahlspruch 89
Wahrheitssucher 196
Waisen 18, 214
Wales, Prinz von 46
Wandel des Eides 134, 135
Wandel der Fr-ei 14, 21, 216
Wandel der Gegner (Kirche) 5
Wandel der Vorschriften 185
Wanderung des Suchenden 152
Washington, George 59
Wasserwaage 19, 124, 136, 138
Wege der Legenden 20
Wege ebnen 215
Weishaupt 52
Weisheit 8, 25, 123, 155
Weltall 140
Werkschule 21
Werkzeug 136, 139
Wesen der Freimaurerei 119
Westen 122
Whalen 186
Wharton, Herzog von 32, 37

Whig 59
Widerspruch frmr. Schriftst. 12, 13
Wiener Kongreß 76, 78
Wildiers 8, 14
Wilhelm I., König der Niederlande
  78, 114
Wilhelm IV. von Oranien 57
Winkelmaß 19, 21, 123, 124, 136
  138, 145
Wirken der Freimaurerei um 1730: 41
Witwen 18, 214
Wohltätigkeit 31, 40, 42, 115, 155,
  200
Wort 25, 141, 159,
Wortverlust 131
Wortzeichen 20
Wren 28, 29, 31

Yorksche Grade 165, 187
Yorksche Großloge 45, 46

Zacken 43
Zaudernde Logen 1721–35: 44
Zeevalking 14
Zeichen 20, 25, 158, 159
Zeremonien 20, 139
Zeremonienmeister 124
Zerubabel 24, 130
Zeugen Jehovas 198
Ziel der Freimaurerei 9
Zirkel 19, 21, 123, 136, 145
Zollstock 126
Zondadari, Kardinal 63
Zünfte 17, 18
Zürich 62
Zugeordneter Meister 124
Zukunft 216
Zunftgeheimnis 158
Zusammengehen 212
Zusammenkunft 214
Zusammenschluß in England 46
Zwang 22, 194

INHALT

Vorwort 5

Geleitwort von Pater Norbert Wildiers 7

Geleitwort von Dr. P. J. van Loo, Großsekretär des Großostens der
Niederlande 9

Einleitung 11

Erster Teil
ENTSTEHUNG UND ENTWICKLUNG DER FREIMAUREREI

1. Die Vorgeschichte der heutigen Freimaurerei 17
   Die westeuropäischen Gilden und insbesondere die Maurer- und
   Steinmetz-Zünfte 17
   Die englischen und schottischen Freimaurer-Gilden 21
   Die Alten Pflichten oder Constitutionen der Freimaurer 23
   Der schottische Beitrag zur heutigen Freimaurerei 25
   Der Übergang von der operativen zur spekulativen Freimaurerei ... 27

2. Die Errichtung der ersten Großloge zu London und ihre Statuten .. 31
   Vier Logen gründen die erste Großloge 31
   Die Pflichten des Freimaurers vor Gott und der Religion 33
   Die Pflichten des Freimaurers gegenüber der Obrigkeit 36
   Einige besondere Bestimmungen aus den weiteren Pflichten 38
   Das freimaurerische Wirken in den ersten Jahren der Großloge 41

3. Die Entwicklung der Freimaurerei im 18. Jahrhundert 44
   Entwicklung der Freimaurerei in Großbritannien 44
   Die französische Freimaurerei im 18. Jahrhundert 47
   Die Freimaurerei in den deutschsprechenden Ländern 51
   Die Freimaurerei in den südlichen Niederlanden 53
   Die Freimaurerei in der Republik der Vereinigten Niederlande 56
   Die Anfänge der Freimaurerei in den Vereinigten Staaten von Amerika 58

4. Die Katholische Kirche und die Freimaurerei im 18. Jahrhundert 61
   Bürgerliche und kirchliche Obrigkeiten verbieten die Freimaurerei .. 61
   Die Reaktion der Katholiken auf die päpstliche Bulle 66
   Folgen der päpstlichen Verurteilungen 71

5. Auf Irrwegen in den lateinischen Ländern aus Reaktion gegen die
   Katholische Kirche (1800–1940) 75
   Von der Französ. Revolution bis zur Enzyklika „Mirari Vos" (1832) 75
   Von „Mirari Vos" bis etwa 1870 81
   Die Verhärtung der Standpunkte und die Enzyklika „Humanum
   Genus" von Leo XIII. vom 20. April 1884 88
   Die iberische Halbinsel 99
   Antifreimaurerisches Treiben und Schreiben 100

6. Die reguläre Freimaurerei in den angelsächsischen und germanischen
   Ländern (1800–1940) 104
   Die Freimaurerei in Großbritannien 104
   Die Freimaurerei in den Vereinigten Staaten 106
   Christliche und humanitäre Freimaurerei in Deutschland (1800–1933) 110
   Die lutherische skandinavische Freimaurerei 112
   Die Freimaurerei in den Niederlanden 114

Zweiter Teil
METHODIK UND LEBENSSTIL DER FREIMAURER

7. Symbole und Riten in der Freimaurerei 119
   Die Freimaurerei arbeitet mit Symbolen und Riten 119
   Die Loge 121
   Die Initiationen oder Aufnahmebräuche 125
   Eid, Verpflichtung oder Gelöþnis 132
   Symbolik in Werkzeugen und Kleidung 136
   Das Andeutende in der Freimaurerei 139

8. Die Freimaurerei als Lebensstil 142
   Die altehrwürdigen und unveränderlichen Landmarken 142
   Die Grundsätze der regulären Freimaurerei 144
   Keine Religion, aber ein Lebensstil 148
   Die Idee der Stärke in der Freimaurerei 155
   Eine geheime Gesellschaft – oder eine Gesellschaft mit Geheimnissen? 158
   Warum keine Frauen in der Freimaurerei? 162

9. Obödienzen und Richtungen in der heutigen Freimaurerei 164
   Die große Mannigfaltigkeit der Lehrarten und Grade 164
   Über Reguläre und Irreguläre Freimaurerei 167
   Ist die Freimaurerei international organisiert? 170
   Die Organisation der Freimaurer in den Niederlanden 173
   Krise in Belgien und Rückkehr zur Regularität 175
   Günstige Entwicklung in Frankreich seit dem zweiten Weltkrieg 176

10. Bräuche und Grundsätze der regulären Freimaurerei, verglichen mit den kirchlichen Prinzipien nach dem II. Vatikanischen Konzil 181

Mehrere christliche Kirchen verurteilen die Freimaurerei 181

Die notwendigsten Unterscheidungen 185

Gilt die kirchliche Exkommunikation für die Reguläre Freimaurerei? 189

Die Verlautbarungen des Zweiten Vatikanischen Konzils leiten einen neuen Abschnitt in der Geschichte der Kirche ein 193

Eine unbillige Forderung katholischer antifreimaurerischer Schriftsteller 199

Die wesentlichsten Bedenken gegen die Freimaurerei 203

Kommt die Ökumene? 208

Schlußbetrachtung 214

Hauptsächlich benutzte Literatur 217

Anlage 1: Basic Principles for Grand Lodge Recognition (seit 1929) 223

Anlage 2: Préceptes Maçonniques 224

Anlage 3: Code Maçonnique 225

Anlage 4: Stellungnahme der Grande Loge Nationale Française 227

Anlage 5: Canon 2335, 2336 bezgl. die Freimaurerei 228

Register 229